《中国阅读通史》编委会

主　编　　王余光
副主编　　徐　雁　刘洪权　熊　静

理论卷	王余光　汪　琴
先秦秦汉卷	先秦编 / 徐林祥　张立兵
	秦汉编 / 张　积
魏晋南北朝卷	何官峰
隋唐五代两宋卷	黄镇伟
辽西夏金元卷	王　龙
明代卷	王　龙
清代卷（上）	何官峰
清代卷（下）	王美英
民国卷	许　欢
图录卷	熊　静　黄镇伟　赵　晓　刘刈青

国家出版基金项目
NATIONAL PUBLICATION FOUNDATION

中国阅读通史

王余光 主编

魏晋南北朝卷

何官峰 著

时代出版传媒股份有限公司
安徽教育出版社

图书在版编目（CIP）数据

中国阅读通史. 魏晋南北朝卷 / 王余光主编；何官峰著. —合肥：安徽教育出版社，2017.12
ISBN 978-7-5336-8634-5

Ⅰ.①中… Ⅱ.①王…②何… Ⅲ.①阅读－文化史－中国－魏晋南北朝时代 Ⅳ.①G252－092

中国版本图书馆CIP数据核字（2017）第292443号

中国阅读通史·魏晋南北朝卷
ZHONGGUO YUEDU TONGSHI · WEI-JIN-NANBEICHAO JUAN

出 版 人：郑　可
质量总监：武常春
策划编辑：刘洪权
责任编辑：李　磊　鲁金良　徐宝妹
装帧设计：袁　泉
技术编辑：陈善军

出版发行：时代出版传媒股份有限公司　安徽教育出版社
地　　址：合肥市经开区繁华大道西路398号　邮编：230601
网　　址：http://www.ahep.com.cn
营销电话：(0551)63683012,63683013
排　　版：安徽时代华印出版服务有限责任公司
印　　刷：安徽新华印刷股份有限公司

开　　本：710×1010　1/16
印　　张：19
字　　数：285千字
版　　次：2017年12月第1版　2017年12月第1次印刷
定　　价：128.00元

（如发现印装质量问题，影响阅读，请与本社营销部联系调换）

目 录

导言 ·· 1

第一章　魏晋南北朝的社会历史特征 ·························· 9
　第一节　政治分裂动荡 ··· 9
　第二节　士庶阶层分化 ·· 12
　第三节　文化多元融合 ·· 16

第二章　魏晋南北朝的读物变迁与阅读 ······················ 21
　第一节　以纸代简 ·· 22
　第二节　纸书时代 ·· 34
　第三节　佣书与洛阳纸贵 ··· 73

第三章　魏晋南北朝的藏书与阅读 ···························· 80
　第一节　集藏图籍 ·· 81
　第二节　文献传播 ·· 96
　第三节　精舍之志 ··· 119

第四章　魏晋南北朝的教育和阅读 ·························· 129
　第一节　官学 ··· 130
　第二节　私学 ··· 139

第三节　家学 …………………………………………… 145
第四节　教育推动阅读 ………………………………… 154

第五章　魏晋南北朝的读者发现 …………………………… 159
第一节　学术发展与阅读 ……………………………… 160
第二节　文学发展与阅读 ……………………………… 178

第六章　魏晋南北朝的清谈与读书 ………………………… 204
第一节　魏晋清谈 ……………………………………… 205
第二节　清谈与阅读 …………………………………… 214

第七章　魏晋南北朝的读书典故与阅读精神 ……………… 233
第一节　书香门第 ……………………………………… 233
第二节　读书典故 ……………………………………… 241
第三节　阅读嗜好 ……………………………………… 248
第四节　女性阅读 ……………………………………… 252
第五节　阅读精神 ……………………………………… 256

第八章　魏晋南北朝的阅读理论与方法 …………………… 264
第一节　阅读知音论 …………………………………… 264
第二节　阅读滋味说 …………………………………… 268
第三节　阅读功能论 …………………………………… 270
第四节　读书法 ………………………………………… 275
第五节　推荐书目 ……………………………………… 280

主要参考书目 ………………………………………………… 282

索引 …………………………………………………………… 291

导　言

一、研究背景

20世纪七八十年代，史学界出现了以新文化史的兴起为标志的"文化转向"。自20世纪70年代开始，西方史学中诸多学者潜心于社会文化史、历史人类学等文化史研究领域。1987年，一些学者在美国加州大学伯克利分校，召开了一次法国史学术研讨会。1989年，那次会议的部分论文被结集出版，并命名为《新文化史》。从此，"新文化史"得以成为一种新的学术思潮和文化史研究范式的专有名词。据学者分析，新文化史在广义上属于文化研究的范畴，它既是一种在历史线索和框架下展开的文化研究，又是一种具有文化视野和取向的独立的历史研究。另外，它从其他学科的发展中得到了非常有益的借鉴。现代与当代西方史学发展的一个重要特点是走向跨学科、多学科的研究。在这一新的学术思潮转向中，对阅读史的研究成为阅读研究和文化研究的新视角之一，阅读史的书写成为一种新的文化史书写方式。在新文化史研究的领域中，欧洲文化史著名专家罗伯特·达恩顿是重要代表人物之一，其主要成果引领了现代西方书籍史和阅读史研究的新趋势。西方史学界兴起了对书籍史和阅读史研究的热潮,主要代表成果如罗伯特·达恩顿著的《拉莫莱特之吻:有关文化史的思考》和《阅读的未来》,阿尔维托·曼古埃尔著的《阅读史》,史蒂文·罗杰·费希尔著的《阅读的历史》等。

当西方史学界发生着新文化史研究的"文化转向"时,图书文化史研究在中国学术界也越来越受到重视,并成为一个极具研究价值的学术领域和备受关注的学术热点。这个研究领域先后出现了一大批重要的学术成果,藏书史类主要有任继愈主编的《中国藏书楼》,傅璇琮和谢灼华主编的《中国藏书通史》,徐雁和王燕均主编的《中国历史藏书论著读本》,范凤书著的《中国私家藏书史》等;出版史类主要有宋原放和李白坚著的《中国出版史》,肖东发主编的《中国编辑出版史》,中国书籍出版社出版的九卷本《中国出版通史》等。这些成果为讲好中国阅读的故事做出了重要贡献。但是,与此同时,一些学者发现了中国阅读史研究的薄弱之处。在以藏书史、出版史和阅读史为三大支柱的中国图书文化史中,不仅中国阅读史的研究成果数量少,而且尚未有能够全面系统地总结和反映中国阅读史的学术专著问世。

为了完善中国图书文化史的结构,为了能够更全面系统地讲好中国阅读的故事,为了彰显中国阅读文化的丰厚积淀和悠久传统,一些学者开始致力于中国阅读文化的研究。20世纪90年代以来,以王余光、徐雁、曾祥芹、王龙等人为代表,对阅读文化理论体系的构建进行了具有开拓意义的尝试。从1990年王余光和徐雁等学者搜集资料编撰《中国读书大辞典》开始,有关中国阅读史资料整理和阅读史研究的成果不断涌现,主要成果有1997年王余光等人汇集中国古代部分读书史的资料而著成的《读书四观》,曾祥芹主编的《古代阅读论》《历代读书诗》等阅读史相关图书,王龙著的《阅读研究引论》等。2004年,王余光倡议编撰多卷本《中国阅读通史》,此后组织相关研究人员召开编撰会议,从此中国阅读通史的书写历史拉开了帷幕。中国阅读史研究的兴起与繁荣有着当代文化的催化背景,即中国现代与当代阅读研究中对于读者的重视、西方阅读学论著的译介与传播对中国阅读史的研究自然产生影响,但是,其根本的原因在于中国阅读史研究的内在要求与自然趋势,特别是怎样讲好中国阅读的故事成为当今一个重要的课题。

为了讲好中国阅读的故事,对古代阅读文化的研究成为一种学术使命和必然要求。在中国古代阅读文化的研究和古代阅读史的书写中,需要划分历史时期,勾勒历史轨迹,进而描述某一历史时期阅读文化的演进和面貌,聚焦某一历史时期阅读文化发展的特征和规律,厘清某一历史时期阅读文化发展的影响因素及互动关系,挖掘某一历史时期阅读文化发展的时代精神和风尚,提炼某一历史时期阅读文化发展的思想智慧与方法积淀。依循这样的思路,笔者把目光聚集在魏晋南北朝时期的阅读文化发展研究上。魏晋南北朝,从曹魏建立到南朝陈被隋朝取代近四百年的时间,是中国历史上最漫长的不安定期。政权分裂动荡、士庶阶层分化、文化多元融合,成为这一历史时期主要的社会发展特征。在这样一个动荡而纷扰的历史时期,受时代环境的影响,魏晋南北朝时期的图书文化事业冲破阻力,取得较大进步。在出版文化方面,主要有因造纸技术改进所带来的图书载体和图书形态的变革,以及出版物种类和数量的双增长,进而出现佣书业大繁荣景象等。在藏书文化方面,主要有新形成的官府藏书、私家藏书、寺观藏书共存格局,藏书数量和书目剧增,四部分类体系形成等。在阅读文化方面,魏晋南北朝时期呈现出怎样的情形和特征?魏晋南北朝时期阅读文化发展的影响因素有哪些?其相互关系如何?具体而言,魏晋南北朝时期的藏书、出版、教育、文学、学术发展与阅读文化发展之间有着怎样的相互影响?魏晋南北朝时期阅读文化发展的时代精神和风尚是怎样的?魏晋南北朝时期在阅读理论与方法等方面有哪些突出的成就和贡献?带着这些问题,笔者将专注和致力于魏晋南北朝时期阅读史的研究。

二、研究意义

本部分是对魏晋南北朝时期的阅读史进行专题研究,将其放在中国阅读文化研究的整体框架和背景中,其选题意义和研究价值主要有如下几点。

(1)有利于全面系统地反映中国阅读文化的发展。迄今为止,由于缺乏能够全面系统地反映中国阅读文化发展的研究成果,因此今人无法将中国阅读文化发展的规律特征和思想智慧讲清楚。本选题虽然专注于魏晋南北朝时期的阅读文化研究,但是作为中国阅读文化史研究的一部分,最终会与其他历史时期的研究汇聚并形成一个中国阅读文化的整体研究成果。

(2)有助于完善中国图书文化史研究结构。中国图书文化史研究的三个主要支柱分别是藏书文化研究、出版文化研究和阅读文化研究。目前,中国藏书文化研究和中国出版文化研究取得了显著进展,然而中国阅读文化研究相对滞后和薄弱。因此,我们将专注并致力于中国阅读文化研究,为能够全面系统地讲好中国书籍的故事做出贡献。

(3)有利于彰显中国阅读文化的丰厚积淀和悠久传统。中国有着丰富的阅读文化资源、优良的阅读文化传统和深厚的阅读经验积淀,古代的阅读智慧和方法对今人依然有着非常大的启发和帮助。然而,在西方阅读理论的强势冲击下,这些被今人有意无意地忽略了。因此,我们要深入挖掘中国阅读文化的资源,研究中国阅读文化的思想智慧,继承并彰显中国阅读文化的丰厚积淀和悠久传统。

(4)有利于拓宽阅读研究的领域和视角。阅读史研究是新文化史研究的一个领域,也是文化研究和阅读研究的新视角。我们将中国的阅读文化作为研究对象,既拓宽了社会文化研究和阅读研究的领域,也拓宽了历史文化研究和阅读研究的视角。

(5)有助于读者增强阅读意愿和提高阅读能力。中国阅读文化在发展中积累了丰富的阅读经验,凝集了大量有效的阅读方法,这些思想认识和方法论成果对今天的读者依然有着非常大的启发和帮助。中国的阅读文化传统中,发生了很多流传久远的阅读典故,其中一些读者身上体现出来的优良阅读精神和品质,对今天的读者依然有着深远的影响,能够帮助读者增强阅读的意志,激发读者阅读的意愿。

(6)有助于促进阅读文化和阅读推广事业的发展。当今举国上下高度重视全民阅读,阅读的推广实践离不开对阅读文化传统的理解和认识,离不开传统阅读理论的指导,而且读者对掌握阅读方法和提高阅读能力有着越来越强烈的需求。我们如何推动当今阅读文化和阅读推广事业的发展,如何满足社会和读者的需求?对于这些问题,我们都可以从阅读文化研究中找到理论支撑和有参考价值的思想资源。

三、研究内容

1. 阅读文化

本部分以魏晋南北朝的阅读文化发展为主要研究对象。本研究中的"阅读文化"是指建立在一定的技术形态和物质形态基础上,受社会意识和环境制度制约而形成的阅读价值观念和阅读文化活动。阅读文化作为一种社会文化系统,其结构可分为三个层面:功能与价值层面,社会意识与时尚层面,环境与教育层面。①

(1)从功能与价值层面看,这属于阅读文化的观念层面或思想层面,是阅读文化的精神内核和本质特征,包括阅读的终极目的是什么,读书人的阅读观念和价值取向是什么,读书人深层的文化心态是什么,宗教信仰、道德修养、民族精神对阅读的影响,阅读有哪些功用,阅读对塑造人的品格和情操、对人的价值观念和社会生活有何影响,等等。② 就魏晋南北朝阅读文化而言,它主要涉及当时流传下来的大量阅读典故和佳话,这些典故依然能激发今人的阅读兴趣;当时读书人身上呈现的笃志好学、勤学苦读、博学多闻、终身阅读等阅读精神,是中华阅读传统和精神形成过程中非常重要的部分;当时一些有着良好的阅读习惯和阅读经历的女性,形成了女性阅读群体,体现了时代特征。此外,一个重要的方面是,魏晋南北朝时期在阅读理论与方法方面的认知已经取得非常卓越的成就,包括刘勰的阅读知音论、钟嵘的阅读滋味说、颜之推等人的阅读功能论以及其他一些具有时代特色的读书方法等。

(2)从社会意识与时尚层面看,阅读作为一种社会文化现象,必然要受到各种社会因素的影响和制约,政治意识、群体意识、禁书、时尚等因素都会对阅读产生影响。③ 就魏晋南北朝阅读文化而言,首先,魏晋南北朝时期,读书人有着志在成为通人的追求,继续将学术推向前进之路。读者的通人追求与当时的学术发展趋势相互影响。其次,魏晋南北朝的文学发展,在读者自觉与文学自觉中,蕴含着文

---

① 王余光、汪琴:《关于阅读文化研究的几个问题》,载《图书情报知识》,2004年第5期,3—7页。
② 王余光、汪琴:《关于阅读文化研究的几个问题》,载《图书情报知识》,2004年第5期,3—7页。
③ 王余光、汪琴:《关于阅读文化研究的几个问题》,载《图书情报知识》,2004年第5期,3—7页。

学阅读的自觉,包括读者在文学阅读方面的独立性与自觉性的形成,以及读者阅读文学作品后的理解与评论及其成就。再次,魏晋南北朝时期,清谈成为一种时代风尚。清谈与阅读有着密切的联系,清谈影响着阅读,阅读促进了清谈。最后,魏晋南北朝时期,很多读书人追求无功利的阅读,阅读"三玄"、休闲阅读和阅读清谈成为清谈者所追求和推崇的时尚阅读风格。此外,阅读的养生和治疗功能也是本研究关注的对象。

(3)从环境与教育层面看,环境和教育因素是阅读文化产生和发展的物质基础,包括经济、图书、出版、社区与家庭、教育等方面。① 就魏晋南北朝阅读文化而言,首先,本研究将关注当时的出版业发展与阅读文化之间的关系,特别是纸书代替竹简的时代到来,对阅读文化产生了深远的影响。其次,当时官府藏书、私家藏书和寺观藏书构成的藏书文化体系逐渐形成,本研究将关注当时的藏书事业发展与阅读文化之间的关系。本研究将分别从图书的集藏、图书的传播两个视角,分析其对阅读文化发展的影响。最后,本研究将关注魏晋南北朝时期的教育与阅读的关系,以及魏晋南北朝时期形成的官学、私学、家学共存的社会教育体系。本研究将重点分析不同教育体系中的教育内容、教育理念和教育模式对阅读产生的影响。

2. 时间范围

从时间的单向线性描述来看,"魏晋南北朝"是指从 220 年曹魏建立至 589 年隋朝统一全国的这段历史时期。其中,"魏"主要指三国时期的曹魏,涵盖了蜀汉和东吴政权时期,总的时间是从 220 年曹魏建立至 280 年东吴被西晋消灭,共计 61 年。"晋"主要指西晋、东晋和十六国,西晋从 265 年建立至 317 年南渡共计 53 年;西晋灭亡后,南北

---

① 王余光、汪琴:《关于阅读文化研究的几个问题》,载《图书情报知识》,2004 年第 5 期,3—7页。

分裂:南方建立了东晋政权,从317年建立至420年被南朝宋取代,共计104年;北方处于五胡十六国时期,从304年至439年被北朝时北魏取代,共计136年。"南北朝"主要指东晋灭亡后,南北政权分裂形成的南朝和北朝。南朝先后出现宋、齐、梁、陈四个朝代,宋从420年建立至479年被齐取代,共计60年;齐从479年建立至502年被梁取代,共计24年;梁从502年建立至557年被陈取代,共计56年;陈从557年建立至589年亡于隋朝,共计33年。北朝有北魏、东魏、西魏、北齐、北周五个朝代,北魏从386年建立至534年分裂为东魏与西魏,共计149年;东魏从534年建立至550年被北齐取代,共计17年;北齐从550年建立至577年亡于北周,共计28年;西魏从535年建立至556年被北周取代,共计22年;北周从557年建立至581年亡于隋朝,共计25年。①

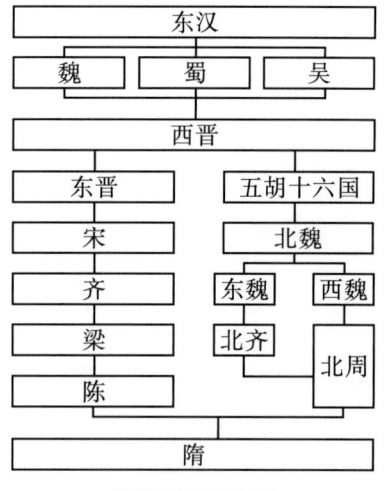

魏晋南北朝流程图

---

① 万国鼎:《中国历史纪年表》,北京:中华书局,1978年,82—83、111页。

第一章　魏晋南北朝的社会历史特征

第一节　政治分裂动荡

"分裂动荡"是魏晋南北朝时期最主要的政治历史特征。杨宽在《吕思勉史学论著前言》中写道："这是中国历史上最错综复杂的一个阶段,政治上长期分裂……政权的变动又十分频繁。"①朱大渭曾论曰:"魏晋南北朝是长期分裂的时代,是战乱频繁的时代,也是封建王朝不断更迭的时代。"②何德章在《中国魏晋南北朝政治史》开篇中讲道:"上接秦汉、下启隋唐的魏晋南北朝,是介于两个统一帝国之间的分裂动荡时期。"③向世陵认为:"魏晋南北朝在中国历史上是一个十分特殊的时期,延续始终的分裂动荡成为这一时期国家政治状态的最为突出的特点。"④总而言之,南北区域分裂、政权更替频繁、战乱动

---

① 杨宽:《吕思勉史学论著前言》,上海:上海古籍出版社,1983年,6页。
② 朱大渭等:《魏晋南北朝社会生活史》,北京:中国社会科学出版社,1998年,1页。
③ 何德章:《中国魏晋南北朝政治史》,见《中国全史(百卷本)》,第7卷,北京:人民出版社,1994年,1页。
④ 向世陵著,张立文主编:《中国学术通史·魏晋南北朝卷》,北京:人民出版社,2004年,733页。

荡是魏晋南北朝时期政治上最突出的特征。

魏晋南北朝,上承秦汉、下启隋唐,369年间,除了西晋时有24年的短暂统一外,国家都处在分裂状态中。① 这种分裂包括政权的南北分裂、东西对峙及其地域文化心理的分裂。魏、蜀、吴三国鼎立是一种分裂;经历西晋的短暂统一,八王之乱和五胡乱华后统一格局分裂瓦解;东晋建立,再度形成南北分裂之势;刘裕于420年篡夺东晋政权,建立南朝宋,南朝开始,中国进入南北朝时期,也进入了南北长期分裂对峙时期,南朝先后历经南朝宋、南朝齐、南朝梁与南朝陈,北朝先后历经北魏、东魏、西魏、北齐与北周,其间东魏与西魏、北齐与北周处于东西对峙的状态。直到581年杨坚夺取北周政权,建立隋朝,并于589年灭南朝陈,统一中国,魏晋南北朝时期结束,区域分裂状态才结束。"在政局或南北分裂,或东西对峙,或地区割据的长期影响下,个别地域的经济、文化、学术、政治乃至心理,也逐渐地域色彩浓厚,地域独立趋势加强。地域意识的强化与地域传统的生成,也是一种分裂。"②

"魏晋南北朝时期是分裂期较长的时代,是战乱频繁的时代,也是封建王朝不断更迭的时代……全国长期处于分裂割据状态,先后建立过35个大大小小的政权。各政权间或争夺势力范围,或欲统一全国,群雄角逐,战乱不已,政治风云变幻多端,整个社会处于极度的动荡之中。"③魏晋南北朝时期,王朝更替不断和战乱频繁是一对"双胞胎"。"这个阶段由于长期南北分裂,南方王朝不断更迭,北方民族关系复杂,在长时期内政权林立,因此充满着动乱和战争。当时军事

---

① 黄惠贤著,白钢主编:《中国政治制度通史・魏晋南北朝卷》,北京:人民出版社,1996年,1页。
② 胡阿祥等:《引言:魏晋南北朝的时代特征》,见《魏晋南北朝史十五讲》,南京:凤凰出版社,2010年,1页。
③ 朱大渭:《朱大渭说魏晋南北朝》,上海:上海科学技术文献出版社,2009年,3页。

活动异常频繁,根据粗略的统计,在 324 年间发生较大规模的战争有 400 余次。"①学者统计发现,在这个战乱频发的时代里,没有战争的年份只有 72 年,平均每五年多才会有一年是和平的。相比之下,战国时期,在 254 年中打了 185 年的仗,平均每三年多才可以停止一年。这又是一个灾荒横行的时代,在近四个世纪的时间里发生了水、旱、蝗、疫各种灾害 619 次,每三年要发生两次,比以前的四个世纪和以后的四个世纪都要多得多。战乱和灾害并不影响这个时代成为一个多产帝王的时代,381 年间在史书上被记载为皇帝的人就有 88 个,其他不被后世正史所承认的称孤道寡者有上百人之多。② 魏晋南北朝时期,除了上述宏观层面的状况之外,从微观来看,也存在着影响社会动荡的因素,诸如民族迁徙及民族冲突与融合、士族阶层内部的矛盾、士族与庶族间的矛盾等,导致了很多社会乱象,加剧了社会动荡和人心不安。

　　由于长期的分裂和动荡,魏晋南北朝时期社会秩序失控,社会平衡被打乱,社会关系瓦解。但是,历史有一套自我涤荡和净化系统,在社会价值取向多元化中,寻找到适合那个时代的思潮——魏晋玄学。私学教育趁机兴盛,科学文化取得显著成果,文学、艺术、数学、天文、医学、农学等领域都取得了辉煌的成就。可以说,这是一个既有破坏又有建设的时期,值得我们深入探讨这一时期的社会发展特征和规律,深入总结这一时期的文化发展现象和成就。后面我们将通过深入分析魏晋南北朝时期社会文化发展背后的科技进步、出版文化、藏书文化、学术思想、教育、文学等方面的历史特征及其对阅读的影响,进而揣摩魏晋南北朝时期的时代精神及其主脉络,因为一个时代的阅读史是一个时代人的精神发育史。

---

① 朱大渭:《朱大渭说魏晋南北朝》,上海:上海科学技术文献出版社,2009 年,65 页。
② 郭建:《沧桑分合》,长春:长春出版社,2005 年,2 页。

第二节　士庶阶层分化

从历史的维度来看，魏晋南北朝时期，统治王朝政权频繁更替，不同王朝对于经济的政策不同，且政权更替、连年战乱对经济的影响极大，所以经济状况没有一个统一稳定的基础，很难形成一定的形态。从地理的维度来看，王朝区域分裂割据，不同地区自然地理条件不同，农业社会的耕作基础不同，经济状况也大为不同。那么我们应当如何来认识这一历史时期的经济环境呢？从历史文献和后人研究的成果中可以发现，这个历史时期有一个共同的资源占有和分配制度，即"贵族官僚土地占有制"[1]，可以当作经济社会的一个基本特征，也是士族和庶族二元分化的经济特征。这一特征直接表现在身份地位、阶层划分以及相应的土地等资源占有和分配方面。唐长孺认为："门阀士族在所占的土地上对佃客、部曲进行剥削。这样土地和附着于土地的劳动人手，在法律意义上是作为国有土地和国家的人户以占田、赐田和给客等形式配给的。"[2]

魏晋南北朝时期的土地制度延续了东汉以来的封建大土地所有制[3]，而且出现了新的经济特征，这一特征主要是宗法血缘传统与封建大土地所有制结合的产物，即士族土地占有制经济。在中国古代

---

[1] 唐长孺：《门阀的形成及其衰落》，载《武汉大学学报》（人文科学版），1959年第8期，20页。
[2] 唐长孺：《门阀的形成及其衰落》，载《武汉大学学报》（人文科学版），1959年第8期，20页。
[3] 唐长孺：《三至六世纪江南大土地所有制的发展》，上海：上海人民出版社，1967年，1页。

社会发展中,宗法血缘是社会制度形成和演进中的一条重要纽带。中华文明上可追溯到传说中的三皇五帝时期,所以华夏子民皆以炎黄子孙自称,可见自古就有着宗法血缘的思想观念。在社会发展中,政治经济权力纷争和交替不断,其中宗法血缘观念一直存在,这一观念在社会制度和经济中的作用最突出的表现是东汉世族的出现。东汉末出现"选士论族姓",并且世族拥有一定政治地位和经济资源。据史料记载,西汉中后期,豪强地主势力不断形成。可以说,东汉刘秀政权是在豪强地主力量支持下建立的。此后,豪强地主在政治经济上享有一定的特权,兼并土地建成庄园,逐渐成为名门大族。这是魏晋南北朝时期士族土地所有制经济制度形成的前期表现。

曹魏、西晋时期,士族制度正式形成。在宗法血缘基础上以豪门大族为主体,在社会上享有一定政治权势、经济特权的地主阶层称为士族。魏晋以后,士族的特征之一是有一定文化传统并世代为官。[①]曹魏创建的九品中正制,是对士族力量的承认和对封建大土地所有制的维护与巩固,是士族制度形成的重要标志。司马氏取代曹魏建立西晋,曾得到士族的支持。建立统治地位后,司马氏继续巩固和加强士族的特权,对士族实行较为宽松的政策,以换取士族的持续支持,从而建成并完善了典型的门阀士族经济政治体制。东晋时期,士族制度进入兴盛阶段。和西晋的建立相似,东晋王朝也是凭借士族力量的支持而建立和发展起来的。东晋王朝的政治基础是司马氏皇权和以王、庾、桓、谢诸大姓为代表的北方士族,以及处于非主流地位的江南吴姓士族的联合政权。这种统治模式持续了一个世纪。这一时期门阀士族的地位很高,影响力相当大,有的士族权力可与皇权平起平坐甚至高于皇权,但是皇帝又不得不依赖士族的支持,所以士族制发展到兴盛阶段。东晋后期孙恩起义标志着江南士族制度逐渐走

---

① 孙立群:《世族、士族与势族》,载《历史教学》,1997年第2期,51—52页。

向衰落①；北朝后期到隋末农民起义标志着北方士族也走向衰落；唐玄宗统治时期士族制度最后衰亡。② 士族制度形成的主要原因如下：首先，在宗法血缘基础上，东汉以来豪强地主势力不断发展壮大；其次，魏晋南北朝时期大多数王权建立和存在的政治经济基础是士族，皇帝对士族存在很大的依赖性；最后，曹魏建立的九品中正制是从制度上对士族特权的根本保障，从而促进了士族制度的形成。

南朝沈约曾说"汉代，本无士庶之别"③，又说"魏晋以来，以贵役贱，士庶之科，较然有辨"④。这说明汉代士庶之间还没有太大的分别，从魏晋开始，士庶之间的差距越来越明显，所以说士庶分化始于魏晋。⑤ 庶族是相对于士族而言的，也称为寒门，主要包括士族以外的一般中小地主及以下阶层的寒士。

魏晋以来，士族和庶族是明显分化的两个阶层，从政治权势地位、经济土地占有、文化教育背景等方面都存在难以逾越的鸿沟，有当时的流行语"上品无寒门，下品无势族"⑥为证。士族一般居上品，庶族到达士族的通道极其狭窄，所以整个社会的阶层是一种两极分化的结构。根据九品中正制，士族在政治上按门第高低分享特权，世代担任重要的官职。根据品官占田荫客制，士族占有大量土地和劳动力。⑦ 在社会生活层面，一个鲜明的特征是士族不与庶族通婚，北

---

① 唐长孺：《门阀的形成及其衰落》，载《武汉大学学报》（人文科学版），1959年第8期，18页。
② 唐长孺：《门阀的形成及其衰落》，载《武汉大学学报》（人文科学版），1959年第8期，20页。
③ 杜佑撰，王文锦等点校：《通典》，卷十六，北京：中华书局，1988年，388页。
④ 沈约：《宋书》，卷九十四，北京：中华书局，1974年，2302页。
⑤ 唐长孺：《门阀的形成及其衰落》，载《武汉大学学报》（人文科学版），1959年第8期，5页。
⑥ 房玄龄：《晋书》，卷四十五《刘毅传》，北京：中华书局，1974年，1274页。
⑦ 孟广恒：《历史》，修订第4版，北京：高等教育出版社，1986年，34页。

魏孝文帝为此下诏,"著之律令,永为定准。犯者以违制论"①。九品中正制原本是以人品德才为选贤标准的,与宗族势力无关,但是"二品系资"后,品位高低就与家族的关系发生了变化。"凡厥衣冠,莫非二品"后,"势族"子弟常居高品高位,"寒门"子弟屡得下品,进而演绎成"门品决定官品"。门阀士族制度最终导致士庶阶层分化而成隔离状态,很多庶人、寒人世代处于低级士族之下,处于社会阶层的下层。"士庶之际,实自天隔"②已然成为时代的写真。

到南北朝时,门阀制度业已确立,九品中正制对其所起的巩固作用发挥到了顶点,士庶之别成为无可怀疑的原则。③《新唐书·柳冲传》记载:"魏氏立九品,置中正,尊世胄,卑寒士,权归右姓已。其州大中正、主簿,郡中正、功曹,皆取著姓士族为之,以定门胄,品藻人物。晋、宋因之,始尚姓已。然其别贵贱,分士庶,不可易也。"④从唐代柳冲对魏晋南北朝时期的士庶之别的简要回顾中,我们可以看到九品中正制、品藻人物、人才选拔等都倾向于士族,与"上品无寒门"相互印证,导致并加速了士庶分化,并且,这种士庶阶层分化的结构和趋势在那个历史时期,基本是"不可易"的,是当时社会的一种顽固特征。

由此可以看出,士庶阶层分化是魏晋南北朝时期一个鲜明的社会特征,最突出和最基础的表现是士族占有庄园并形成庄园经济,这样形成了整个社会较强的阶层依附关系。换句话说,庶族在这一社会体制下更顺从,并依附于拥有土地等资源的士族。在严格的社会政治制度和生活规定下,庶族很难进入士族。可以说世袭和出身决定的士庶长期分化和上下通道的堵塞,短期内对稳定士族制度有利,

---

① 魏收:《魏书》,卷七上,北京:中华书局,1974年,145页。
② 沈约:《宋书》,卷四十二,北京:中华书局,1974年,1319页。
③ 唐长孺:《魏晋南北朝史论丛(外一种)》,石家庄:河北教育出版社,2000年,117页。
④ 欧阳修:《新唐书》,卷一九九《柳冲传》,北京:中华书局,1975年,5677页。

但长远而言对社会的稳定深藏隐患。这可以从南朝后期没有士族背景的陈霸先消灭前朝建立陈的历史看出,庶族最终冲破士族的控制和压迫是一种历史的必然。

第三节　文化多元融合

"世界视野的拓宽必然引来文化交融与冲突,文化交融与冲突则必然导致思想世界的变化。一般说来,在意识形态逐渐成熟、定型与固定化的时代,思想体系的内部就已经不再具有自我更新与引发变异的资源,即便有,更新与变异也只是在思想世界的内部,并不影响整个思想世界的格局。而此时的世界拓展与思想碰撞,会给一个相对封闭的思想世界带来一些外在的新鲜的变革动力。在我们即将进入的这个时代,最重要的外来资源是原产于印度的佛教。在笔者看来,经过春秋战国的分化到两汉逐渐百川汇海形成一整套系统的意识形态之后,中国思想世界已经不再有自己变化更新的内在动力。而正在这一时刻,佛教东来,成了中国思想世界自我调整的契机,汉代以后中国思想史在很大程度上是佛教的传入与中国化、道教的崛起及其对佛教的回应、中国传统思想对佛教不断地融会,以及在这种对固有资源的不断再发现过程中持续地提出新思路。"[1]依循这样的逻辑,魏晋南北朝时期文化发展的主脉络,可以说是魏晋以前的各种文化发展凝聚成为文化多元融合的资源,而文化多元融合导致了魏晋南北朝时期文化的变化和更新。就魏晋南北朝文化而言,本书主

---

[1]　葛兆光:《中国思想史》,第一卷《七世纪前中国的知识、思想与信仰世界》,上海:复旦大学出版社,1998年,419页。

要限于魏晋南北朝时期文献所承载的精神文化范围之内讨论,即论述人们的"精神创造活动及其结果"①,但不大涉及雕塑、音乐、绘画等领域的文化成果。

魏晋南北朝是中国历史上社会苦痛、政治混乱的时代,而在文化史家的眼里,魏晋南北朝却是精神解放、思想自由、文化多元的时代。② 经学式微,名教危机,儒不独尊,冯天瑜认为,这一时期的文化,在乱世中表现出生动活泼的多元走向。③ 朱大渭认为,魏晋南北朝特定的时代条件,决定了该时期的文化(包括精神文化和物质文化)绚丽多姿,异彩纷呈,表现出开放融合的基本特征。④ 许辉认为,魏晋南北朝时期的文化呈现多元、开放和融合的特点。⑤ 综合而论,魏晋南北朝时期的文化发展,呈现出多元融合的特征。

魏晋南北朝文化多元融合的时代特征,主要表现在儒学式微到学术多元和魏晋玄学崛起,儒、释、道论争与融合,民族文化冲突与融合等几个方面。此外,随着人的自觉和文化的自觉,文学、艺术和科技等方面也异军突起,创造并留下卓越成就,丰富了魏晋南北朝文化多元性的内涵。

---

① 张岱年、方立克:《中国文化概论》,北京:北京师范大学出版社,1994年,7页。
② 纪云华、杨纪国:《中国文化简史·春秋战国秦汉魏晋南北朝》,北京:北京出版社,2004年,141页。
③ 冯天瑜、何晓明等:《中华文化史》,上册,上海:上海人民出版社,1990年,495—498页。
④ 朱大渭:《朱大渭说魏晋南北朝》,上海:上海科学技术文献出版社,2009年,138页。
⑤ 许辉、李天石:《六朝文化概论》,南京:南京出版社,2003年,16页。

一、从儒学式微到魏晋玄学

魏晋南北朝时期,汉代独尊儒术以来的儒学一统格局被打破,儒学渐渐式微。冯天瑜认为,经学的失落、名教的危机,标志着魏晋南北朝时期的儒学陷入前所未有的困境。① 这一时期的史书中有相关记载,或曰"为儒者盖寡"②,或曰"自黄初至于晋末,百余年中,儒教尽矣"③,尽显儒学式微之势。

在时局动荡、儒学式微的背景下,魏晋玄学在儒、释、道相互对抗又互相渗透中崛起,并形成儒玄合流之势,玄学逐渐成为社会主流思潮。"进入魏晋,玄言大倡,流派纷呈,先是在京洛,后转移到南方,成为一门相当耀眼的显学。"④从魏晋玄学的发展和兴盛,我们可以看出,当时不仅儒学一统格局被打破,而且思想文化活跃,老庄之学加入思想文化的重新构建过程,形成文化多元之势,从而促成了魏晋玄学的崛起。

二、儒、释、道论争与融合

魏晋南北朝时期,宗教神学勃兴⑤,外来佛教和本土道教在二元激荡中相互滋长,在论争中彼此融合。"佛道两教在激烈抗衡的同

---

① 冯天瑜、何晓明等:《中华文化史》,上册,上海:上海人民出版社,1990年,504页。
② 姚思廉:《梁书》,卷四十八,北京:中华书局,1973年,661页。
③ 房玄龄:《晋书》,卷五十五,北京:中华书局,1974年,1553页。
④ 曹文柱:《略论魏晋南北朝时期文化结构的更新》,载《史学集刊》,2001年第2期,26—31页。
⑤ 朱大渭:《朱大渭说魏晋南北朝》,上海:上海科学技术文献出版社,2009年,140页。

时,互相模仿,彼此吸纳。如道教把佛家的因果报应说、生死轮回说、济世度人说以及三界诸天说等教义加以改造,与自己的宗教理论融成一体;佛教徒对道教的符咒方术也大加借鉴,尽量使自己适合中国人的民族习惯。佛、道两教因之各有所长,互为补充,成为中国传统文化中两个重要的组成部分。"①同时,佛教与儒学、道教与儒学,形成三元激荡与融合之态势,大大地促进了魏晋南北朝文化的多元化和丰富性。从佛教带来的文化冲击与融合来看,朱大渭认为,魏晋时期,思想界摒弃"夷夏之别"的旧观念,儒玄对佛理的吸取和改造,最能说明在思想理论最高层次上表现出来的开放型的文化宽容精神,这种变化带来佛教与中国文化的相互交融。② 从道教对儒学的影响来看,儒学玄学化、以道释儒是当时学人注释和理解儒经的一种学术理论,不仅丰富了儒学本身,而且促成了魏晋玄学思想的独立发展和显学地位。儒、释、道互相冲击,也相互渗透,在碰撞与融合中,魏晋南北朝文化呈现多元融合格局。受此影响,在中国历史上,魏晋南北朝文化大放异彩。

三、民族文化融合

"魏晋南北朝时期国内各民族大融合,中西文化交流频繁。当时人们的思想较为开放,原先的封闭状态被打破了,汉族对外来文化表现出一种包容和吸取的积极精神。同时少数民族中的杰出人物也热衷于学习汉族先进文化,尤其在中国北方表现得更为明显。政治制度、经济生活、礼仪风俗、学术思想等,都不是汉族单一型的,而是以

---

① 曹文柱:《略论魏晋南北朝时期文化结构的更新》,载《史学集刊》,2001年第2期,26—31页。
② 朱大渭:《朱大渭说魏晋南北朝》,上海:上海科学技术文献出版社,2009年,16页。

汉族文化为主,包罗国内各少数民族的文化和外来文化。"①"魏晋南北朝时期,各民族的迁徙十分频繁,各族间的接触和渗透具有空前的规模。同时,内地王朝与西域的政治、经济、文化联系也在两汉的基础上继续发展。各种因素交互作用的结果,形成民族的大融合和文化的大汇合。这一历史特点反映在书籍文化上,是中原文化迅速向周边扩展,汉文书籍大量向边远地区和西域传播,覆盖面迅速扩大。"②魏晋南北朝时期,域内跨地区文献流传,在民族文化融合方面起到了积极的作用。例如"正光元年(520),明帝(北魏孝明帝)遣假员外将军赵义等使于嘉。嘉朝贡不绝,又遣使奉表,自以边遐,不习典诰,求借'五经'、诸史,并请国子助教刘燮以为博士,明帝许之"③。这段史料记录了正光元年(520),北魏孝明帝元诩派赵义等人出使位于西域的古国高昌,高昌王麹嘉不仅向北魏不断朝贡,而且提出向北魏借"'五经'、诸史"等请求,北魏孝明帝给予应允。这是魏晋南北朝时期一次重要的民族交流和文献传播事件。据史料记载,北方一些民族与汉族之间发生过多次文献传播事件,极大地促进了文化交流与民族融合。

---

① 朱大渭:《朱大渭说魏晋南北朝》,上海:上海科学技术文献出版社,2009年,13页。
② 李瑞良:《魏晋南北朝的书籍文化》,见中国魏晋南北朝史学会编《魏晋南北朝史论文集》,济南:齐鲁书社,1991年,289页。
③ 李延寿:《北史》,卷九十七《麹嘉传》,北京:中华书局,1974年,3214页。

第二章　魏晋南北朝的读物变迁与阅读

"出版文化是建立在技术形态、物质形态的基础上,以制度为中介所形成的出版价值观念。"①基于此,我们将出版文化分为物质与技术层面、语言文字层面、观念和制度层面、行为层面这四个层面,以便更加清晰地理解什么是出版文化,进而探讨魏晋南北朝的出版文化与阅读的关系。第一,物质与技术层面。造纸技术的发明和改进带来了纸本书和纸本书写文化,图书形态方面出现卷轴装和卷轴书文化。第二,语言文字层面。它包括文字音韵方面四声之学发明;字体方面从篆书过渡到隶书,并出现楷书、行书等多种字体并存的现象,书写更加流畅和美观;继承图像记事和表达的传统,出现大量带插图的纸书。第三,观念和制度层面。它包括出版机构及其制度的完善,著作官和出版人物的专业化;出版物是思想文化的代表,经、史、子、集、佛典道藏等各类图书的出版,反映了当时的学术思想和文化观念,既是儒家经学的发展,也是社会思想观念多元化的呈现;同时,诸多种类出版物的出现,为图书分类观念的完善和四部分类法的确立奠定了实践基础。第四,行为层面。随着纸本书写的流行,图书复制

---

①　王余光、李天英:《出版文化学初论》,载《出版发行研究》,2001年第12期,12—15页。

方式发生变革,抄写图书的人急剧增多,佣书业出现并快速兴盛。

第一节　以纸代简

一、纸本书写变迁

1. 纸书代替竹简

造纸技术发明于汉代,成为中国古代四大科技发明之一,为人类文明的进步做出了巨大贡献。魏晋南北朝时期,造纸技术在承继汉代的基础上有较大改进。"魏晋南北朝时期是中国古代造纸技术发展较快的历史时期,也是我国造纸业的迅速成长时期。这一时期的特点是造纸原料的扩大,工艺技术的提高,纸张取代竹简成为主要的书写材料。"[1]

魏晋南北朝时期,造纸原料种类不断增多。汉代的造纸原料主要是麻和树皮,据潘吉星在《中国造纸技术史稿》中的观点,西汉是麻纸的萌芽阶段[2],但当时的书写材料主要还是简帛。根据出土的资料,东汉出现了有字麻纸,说明麻纸在当时已经应用于书写,此外时人也采用树皮作为造纸原料。魏晋南北朝时期,麻和树皮仍然是主要造纸原料,同时也出现了藤皮纸和侧理纸等新原料。关于麻纸的使用,潘吉星等人曾对魏晋南北朝近百种古纸进行检验,证明其中90%以上都是麻纸。[3] 西晋陆机的《平复帖》作为现存最早的名家笔

---

[1] 周少川等:《中国出版通史·魏晋南北朝卷》,北京:中国书籍出版社,2008年,350页。
[2] 潘吉星:《中国造纸技术史稿》,北京:文物出版社,1979年,42页。
[3] 潘吉星:《中国造纸技术史稿》,北京:文物出版社,1979年,55页。

墨,就是在麻纸上书写的。新疆出土的东晋写本《三国志》也是在麻纸上书写的。北宋米芾《书史》云:"王羲之《来戏帖》,黄麻纸。"米芾《十纸说》载:"六合(今扬州附近)纸,自晋已用,乃蔡侯渔网遗制也。网,麻也。"可见麻纸在当时应用十分广泛。藤皮纸的使用,始于晋代,发生在今浙江省嵊州市南曹娥江上游的剡溪附近①,据张华《博物志》记载,"剡溪古藤甚多,可造纸,故即名纸为剡藤"。关于侧理纸的使用,据晋王嘉《拾遗记》记载,西晋张华完成《博物志》四百卷,奏于晋武帝,武帝赐张华侧理纸。② 侧理纸的原料仍采用麻类等,因特殊加工后纸面出现纹理而得名。③ 从史料记载和现代科学检验来看,魏晋南北朝时期造纸原料主要有麻、树皮和藤皮等。《后汉书》载:"自古书契多编以竹简,其用缣帛者谓之为纸。缣贵而简重,并不便于人。"④蔡伦以后使用麻类造纸,原料易得,成本低廉,造纸工艺相对简单,纸张轻薄,直面平整,易于书写,笔画流畅,被人们广泛采用,并促使书写字体从篆体转向较为圆润的隶书体。

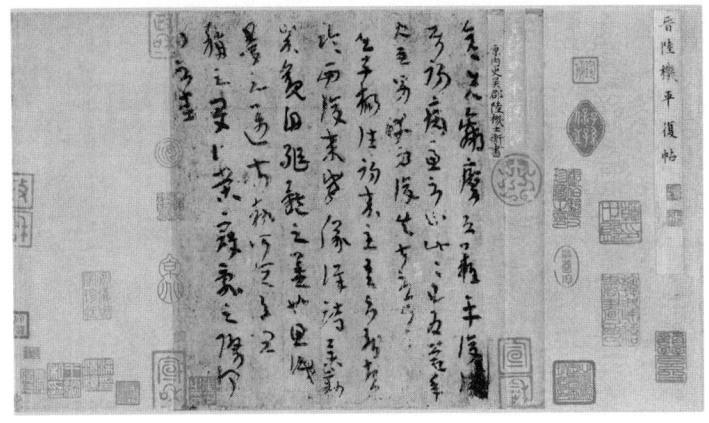

《平复帖》

---

① 潘吉星:《中国造纸技术史稿》,北京:文物出版社,1979年,58页。
② 王嘉撰,肖绮录、齐治平校注:《拾遗记》,卷九,北京:中华书局,1981年,211页。
③ 潘吉星:《中国造纸技术史稿》,北京:文物出版社,1979年,60页。
④ 范晔:《后汉书》,卷七十八《蔡文姬传》,北京:中华书局,1965年,2513页。

魏晋南北朝时期，造纸加工技术较汉代有了很大进步。这一时期的造纸加工过程中应用了淀粉糊的施胶技术、帘床抄纸器、表面涂布和染纸技术。①

在显微镜下观察时，古纸的结构一般都十分疏松，纤维间充满了无数孔隙和通道，故下笔书写时往往会走墨渲染。② 为改善纸的质量，晋朝采用了施胶技术。早期的施胶剂是植物淀粉糊剂，或者将它渗入纸浆中，或者刷在纸面上，再予以砑光。③ 采用施胶技术，有利于增加对液体渗透的阻力。最初使用表面拖糊浆技术，后来发现表面拖糊浆，淀粉层易龟裂隆起，并导致墨迹脱落，随后又发明了内部填粉施胶技术。现存的最早采用内部填粉施胶技术的纸本书写文献，是中国国家图书馆藏西凉建初十二年（416）写本《律藏初分》。④

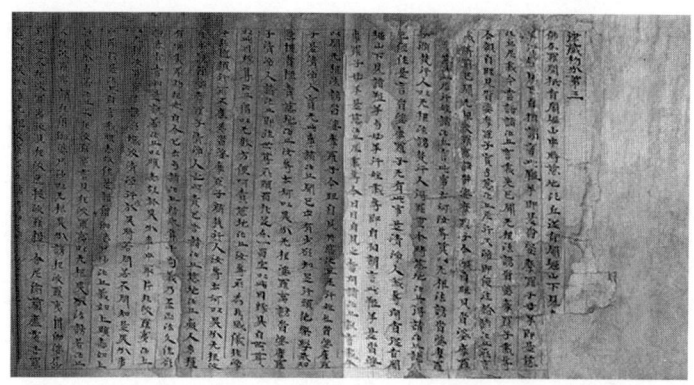

《律藏初分》

相对于汉代纸的粗厚，魏晋以来的纸较薄，这离不开一项新技术的发明，即活动帘床抄纸器。它大大改进了造纸工艺，其优点是只用

---

① 潘吉星：《中国造纸史》，上海：上海人民出版社，2009年，158—167页。
② 何堂坤、何绍庚：《中国魏晋南北朝科技史》，见史仲文、胡晓林《中国全史》，北京：人民出版社，1994年，115页。
③ 潘吉星：《中国造纸技术史稿》，北京：文物出版社，1979年，61页。
④ 潘吉星：《中国造纸技术史稿》，北京：文物出版社，1979年，61页。

一个抄纸器就可陆续抄造出千万张纸①,这样大大提高了造纸的生产效率和产量。

表面涂布是一项加工纸的重要技术,首先将白色矿物质粉用胶黏剂或淀粉糊刷在纸面上,再予以砑光。这样既可增加纸的白度、平滑度,又可降低透光度,使纸面紧密,吸墨性好。② 据检测,现存最早采用这种技术的实物是新疆出土的前凉建兴三十六年(348)纸和东晋写本《三国志·孙权传》用纸。③ 另一项重要加工技术是纸张染色技术,染色后的纸,既可增加美感,又可改善纸的质量。④ 魏晋以来继承和发展了染潢技术,黄纸大量应用于书写。

魏晋南北朝时期造纸技术得到了改进,纸张发生了较大变化。首先,纸的质量提高了,纸张更薄,纸面更平滑,还可以人为染色。其次,纸的产量增加了,技术改进提高了造纸的生产效率,纸张逐渐代替竹简,成为主要的书写材料。最后,纸的生产成本降低,促进了纸的推广使用。

随着技术的改进,以纸代简体现出纸的优势。其一,易于书写。表面涂布,使得纸张吸墨性好,墨水不易渗透或者漫延开,纸面更光滑,易于书写,并且书写效果较好,书写字迹更清晰、美观。其二,易于携带。以往用竹简书写时,先将一片片竹简用绳子编连成一长串,再卷成一大捆,有些需要人抬着才能移动。而纸张更轻薄,更易于做成卷轴装,轻便实用,易于携带,有时放在口袋里就可以带走,十分方便。

2. 对出版及阅读的影响

(1)纸的赞歌。

著名英籍科学史家李约瑟博士花费近 50 年心血,撰著成多卷本

---

① 潘吉星:《中国造纸技术史稿》,北京:文物出版社,1979年,63页。
② 潘吉星:《中国造纸技术史稿》,北京:文物出版社,1979年,64—65页。
③ 潘吉星:《中国造纸技术史稿》,北京:文物出版社,1979年,65页。
④ 潘吉星:《中国造纸技术史稿》,北京:文物出版社,1979年,66页。

《中国科学技术史》,其中第 5 卷第 1 分册是由钱存训所著的《纸和印刷》。李约瑟在为这本书撰写的序言里讲道:"我以为在全部人类文明中没有比造纸史和印刷史更加重要的了。"①纸和印刷术在推动人类文明和社会进步等方面发挥的巨大作用,已经毋庸置疑了。魏晋南北朝时期,纸张发明后不久,技术还在改进。在有限的历史记载中,我们不难发现,人们对纸的认识和态度洋溢着新奇和喜爱之情,因而用歌赋赞颂之,如傅咸的《纸赋》和梁宣帝萧詧的《咏纸》。

西晋文学家傅咸,自幼在其父傅玄的培育下博览群书,"好属文论"。当时正值纸张大量运用于图书制作,他读了纸质图书后,用赋体诗对纸张进行了富有感情的歌颂。《纸赋》内容如下:

> 盖世有质文,则治有损益;
> 故礼随时变,而器与事易。
> 既作契以代绳兮,又造纸以当策。
> 犹纯俭之从宜,亦惟变而是适。
> 夫其为物,厥美可珍。廉方有则,体洁性贞。
> 含章蕴藻,实好斯文。取彼之弊,以为此新。
> 揽之则舒,舍之则卷。可屈可伸,能幽能显。
> 若乃六亲乖方,离群索居,鳞鸿附便,援笔飞书,
> 写情于万里,精思于一隅。②

梁宣帝萧詧,笃好文学,休暇时常著文吟诗。其中一首诗《咏纸》对纸张的特征和功能进行了歌咏:

---

① 李约瑟:《纸和印刷·序》,见钱存训著、李约瑟主编《中国科学技术史》,第 5 卷,第 1 分册,北京:科学出版社,1990 年,1 页。
② 傅咸:《纸赋》,见严可均《全上古三代秦汉三国六朝文·全晋文》,北京:中华书局,1958 年,5 页。

皎白犹霜雪,方正若布棋。

宣情且记事,宁同鱼网时。

(2)纸的推广使用。

钱存训大致判断帛、纸共存约500年,简牍与纸并行约300年①,至东晋末年纸基本取代了简牍。东晋安帝元兴二年(403),太尉桓玄执政,遂下令:"古无纸,故用简,非主于敬也。今诸用简者,皆以黄纸代之。"②这道政令对纸的制造和推广使用产生了巨大影响。随着纸的推广使用,纸取代竹简成为主流书写材料。"地下出土物也表明,西晋时还是简、纸并用,东晋以降,便不再出现简牍文书,而几乎全是用纸了。"③纸的推广使用,使书籍数量大增,加快了科学文化的传播。我们可以从魏晋南北朝初期,发现图书数量的大增和书业繁荣的景象。据《汉书·艺文志》记载,汉代班固的时代,"大凡书,六略三十八种,五百九十六家,万三千二百六十九卷"④。但是,"董卓之乱,献帝西迁,图书缣帛,军人皆取为帷囊。所收而西,犹七十余载。两京大乱,扫地皆尽"⑤。可见汉末图书在战乱中损失殆尽,再从《隋书·经籍志》总序中所记载的魏晋南北朝时期部分官藏书目来看,三国曹魏秘书监荀勖在郑默所编馆藏目录《中经》基础上,编成曹魏官藏目录《中经新簿》,其中收录图书二万九千九百四十五卷;南朝宋元嘉八年(431),秘书监谢灵运所编《四部目录》,收录图书六万四千五百八十二卷。再从左思写成《三都赋》而"洛阳纸贵";谢庄作哀策,都下传

---

① 钱存训:《书于竹帛:中国古代的文字记录》,上海:上海书店出版社,2004年,72页。
② 徐坚等:《初学记》,卷三十,北京:中华书局,1962年,517页。
③ 潘吉星:《中国造纸技术史稿》,北京:文物出版社,1979年,53页。
④ 班固:《汉书》,卷三十《艺文志》,北京:中华书局,1962年,1781页。
⑤ 魏徵:《隋书》,卷三十二《经籍志一》,北京:中华书局,1973年,906页。

写,纸墨为之贵①;邢邵"每一文初出,京师为之纸贵,读诵俄遍远近"②;庾仲"作《扬都赋》……都下纸为之贵"③等现象,可以看出当时书业繁荣的景象。这些只是当时将纸用于图书的一部分现象,还不包括佛教典籍的翻译和抄写等用纸情况。纸张的大量使用、图书数量的剧增和书业的繁荣,都离不开造纸技术的改进和纸的推广使用。随着纸的推广使用,纸对人类思想的解放起着不可替代的作用。纸的发明、技术的改进、图书的抄写,解放了人的思想,成为人们广泛阅读的前提条件。英国人赫伯特·乔治·威尔斯所著的《世界史纲:生物和人类的简明史》中,有一篇文章《纸是怎样解放了人类的思想的》,论述了纸在解放人类思想中的重要意义和对阅读的影响,他认为纸和印刷术让"阅读的知识迅速传播"④。

(3)敬惜字纸的观念。

魏晋南北朝时期,纸质图书大量出现后不久,大众对待纸的态度和观念是怎样的呢?《颜氏家训·治家》曰:"吾每读圣人之书,未尝不肃敬对之,其故纸有五经词义,及贤达姓名,不敢秽用也。"北齐颜之推最先提出敬惜字纸的观念,我们可以把它理解为一种对阅读的崇敬心理。《颜氏家训》是民间广为流传的图书之一,其思想被人们广泛接受,可以推知,这一敬惜字纸的观念也被很多人接受。那么,为何在纸张发明后不久的北齐,就出现了"敬惜字纸"的观念?首先,纸上承载着圣人之言,纸张也随之变得神圣起来,人们由于敬仰圣贤,所以对纸张也产生敬畏之心。文以载道,纸以载文,因此人们自

---

① 李延寿:《南史》,卷十一《后妃传》,北京:中华书局,1975年,324页。
② 李百药:《北齐书》,卷三十六《邢邵传》,北京:中华书局,1972年,476页。
③ 刘义庆:《世说新语·文学》,见余嘉锡《世说新语笺疏》,北京:中华书局,1983年,258页。
④ 赫伯特·乔治·威尔斯:《世界史纲:生物和人类的简明史》,吴文藻、谢冰心、费孝通等译,桂林:广西师范大学出版社,2001年,645页。

然认同纸张承载着道,需以礼敬之。其次,纸张作为人类创造之物,有着神秘的意义和特殊的功用,所以人们需要以礼敬之。再次,纸张所记录的言行等内容,可以长期保存。和"孔子作《春秋》,而乱臣贼子惧"的思路相似,纸张因为承载着《春秋》这样的文字,记录着所发生的人和事,对历史是一种很好的记忆方式,成为人和事及其言行可查的一种显在证据,所以人们需要以礼敬之。最后,纸张所承载的内容,代表着对圣贤和过去历史的一种传承,见书如见人,看见孔子的书,如同拜见孔子本人,所以人们需要以礼敬之。

二、图书形态变迁

1. 图书的变化

魏晋南北朝时期,汉字与声韵学、书写字体、书的形态和书的插图等方面,都取得了较大进展。

汉字与声韵学方面,魏晋南北朝时期,汉字数量、声韵演进方面都有新的进展,汉字在这一时期发展基本成熟和定型。① 汉字数量方面,东汉时,许慎的《说文解字》,收汉字九千三百五十三个;三国魏时,博士张揖所撰《广雅》,收汉字一万八千一百五十个;晋吕忱所撰《字林》七卷,收汉字一万二千八百二十四个;② 南朝梁顾野王所撰《玉篇》,收汉字一万六千九百一十七个。③ 声韵演进方面,最大的成就是四声之论的形成。齐武帝永明时,汝南人周颙善识声韵,"始著《四声切韵》,行于时"④。后来南朝梁沈约作《四声谱》,四声论基本成熟并被广泛使用。有一次,梁武帝萧衍问及周舍何谓四声,周舍答:"天子

---

① 封演撰,张耕注评:《封氏闻见记》,北京:学苑出版社,2001年,15页。
② 封演撰,张耕注评:《封氏闻见记》,北京:学苑出版社,2001年,11页。
③ 封演撰,张耕注评:《封氏闻见记》,北京:学苑出版社,2001年,11页。
④ 李延寿:《南史》,卷三十四《周颙传》,北京:中华书局,1975年,895页。

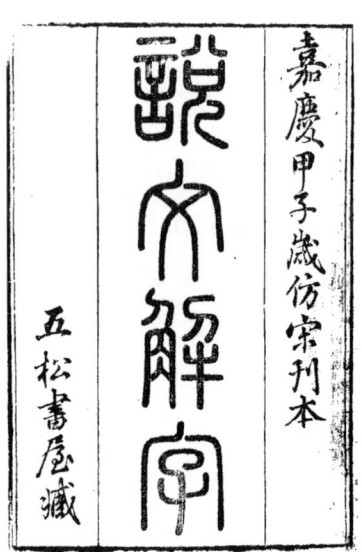

《说文解字》

圣哲。"这四字对应"平上去入"四个不同的声调。顾炎武所著《音论》中称"四声之论,起于永明,而定于梁陈之间",可谓足论。

书写字体方面,根据潘吉星的研究发现,汉代书体以隶书及小篆为主。魏晋以降,书写从竹简上转移到了纸张上,字体发生了变化,形成兼有隶书及楷书笔意的楷隶体。晋代王羲之、王献之等大书法家,其早期字体以楷隶体为主,后来在纸上加快了书写速度,让行草体得以彰显其魅力,字体飘洒,上下字"状若断而还连"。纸的使用所引起的汉字字体的变迁,是一个重要的文化现象。① 书法艺术领先于图书制作中的书写,纸的使用不断被推广,书法隶、楷、行草体不断被临摹和传习。对人类选择更优的思路和写作习惯而言,楷书、行书在这一时期被接受,并且广泛地应用于书写。

书的形态方面,魏晋南北朝是我国图书卷轴文化的兴起阶段②,

---

① 潘吉星:《中国造纸史》,上海:上海人民出版社,2009年,141页。
② 程焕文:《中国图书文化导论》,广州:中山大学出版社,1995年,244页。

经历了从简帛向纸本卷轴书过渡的时期。卷轴装书主要由卷、轴、褾、带四个部分构成,"玉轴牙签,绢锦飘带"是对其生动的描绘。纸本卷轴装的"卷",一般是由多张纸首尾相接而成的,长短不一,可舒卷。"轴"作为便于人们舒卷操作的中心材质,可取材于竹木或者象牙等。卷首粘接的空白纸或丝织品等一般叫作"褾",其主要作用是保护书卷。褾头再系上丝"带",用来缚扎书卷,阅读时,"揽之则舒,舍之则卷"①。这样既能保护书卷,又能方便阅读,所以这种装帧在当时既美观又实用,特别是纸本书写的图书,有帛书的卷轴之特质和功能,价格相对低廉,所以纸本书写使卷轴装成为当时流行的图书形态。卷轴装这种书籍制度一直沿用到隋唐,其实用性逐渐演变出审美意义,特别是轴的自然材质开始以象牙等物呈现,加之制作越来越精美,几乎成为艺术品。卷轴的材质在区分图书品质方面凸显了价值。《隋书·经籍志》记载:"炀帝即位,秘阁之书,限写五十副本,分为三品:上品红琉璃轴,中品绀琉璃轴,下品漆轴。"②卷轴发展到唐代已经成为区分图书四部分类的标识。据《全唐文》记载,唐开元年间,官府召集学士们修书,"分为四部,一曰甲为经,二曰乙为史,三曰丙为子,四曰丁为集。两京各一本,共二万五千九百六十卷。经库书白牙轴黄带红牙签,史库书青牙轴缥带青牙签,子库书紫檀轴紫带碧牙签,集库书绿牙轴朱带白牙签,以为分别"③。

书的插图方面,"图书"一词最早见于《史记·萧相国世家》:"何独先入收秦丞相御史律令图书藏之……汉王所以具知天下厄塞,户口多少,强弱之处,民所疾苦者,以何具得秦图书也。"可见地图图画作为重要的文献资料,在古代非常受重视,"河图洛书"之说,更是将

---

① 傅咸:《纸赋》,见严可均《全上古三代秦汉三国六朝文·全晋文》,北京:中华书局,1958年,5页。
② 魏徵:《隋书》,卷三十二《经籍志一》,北京:中华书局,1973年,908页。
③ 王锴:《上蜀主奏记》,见董诰等《全唐文》,卷八九〇,北京:中华书局,1983年,9299页。

图和书紧密联系在一起。"有图有文"是中国图书的传统,古代学者早已形成"索象于图,索理于书"的阅读习惯。① 今人追溯古代的图书,可以从简帛时代开始。许慎《说文解字·序》曰:"箸于竹帛,谓之书。"随着简帛的出现,插图也出现了,今人在一些竹简上可以看到古人所附插图,帛书上附上插图相对来说更容易。考古发现最早出土的帛书,既有图又有文,被命名为《楚帛书图像》,帛书四周共绘有十二个神像,四角各绘有一种植物,中间是两段文字,十二个神像旁边各有一小段文字。我们从实物和命名都可以看出,图像和书文存在一体的图书特征。魏晋南北朝以来,在纸张上绘图更加容易,所以当时出现了大量图谱和有插图的图书。王俭的《七志》之一就有"图谱志",其中收录了地记图谱。南朝梁阮孝绪所著《七录序》中记载,《七录》共著录图书六千二百八十八种,四万四千五百二十六卷,其中共有八百七十九卷图符。②

2. 对出版及阅读的影响

汉字数量的增多,说明人们表达信息的范围在扩大,表达信息的需求在增加,也说明人类知识内涵更加丰富,认识领域更加广阔。随着人们认识水平的提高和汉字数量的增加,表达需求和交流需求也相应增加。为了方便人们阅读和交流,先贤对汉字声韵的规律进行总结和提炼。在魏晋南北朝时期,四声之论得以发明,此后,人们以相同的语言和发音规则为基础,搭建起阅读和交流的方便平台。文字表达的内涵,借助于声韵学而被更多人阅读和理解,很好地促进了人们对古代文献的阅读和文化的传承。

由于书写字体的变化,相较于难以书写和辨认的篆书等上古时代字体,楷书和行书的优势在纸本书写时代得以凸显。字体的改变

---

① 徐小蛮、王福康:《中国古代插图史》,上海:上海古籍出版社,2007年,5页。
② 阮孝绪:《七录序》,见《四库全书》,第1048册,上海:上海古籍出版社,1989年,264页。

也加快了图书复制速度。魏晋南北朝时期,图书复制主要靠抄写,字体笔画等变化使模仿学习和书写变得更加容易,图书抄写速度大大提高,复制效率显著提升,因而促进了图书出版事业的发展,也给读者阅读和字体辨认带来很大方便。

卷轴装纸本书的优势非常明显,帛书虽然可做成卷轴形式,但是制作成本高,并不适合广泛推广和使用,对图书的复制、流通和广泛阅读都是一种限制。相较于先前的竹简,卷轴装纸本书的优势在于,既提高了复制效率,方便阅读,又具备和竹简相似的低成本特点,所以卷轴装纸本书逐渐替代了简帛。卷轴装纸本书,一卷一舒,图书便可一览。与体积大、重量大以及坚硬难翻的竹简相比,卷轴装的纸本书阅读起来更方便。图书制作形式和材质变化,特别是选用精美的象牙做轴以区分图书的价值,显示了当时人们图书阅读的审美趣味变化。卷轴装书在阅读时既有实用价值,也体现出人们逐渐追求阅读时的精神享受和审美价值。

在图像阅读传统的继承方面,古代结绳记事和象形文字的发明,以及用图画记录天文现象等都是古代先贤智慧的体现,也是古代先贤具备先进的图像意识和观念的体现。这些智慧为后代子孙所继承,虽然其已经演变出大量符号文字,但是图书中依然保留和延续着图像表达的特殊意义。我们可以从上述插图文献的记载中见证这一点,也可以从流传至今的大量图画类和插图类书见证这一点。图像表达观念和图像阅读意识,是人类遗传下来的一种未曾改变的优良基因。

第二节　纸书时代

一、秘书监专掌图籍

魏晋南北朝虽然处于社会分裂的动荡时期,但是文化多元且繁荣,同时造纸技术得到了改进与推广,图书出版事业取得了很大进步,出版机构逐渐定格,著作官逐渐职业化。随着图书出版数量的增加,各类书目也被编撰而成。

魏晋南北朝时期,主要图书编撰出版机构是秘书监及其类似职能的机构,著作郎制度也不断深化。三国时,曹操"置秘书令,典尚书奏事。文帝黄初初,乃置中书令,典尚书奏事,而秘书改令为监,掌艺文图籍之事"①,这标志着秘书监逐渐成为图书编撰出版的独立机构。王象、郑默等曾任职于秘书监。三国时,著作郎制度逐渐深化,政府设置了佐著作郎,卫觊等曾任职于著作郎。两晋时,晋武帝统治期间,中书省下设秘书局;晋惠帝统治时期,秘书省成为独立机构,秘书省的职官有秘书监、秘书丞、秘书郎、校书郎、正字等。西晋时期,著作郎制度进一步发展,在秘书省下专设著作局,形成著作官职业化趋势。东晋和十六国时期,基本沿袭西晋的出版机构设置。晋代著名学者荀勖、司马彪、孙盛、孙绰、陈寿、干宝、谢沈、郭璞、徐广、李充等都曾在秘书监任职,编校图籍。南朝因袭晋制,仍设秘书省,下置秘

---

① 杜佑撰,王文锦等点校:《通典》,卷二十六,北京:中华书局,1988年,732—733页。

书监、秘书丞、秘书郎、秘书佐郎等职。南朝学者殷淳、张缵、谢灵运、王亮、王俭、殷钧等都曾在秘书监编校图书。北朝的出版机构进一步发展,北魏新增了集书省,北齐增设史馆。出版机构的独立化和著作人员的职业化,对图书编撰出版事业发展起着决定性作用。一切图书的编撰出版都离不开人的参与,魏晋南北朝时期在这方面有很大改革和发展,为图书出版事业的繁荣打下了坚实的基础。

魏晋南北朝时期图书出版事业呈现繁荣景象,可以从各类书目的编撰中得以见证。魏晋南北朝书目编撰成绩斐然。据不完全统计,这个时期编撰各类官私书目62种①,其中比较著名的书目有《中经》(郑默撰),《中经新簿》(荀勖撰),《晋元帝四部书目》(李充撰),《综理众经目录》(释道安撰),《元嘉八年秘阁四部目录》(谢灵运撰),《七志》(王俭撰),《七录》(阮孝绪撰),《定林寺藏经录》(刘勰撰),《三洞经书目录》(陆修静撰)。不言而喻,各类书目的大量出现,是以图书的大量编撰出版为前提和基础的。随着图书数量增多,同类书大量出现,先贤们对图书加以分门别类以便查阅,图书分类和目录学取得了极大成就。王俭《七志》:"一曰《经典志》,纪六艺、小学、史记、杂传;二曰《诸子志》,纪今古诸子;三曰《文翰志》,纪诗赋;四曰《军书志》,纪兵书;五曰《阴阳志》,纪阴阳图纬;六曰《术艺志》,纪方技;七曰《图谱志》,纪地域及图书。其道、佛附见,合九条。"据统计和估测,"仅以图书而言,魏晋南北朝出版的图书至少有6000种、20万卷"②。

---

① 曹之、马刘凤:《魏晋南北朝书目编撰及其背景考略》,载《图书馆论坛》,2008年第6期,154—157页。
② 周少川等:《中国出版通史·魏晋南北朝卷》,北京:中国书籍出版社,2008年,57页。

二、经、史、子、集门类齐全

上述官私书目之多和分类之详,说明了图书出版数量的不断增加,也说明图书分类的必要性越来越突出。据《隋书·经籍志》记载,荀勖的《中经新簿》将图书分为四部,"一曰甲部,纪六艺及小学等书;二曰乙部,有古诸子家、近世子家、兵书、兵家、术数;三曰丙部,有史记、旧事、皇览簿、杂事;四曰丁部,有诗赋、图赞、汲冢书。大凡四部合二万九千九百四十五卷"。《隋书·经籍志》继承四分之法,并将经、史、子、集四部分类法确定下来,成为至今仍在沿用的古代图书分类法。

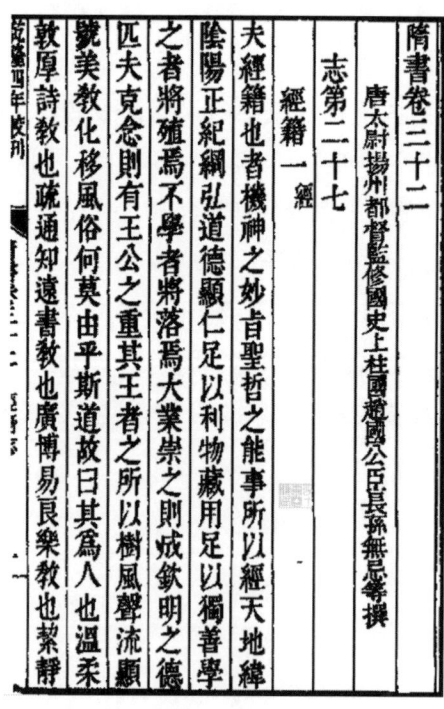

《隋书·经籍志》

《隋书·经籍志》总计著录存亡及道教、佛教图书"六千五百二十部,五万六千八百八十一卷"。从书目来看,其中绝大多数是隋唐以前的图书,也就是说,除了少量秦汉时期的图书以外,大部分属于魏晋南北朝时期编撰出版的图书,因此,我们可以从《隋书·经籍志》中看到魏晋南北朝时期图书编撰出版的大致情况。下文将根据《隋书·经籍志》的四部分类目录,从经、史、子、集、佛教道教典籍五个方面,分析魏晋南北朝时期图书编撰出版的显著内容特征。

一是经部图书的编撰出版。《隋书·经籍志》中,经部先后分为《易》《书》《诗》《礼》《乐》《春秋》《孝经》《论语》《纬书》《小学》十个大类。"凡六艺经纬六百二十七部,五千三百七十一卷。通计亡书,合九百五十部,七千二百九十卷。"而且在魏晋南北朝时期,创作的经部图书很少,大多数是对儒家经学图书的注疏,其中许多注疏流传至今,堪称注经之学的经典,如注《周易》,魏尚书郎王弼《周易注》;注《尚书》,王肃伪孔安国作《尚书传》;注《春秋》,杜预《春秋左氏经传集解》三十卷;注《论语》,何晏《论语集解》;注《尔雅》,郭璞《尔雅注》五卷等。

二是史部图书的编撰出版。魏晋南北朝时期,历史文献的繁复是前所未有的。[①] 史部图书,内容丰富,细分类目详尽,新体裁大量涌现,史学图书在书目中独立成类,并在《隋书·经籍志》中成为四大部类之一。《隋书·经籍志》中著录史部书籍"八百一十七部,一万三千二百六十四卷。通计亡书,合八百七十四部,一万六千五百五十八卷。"比较而言,魏晋南北朝史书比汉代之前猛增了十几倍。[②] "史部"又细分为十三类,包括正史、古史、杂史、霸史、起居注、旧事、职官、仪注、刑法、杂传、地理、谱系、簿录。

---

① 王余光:《中国历史文献学》,武汉:武汉大学出版社,1988年,30页。
② 周少川等:《中国出版通史·魏晋南北朝卷》,北京:中国书籍出版社,2008年,189页。

三是子部图书的编撰出版。魏晋南北朝时期编撰出版的子部典籍，内容丰富，数量众多。《隋书·经籍志》子部将著录图书细分为十四类：儒、道、法、名、墨、纵横、杂、农、小说、兵、天文、历数、五行、医方，"合八百五十二部，六千四百三十七卷"。除了其中少数前人的著述外，其他基本是魏晋南北朝时期的著作。子部中收录了魏晋南北朝时期出现的一种重要的新型出版物——类书，其主要代表是《皇览》等。

四是集部图书的编撰出版。魏晋南北朝时期，文学方面产生了大量作品，编撰出版的文学作品收录于《隋书·经籍志》集部，集部分三大类：楚辞、别集、总集。"凡集五百五十四部，六千六百二十二卷。通计亡书，合一千一百四十六部，一万三千三百九十卷。"除了别集的数量继汉代以来有所增加以外，文学总集成为魏晋南北朝时期出现的文学作品新体裁，共同呈现出文学作品数量剧增、文学成就显著的特征。其中《文选》是流传至今的现存最早的文学总集，对南朝梁以来的文学发展产生深远的影响。

五是佛教道教典籍的翻译出版。魏晋南北朝时期，道教、佛教典籍的编撰或翻译，增加了图书出版数量，丰富了图书出版结构。《隋书·经籍志》集部中附有道经和佛经类图书，虽然有类无书，但是仍然可以反映当时道教、佛教典籍出版的大致情况。道经分为经戒、饵服、房中、符录四类，共三百七十七部，一千二百一十六卷。佛经分为大乘经、小乘经、杂经、杂疑经、大乘律、小乘律、杂律、大乘论、小乘论、杂论、记十一类，共一千九百五十部，六千一百九十八卷。虽然不能尽数魏晋南北朝时期的道经、佛经数量，但是仍然可以看到道经、佛经典籍出版的规模之大。佛教的传播和佛经的翻译，极大地推动了魏晋南北朝时期图书出版的发展，"不仅使社会图书的总量大大增加,而且使图书的结构发生变化"①。

三、纸书阅读

1. 高质量图书的出版与阅读

魏晋南北朝时期官方修书,设置专门的图书编撰出版机构,聘任职业化的编辑出版人员和著作官。在这些人力资源建设的基础上,图书出版数量剧增,出版物质量提高。我们可以从一大批高质量的图书中看出当时图书出版的进步:经学类如王弼《周易注》、杜预《春秋左氏经传集解》、何晏《论语集解》等;史学类如陈寿《三国志》、范晔《后汉书》等;文学理论类如曹丕《典论》、刘勰《文心雕龙》、钟嵘《诗品》等;文学总集如萧统《文选》等;志人志怪小说如刘义庆《世说新语》、干宝《搜神记》等;地理类如郦道元《水经注》等;农学类如贾思勰《齐民要术》等;目录学类如王俭《七志》、阮孝绪《七录》等。这些书的内容都长久流传,堪称经典。在动荡的时代里,这么多高质量的图书被出版,可见当时图书编撰出版水平已经达到一定高度。同时,高质量的图书带给读者的是高质量的阅读和享受。

2. 经由注疏理解经学原著

很多经部图书是对儒家经学内容的注疏,可见当时的人们需要通过阅读注疏来理解儒家经典原著。大量注疏的出现,也反映出当时人们已经不直接阅读六经原著了,人们的阅读有了更多选择。但是随着注疏类图书的大量出现,读者与原著中间的距离在增加。这影响了后来长期的阅读文化。人们越来越远离经典原著,使这些经典原著越来越被其他图书遮蔽起来。

---

① 李瑞良:《中国古代图书流通史》,上海:上海人民出版社,2000年,161页。

3. 大量史书给阅读选择带来的利与弊

史部图书数量增长很快,并且出现很多新体裁,说明阅读史书成为魏晋南北朝时期的一种特色。首先,编撰史书的学者需要大量阅读以前的史书。其次,编写的史书在史学领域内外有着广泛的读者基础,特别是很多史书所记范围很广,满足了相关读者的阅读需要。但是,一些史书需要进行批判。魏晋南北朝时期,史官之道废绝良久,虽然史书很多,但是其中大部分是劣质史书,影响了读者的阅读和选择。

《隋书·经籍志》直指其中的鄙陋之处,"一代之记,至数十家,传说不同,闻见舛驳,理失中庸,辞乖体要"。今人从其中一些史书中可以发现这一明显特征。例如在正史中,魏晋南北朝时期撰著的《后汉书》同类史书有多种版本:《后汉书》(一百三十卷,吴武陵太守谢承撰),《后汉记》(六十五卷,本一百卷,晋散骑常侍薛莹撰),《后汉书》(十七卷,本九十七卷,晋少府卿华峤撰),《后汉书》(八十五卷,本一百二十二卷,晋祠部郎谢沈撰),《后汉南记》(四十五卷,本五十五卷,晋江州从事张莹撰),《后汉书》(九十五卷,本一百卷,晋秘书监袁山松撰),《后汉书》(九十七卷,宋太子詹事范晔撰),《后汉书》(一百二十五卷,范晔本,梁剡令刘昭注),《后汉书音》(一卷,后魏太常刘芳撰),《后汉书赞论》(四卷,范晔撰),《后汉书》(一百卷,梁萧子显)等。虽然读者可选书目增多,但是作品质量良莠不齐,真正成为经典的史书凤毛麟角。这一现象告诉我们一个事实:当图书增多和同类书大量出现的时候,劣质图书更容易鱼目混珠,看似增加了读者阅读选择的机会,但是在没有筛选之前,对读者而言无疑是增加负担和不尊重,所以历来编撰图书十分强调质量,特别是史书,更应该体现对史实和读者的尊重。

4. 类书的出现及其阅读

我们以《皇览》为代表,简要分析一下子部中类书的出现及其影响。据《三国志·魏志·文帝纪》记载,三国魏文帝曹丕时"使诸儒撰集经传,随类相丛,凡千余篇",其中主要编撰者有刘劭、王象、桓范、韦诞、缪袭等人。他们根据"随类相丛"的原则撰集经传,共四十余部,八百余万字,其主要目的是供皇帝阅读,故称之为《皇览》。宋代王应麟《玉海》写道:"类事之书,始于《皇览》。"类书的特点是将同一类的内容汇编在一起。《皇览》是现存最早的一部类书,内容丰富,收罗广泛,其由于特殊的编排方法而非常有利于读者查阅相关资料。虽然说类书最初只供皇帝阅览,但是包括《皇览》在内的类书大量出现,以及向民间的推广,对广大读者而言,是非常有帮助的。这样既满足了读者在同一部书中可以查阅大量相关内容的需要,也方便了读者进行图书选择和阅读。

5. 大量书目的出现与阅读

图书出版与书目的编撰,为读书人查找图书提供了方便。同时书目的集中呈现,为读书人比较图书作者、版本、卷数等信息提供了方便,以便选择阅读。书目这种阅读工具的大量出现,说明当时人们的阅读方法和阅读效率在提高,人们更加主动地阅读。从一些书目来看,魏晋南北朝时期积淀下来的文献已经浩如烟海,很多读书人常常会感觉到无法得其门而入,难以选择该读什么书。幸而先贤们创立了目录的方便法门,为很多人解答了疑惑。关于目录的功用,清代著名学者王鸣盛曾有言:"目录之学,学中第一紧要事。必从此问途,方能得其门而入。"他又说:"凡读书最切要者,目录之学。目录明,方可读书;不明,终是乱读。"可见,目录在读书生活中有着极其重要的导读功能和价值,一部好的目录可以为读书人指明方向并开启读书的大门。魏晋南北朝时期出现的大量书目,不仅记载了图书出版情况和文化传承情况,而且为读书人选择图书和阅读提供了很大方便。这是一大贡献。

四、佛典与诵经

魏晋南北朝时期,佛教在中国的传播和发展,离不开佛教典籍的传入与翻译。其间,有西域僧人来华传经,有本土僧人西行求法取经。中西僧人共同翻译佛经,并产生了大量佛教著述,佛教典籍随之增多,有志之士编撰了佛经目录。无论是求法取经,还是翻译撰述,乃至编纂经录,这些文化事功和努力,为当时诵读佛经奠定了坚固的现实基础,促进了中国佛教文化的传播和发展,也为中华文化的发展增添了新的内涵。

1. 求法取经

魏晋南北朝时期,佛典之来华,一由于我国僧人之西行,一由于西域僧人之东来。[①] 西域来华僧人如求那跋陀罗、真谛、佛驮跋陀罗、鸠摩罗什等来到中国,带来佛教经籍。西行求法者也非常多,其中以法显最为知名,他前后历经十五年,取经回国,撰有《佛国记》,叙述艰难求法路。其余如法领、法兰、智严、宝云、智猛、法勇等人,"历万苦而求法,其生还者固有,而含恨以没,未申所志,事迹不彰,或至姓名失传,不知几人。先民志节之伟大,盖可以风矣"[②]。取经求法为不世之功,不仅给中国带来了佛教典籍和异域文化,而且为后来文明的冲突与融合,以及为中华文化的发展带来了新的契机和活力。

---

① 汤用彤:《汉魏两晋南北朝佛教史》,北京:北京大学出版社,1997年,266页。
② 汤用彤:《汉魏两晋南北朝佛教史》,北京:北京大学出版社,1997年,273页。

2. 翻译佛经
(1)大量翻译佛经。

魏晋南北朝时期佛教译经数量统计表[①]

朝代	译经人数	译经部数	译经卷数
曹魏	五	一二	一八
吴	五	一八九	四一七
西晋	一二	三三三	五九〇
东晋	一六	一八六	四六八
符秦	六	一五	一九七
姚秦	五	九四	六二四
西秦	一	五六	一一〇
前凉	一	四	六
北凉	九	八二	三一一
刘宋	二二	四六五	七一七
南齐	七	一二	三三
梁	八	四六	二〇一
陈	三	四〇	一三三
元魏	一二	八三	二七四
北周	四	一四	二九
北齐	二	八	五二

根据"魏晋南北朝时期佛教译经数量统计表"可知,首先,魏晋南北朝时期,共计译经人数一百一十八人;译经一千六百三十九部,四千一百八十卷。其次,从译经人数来看,南朝宋译经家有二十二人,为人数最多的时期;东晋有十六人,西晋和北魏各有十二人。译经人

[①] 梁启超:《佛典之翻译》,见《饮冰室合集》,专集之六十,北京:中华书局,1989年,1—2页。

数与当时社会来华僧人多少有关,也与当时社会发展环境有关。南朝宋时期社会环境促进了僧人译经,有言曰"南朝四百八十寺",可见当时佛教之兴盛,有利于僧人开展译经活动。最后,从译经数量来看,南朝宋译经四百六十五部七百一十七卷,与译经人数相应,处于高潮时期。西晋处于次高潮时期,译经三百三十三部五百九十卷。姚秦时期译经六百二十四卷,这与当时聚集了一些著名译经大师有关,尤其是译经大师鸠摩罗什及其众多弟子。据记载,鸠摩罗什主持或参与翻译的佛经有三十余部三百余卷。① 从他翻译的很多佛经中,我们可以看到署名"姚秦三藏法师鸠摩罗什",他被后世誉为"佛典汉译之泰斗"。

(2)中西僧人共译佛经。

"我国佛教,传自印度。其经典专籍翻译而传。所翻译之经典,正否不一,则经典之解释,亦因之而歧。故我国佛教史,当视翻译家之见解为转移。"②中国佛教史上,佛教翻译家中既有"来华之外人",又有本土人士。任继愈在其主编的《中国佛教史》中附有"东汉三国之译经目录"③"西晋、东晋十六国译经目录"④"南北朝译经目录"⑤,其中对大部分翻译家注明"原籍",从中我们可以看到许多佛教翻译家来自天竺、中天竺、印度、罽宾、中印度、扶南国等国家或地区。蒋维乔在《中国佛教史》中,列举了佛经传译初期(260—270)的翻译家,即"来华之外人"六十位,不仅"外人来华布教者,实不尽于上列之数",而且所列人数未包含南北朝时期的翻译家。总之,来华的翻译

---

① 《开元释教录》记载:"七十四部三百八十四卷";《高僧传》记载:"凡三百余卷";《出三藏记集》记载:"三十五部,凡二百九十四卷。"总括而言,鸠摩罗什译经总数当不下三百卷。
② 蒋维乔:《中国佛教史》,上海:上海古籍出版社,2004年,5页。
③ 任继愈:《中国佛教史》,第1卷,北京:中国社会科学出版社,1981年,459—481页。
④ 任继愈:《中国佛教史》,第2卷,北京:中国社会科学出版社,1981年,702—753页。
⑤ 任继愈:《中国佛教史》,第3卷,北京:中国社会科学出版社,1981年,749—791页。

家人数众多,成为一种突出的历史现象。蒋维乔所推举的中国佛教史上四大翻译家(鸠摩罗什、真谛、玄奘、不空)中的鸠摩罗什、真谛都是魏晋南北朝人。魏晋南北朝时期来华的佛教翻译家,翻译了大量佛教典籍,为中国佛教翻译史和中国佛教史做出了重要贡献。除了来华的翻译家之外,本土的翻译家"学梵语,助外人翻译,或润饰其文,或自翻译者,亦不乏其人"①。魏晋南北朝时期,出现了一大批本土翻译家,比较著名的如朱士行、聂承远、聂道真、宝云、法显、智严等。

(3)内容体系基本完备。

魏晋南北朝时期,不仅翻译家人数众多、翻译佛教典籍数量庞大,而且所翻译的佛教经典内容体系基本完备,包括大乘经、小乘经、律、大乘论、小乘论以及杂藏各系。② 第一,大乘经类。《华严经》系,如支谦译《菩萨本业经》一卷;聂道真译《诸菩萨求佛本业经》一卷;乞伏秦圣坚译《罗摩伽经》四卷;佛驮跋陀罗口译,法业笔受《大方广佛华严经》六十卷等。《宝积经》系,如康僧铠译《郁伽长者所问经》二卷、《无量寿经》二卷;支谦译《阿弥陀经》二卷;鸠摩罗什译《菩萨藏经》三卷、《善臂经》二卷、《须摩提菩萨经》一卷;道龚译《宝梁经》二卷;菩提流支译《弥勒所问经》一卷等。《大集经》系,如竺法护译《大哀经》八卷;昙无谶译《大方等大集经》三十卷等。《般若经》系,小品者如康僧会译《吴品经》五卷(已佚);支谦译《大明度无极经》四卷;竺法护译《新道行经》十卷(已佚);祇多蜜译《大智度经》四卷(已佚);昙摩埤、竺佛念同译《摩诃般若波罗蜜经》五卷;鸠摩罗什译《小品般若波罗蜜经》十卷;大品者如竺法护译《光赞般若波罗蜜经》十五卷;无罗叉、竺叔兰同译《放光般若波罗蜜经》三十卷;鸠摩罗什、僧睿同译

---

① 蒋维乔:《中国佛教史》,上海:上海古籍出版社,2004年,12页。
② 参考梁启超:《佛典之翻译》,《饮冰室合集》专集之六十,北京:中华书局,1989年,42—60页。小野玄妙著:《佛教经典总论》,杨白衣译,台北:新文丰出版公司,1983年。

《摩诃般若波罗蜜经》三十卷等。《法华经》系,如法护、聂承远等所译《正法华经》十卷二十七品;鸠摩罗什、僧睿等所译今本之《妙法莲华经》七卷二十八品等。《涅槃经》系,如竺法护译《方等般泥洹经》二卷;法显与佛驮跋陀罗、宝云同译《方等泥洹》六卷;智猛译《般泥洹》二十卷(已佚),昙无谶重译《大般涅槃经》四十卷等。其他诸大乘经,《大庄严经》,如竺法护译《普曜经》八卷;智严、宝云译《普曜经》六卷(已佚)。《维摩诘经》,如支谦译《维摩诘经》三卷;鸠摩罗什译《维摩诘所说经》三卷等。《阿弥陀经》,如鸠摩罗什译《阿弥陀经》(亦作《无量寿经》)一卷。第二,小乘经类。四《阿含》,即《增一阿含》《中阿含》《长阿含》《杂阿含》。昙摩难提、竺佛念同译《中阿含》《增一阿含》;僧伽提婆、僧伽罗叉、道慈等重译《中阿含经》六十卷;佛陀耶舍、竺佛念同译《长阿含经》二十二卷;求那跋陀罗译《杂阿含经》五十卷。其他小乘经,如支谦译《撰集百缘经》十卷;竺法护译《佛说生经》五卷;慧觉译《贤愚因缘经》十三卷;般若流支译《正法念处经》七十卷。第三,律藏类。康僧铠译《昙无德律部杂羯磨》一卷。佛陀耶舍、竺佛念译《四分律藏》六十卷。佛驮跋陀罗译《僧祇》三十卷,佛驮什、竺道生同译《弥沙》三十卷等。鸠摩罗什译《梵网经》二卷、《佛藏经》四卷,昙无谶译《优婆塞戒经》七卷,求那跋摩译《菩萨戒经》九卷等。第四,大乘论类。鸠摩罗什译龙树之《中论》四卷、《十二门论》一卷,译提婆之《百论》二卷。真谛译无著之《摄大乘论》三卷,译马鸣之《大乘起信论》二卷。第五,小乘论类。僧伽提婆、慧远译《阿毗昙心论》四卷、《三法度论》三卷。浮陀跋摩、道泰同译《阿毗昙毗婆沙论》八十二卷。求那跋陀罗、菩提耶舍同译《众事分阿毗昙》十三卷。僧伽跋摩译《杂阿毗昙心论》十六卷。真谛译《立世阿毗昙论》十卷、《阿毗达摩俱舍释论》二十二卷、《四谛论》四卷等。第六,杂藏类。集释佛语者,如法救著《出曜经》二十卷,竺佛念译出。佛之传记,如宝云译《佛本行经》七卷,昙无谶译《佛所行赞经》五卷。佛学传授及名人传,如鸠摩罗什译《马鸣传》《龙树传》《提婆传》各一卷，真谛译《婆薮槃豆传》一卷等。外道书，如真谛译《全七十论》三卷等。

3. 佛教撰述

汤用彤在《汉魏两晋南北朝佛教史》中，专用一章详细介绍了南北朝的佛教撰述情况，并按著述的形式将其分为注疏、论著、译著撰集、史地编著、目录、伪书等①，既充分展现了南北朝佛教撰述数量之多，也体现出当时逐渐开始有自觉的佛教主张和理论认识。现存且

《出三藏记集》

---

① 汤用彤：《汉魏两晋南北朝佛教史》，北京：北京大学出版社，1997年，391—425页。

影响较大的佛教著述有梁僧祐撰的《出三藏记集》及《弘明集》，梁慧皎撰的《高僧传》(亦称作《梁高僧传》)，北齐魏收撰的《魏书·释老志》，北魏杨衒之撰的《洛阳伽蓝记》等。

4. 佛经目录

如前所述，魏晋南北朝时期，僧人求法取经，来华传经，翻译或撰述佛经，使得佛教典籍数量大增，随之编撰佛教经录成为必需。释慧皎《高僧传》记载："自汉魏迄晋，经来稍多，而传经之人，名字弗说，后人追寻，莫测年代。安(释道安)乃总集名目，表其时人，诠品新旧，撰为《经录》，众经有据，实由其功。"①据姚名达著的《中国目录学史》中《中国历代佛教目录所知表》②，魏晋南北朝时期编撰的佛教经录约四十种，但十有八九已散佚，并且其中不乏伪录，梁启超、汤用彤、姚名达、李富华③等人对伪录均有过考证辨析。据史料证明，佛经载于书目者，始见于西晋荀勖的《中经新簿》(见《广弘明集》卷三引《古今书最》)，后有东晋释道安作经录《综理众经目录》(见《出三藏记集》)，南朝齐王俭作《七志·佛经录》(见《隋书·经籍志·七录序》)，南朝梁僧祐作《出三藏记集》(今存)，南朝梁阮孝绪作《七录·佛法录》(见《广弘明集》卷三)。关于佛教经录，梁启超曾撰文大彰其优。一曰历史观念甚发达。凡一书之传译渊源，译人小传，译时，译地，靡不详叙。二曰辨别真伪极严。凡可疑之书皆详审考证，别存其目。三曰比较甚审。凡一书而同时或先后异译者，辄详为序列，勘其异同得失；在一丛书中抽译一二种或在一书中抽译一二篇而别题书名者，皆一一求其出处，分别注明，使学者毋惑。四曰搜采遗逸甚勤。虽已佚之书，亦必存其目以俟采访，令学者得按照某时代之录而知其书佚于

---

① 释慧皎：《高僧传》，卷五，北京：中华书局，1992年，197页。
② 姚名达著，严佐之导读：《中国目录学史》，上海：上海古籍出版社，2002年，189—196页。
③ 李富华、何梅：《汉文佛教大藏经研究》，北京：宗教文化出版社，2003年，44—61页。

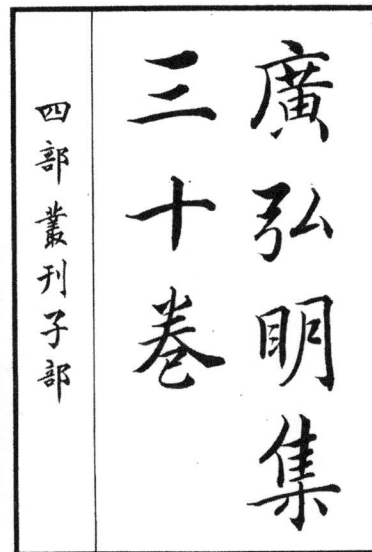

《广弘明集》

何时。五曰分类极复杂而周备。或以著译时代分,或以书之性质分。性质之中,或以书之函义内容分,如既分经、律、论,又分大、小乘,或以书之形式分,如一译多译,一卷多卷等。同一录中,各种分类并用,一书而依其类别之不同,交错互见动至十数,予学者以种种检查之便。①

5. 诵读佛经

（1）一切为了诵经。

如上所述,魏晋南北朝时期出现了大量佛教典籍,其中多数为翻译的佛经,不仅为隋唐以降佛教在中国的创宗立派奠定了基础,而且为佛典的阅读和推广传播创造了条件。"佛典阅读不仅有语言文字的障碍,也有义理理解上的困难,没有文化的人固然无从阅读佛典,

---

① 梁启超:《佛家经录在中国目录学之位置》,见《饮冰室合集》,专集之六十七,北京:中华书局,1989年,1页。

即使有文化的也不易弄通义理。"①佛典译师和佛教学者通过翻译大量佛教典籍,为更多的人能读懂佛经提供了方便,因此,佛经翻译既是人们阅读的需要,又促进了佛经的阅读和传播。加拿大当代著名学者阿尔维托·曼古埃尔在《阅读史》中提出"译者即读者"②的观点。鉴于此,从魏晋南北朝时期的佛教史中,我们可以发现佛典翻译者即是读者,他们翻译佛典过程中的大量活动,都是阅读活动发生的过程。中国古代所谓诵经,就是讽咏、诵读佛教经典。诵经历来是佛教的重要活动,无论是求法取经,还是翻译佛经,乃至撰述经录,都是为了诵经活动的开展。

(2)诵经的戒律与方法。

佛教非常重视诵经,制定并形成了诵经的戒律和方法。

一是诵经戒律。佛教有大量戒律,其中一些戒律专门对诵读佛经进行了规定,或者规定了诵经之法,或者规定了诵经之仪格,或者规定了诵读之对象。

《大乘庄严论》曰:"诸菩萨于大乘法有十种正行:一书写;二供养;三流传;四听受;五转读;六教化;七习诵;八解说;九思择;十修习。此十正行能生无量功德。"③其中第四种正行是"听受",即如果有他者在诵经,自己需一心听闻。第五种正行是"转读",即自己诵读佛经,依据南朝梁慧皎《高僧传·经师传论》中"咏经则称为转读"之意。第七种正行是"习诵",即学习义理诵读佛经。最后论曰,按照上述十种正行诵读佛经修习佛法,是功德无量的好事,其目的是在讲述诵经的方法之后,用佛教修行之术对受教者(包括自身)加以激励。

---

① 方立天:《方立天文集》,卷一《魏晋南北朝佛教》,北京:中国人民大学出版社,2006年,412页。
② 阿尔维托·曼古埃尔:《阅读史》,吴昌杰译,北京:商务印书馆,2002年,323页。
③ 释道世:《法苑珠林》,卷十七《敬法篇·感福部》,上海:上海古籍出版社,1991年,137页下。

佛教非常注重诵经活动,为此专门制定了一套仪格。《大比丘三千威仪经》云:"上高座读经有五事:一当先礼佛,二当礼经法上座,三当先一足蹑阿僧提上正住座,四当还向上座,五先手安座乃却坐已。座有五事:一当正法衣安座;二搥椎声绝,当先赞偈呗;三当随因缘读;四若有不可意人,不得于座上瞋恚;五若有持物施者,当排下着前。"①东晋释道安曾制定佛法宪章,其中第一条即讲法会诵经之法。《高僧传·道安传》记载:"安(道安)既德为物宗,学兼三藏,所制僧尼轨范、佛法宪章,条为三例:一曰行香定座上经上讲之法。"②(后二略)诵经法会开始之初,先要"行香",行香即烧香,是为了请佛,中国佛教行香之法始于道安。行香之后,讲经法师在法座上安坐("定座"),继而开始转读经文。"上经",即上高座读经。正式讲经之前,先端正法衣定座,当犍捶声停止后唱赞偈呗(歌咏法言),然后开始转读(仅读每卷佛经中的初、中、后数行)经文。当"行香""定座""上经"仪式毕后,主讲法师开讲。法师讲经完毕,该诵经之法对问答环节也进行了规定,即问经有五条规矩:"一当如法下床问;二不得共座问;三有解不得直当问;四不得持意念外因缘;五说解头面着地作礼反向出户。"③今人从中足以见得佛教诵读佛经之隆重、庄严和神圣。

佛教强调僧徒要持戒,在读经方面也不例外。高齐天竺三藏那连提耶舍译《月灯三昧经》④云:"虽广读众经,恃多闻毁禁;多闻非能救,破戒地狱苦。"意思是即使读了很多经典,仍然要持戒,否则多闻不仅没用,反而会有害。此经特用于训诫僧人要把握好"多闻"与"持

---

① 释道世:《法苑珠林》,卷二十三《说听篇·仪式部》,上海:上海古籍出版社,1991年,180页中。
② 释慧皎:《高僧传》,卷五,北京:中华书局,1992年,183页。
③ 释道世:《法苑珠林》,卷二十三《说听篇·仪式部》,上海:上海古籍出版社,1991年,180页中。
④ 释道世:《法苑珠林》,卷三十《住持篇·治罚部》,上海:上海古籍出版社,1991年,224页上。

戒"的关系,二者是彼此不可分离的。

佛教曾对僧人该读什么和不该读什么进行了规定。《涅槃经》云,佛语诸比丘:"出家之人应修慧学,寻究经典,不得披读外道典籍路伽耶等。常处山泽空闲静室,修禅礼诵断邪显正,是汝所宗。"①出家人应该修习智慧之学,诵读佛教经典,不应该读外道书籍,并认为读外道书和佛经对读者会产生不同的影响。"《婆沙论》云:如人观日眼不明净,外道书论思求之时,便慧眼不净。如人观月眼则明净,佛法经论,思求之时令慧眼明净。若思求外俗,如打猕猴唯出不净;若思求佛法,如练真金多练多净。又《菩萨善戒经》云:菩萨不读不诵如来正经,读诵世典文颂书疏者得罪。不犯者,若为论义破于邪见,若二分佛经,一分外书。何以故?为知外典是虚妄法佛法真实故,为知世事故,不为世人所轻慢故,以此文证。"②这些戒律认为,外道书是虚妄法,读外道书会让读者心智迷茫;佛经是真实法,读佛经会让人心智明净,虽然难免夸张和厚此薄彼,但作为一家之戒律而言,可见其对僧人阅读对象规定之严格,并以此突显佛教之威严和佛经之神圣。

二是广读博闻。在诵读佛经方面,无论是佛教的高僧大德,还是未出家的智者,他们或者追求并实践着广博之道,或者追求并实践着专精之道,或者兼及广博和专精之道。从他们身上,我们可以体悟和学习诵读佛经的精神力量和研习方法。

鸠摩罗什译《大智度论》曰,有一梵志③名号长爪,入南天竺国,开始读佛教经书。有人问他:"汝志何求?"长爪答言:"十八种大经,尽

---

① 释道世:《法苑珠林》,卷二十三《惭愧篇·引证部》,上海:上海古籍出版社,1991年,177页上。
② 释道世:《法苑珠林》,卷二十三《惭愧篇·引证部》,上海:上海古籍出版社,1991年,137页中。
③ 梵志指佛教以外的出家修道人。《大智度论》卷五六:"梵志者,是一切出家外道。若有承用其法者,亦名梵志。"

欲读之。"诸人又言："尽汝寿命，犹不能知一，何况能尽？"长爪自念："昔作憍慢，为姊所胜，今此诸人复见轻辱。"为是二事故，自作誓言："我不翦爪，要读十八种经尽。"人见爪长，因号为长爪梵志。① 长爪以立志尽读十八种佛经始，遭人质疑，便以留爪明志，广读佛经，后来终得开悟，入沙门，得大力阿罗汉。

《高僧传》

据《高僧传》记载，晋释道安，虽然其貌不扬，但是聪慧过人，"七岁读书再览能诵"，十二岁时出家，"日诵万言不差一字"。"安（道安）穷览经典，钩深致远"②，被赞曰"博物多通，才经名理"。《法苑珠林》记载："安（道安）既笃好经典，志在宣法，所请外国沙门僧伽提婆、昙摩难提及僧伽跋澄等，译出众经百余万言。"道安博学多通，为翻译佛经事业做出重要贡献。道安与同时代的译经大师鸠摩罗什，相互敬慕，道安去世后，鸠摩罗什至道安处，感叹"什（鸠摩罗什）恨不相见，悲恨无极"③。

---

① 释道世：《法苑珠林》，卷五十五《破邪篇·引证部》，上海：上海古籍出版社，1991年，397—398页。
② 释僧祐撰，苏晋仁、萧炼子点校：《出三藏记集》，卷十五，北京：中华书局，1995年，561页。
③ 释道世：《法苑珠林》，卷十六《晋沙门释道安》，上海：上海古籍出版社，1991年，131页。

西晋翻译家竺法护,祖先是月支人,世居敦煌,八岁时出家,每日诵经万言,过目则能诵,"天性纯懿,操行精苦。笃志好学,万里寻师。是以博览六经,涉猎百家之言"①。竺法护博学多闻,为其后来翻译佛经、达成弘法志愿打下了坚实的基础。

西晋帛远,字法祖,少年时萌生悟道之心,后出家为僧。法祖才思敏捷,颖悟绝伦,日诵经八九千言,钻研佛经细致入微,古代典籍也广泛涉猎。法祖在长安建有精舍,专门诵习佛经。晋惠帝末期,太宰河间王颙镇守关中,对法祖虚心敬重,以师友之礼相待,晚间常常在一起谈经论道。②

东晋竺道生,幼年出家,后来从鸠摩罗什译经,是鸠摩罗什的著名门徒之一。据记载,他"披读经文,一览能诵。研味句义,即自解说"。十五岁,竺道生便登讲座,诵扬佛法。他才思泉涌,析理明彻,即使是宿望学僧当世名士,也莫能抗对,后来到了庐山精舍,"幽栖七年,以求其志。常以为入道之要,慧解为本。故钻仰群经,斟酌杂论"③。他认为,求法入道的关键在于慧解,所以倾心钻研佛法,博览群经,后追随鸠摩罗什受业,游学多年,积累深厚,"博以异闻,约以一致",乃悟道,时人称其为"涅槃圣"。

东晋释道融,十二岁出家,游学多年,博览群书,至三十岁,内外经书谙熟于心。他到关中从鸠摩罗什受学,参与译经,罗什赞其才学,"佛法之兴,融(道融)其人也"。后秦弘治年间,狮子国(斯里兰卡)的一位婆罗门学者来到长安,向佛门弟子挑战,罗什让道融应战。

---

① 释僧祐撰,苏晋仁、萧炼子点校:《出三藏记集》,卷十三,北京:中华书局,1995年,518页。
② 释僧祐撰,苏晋仁、萧炼子点校:《出三藏记集》,卷十五,北京:中华书局,1995年,599页。
③ 释僧祐撰,苏晋仁、萧炼子点校:《出三藏记集》,卷十五,北京:中华书局,1995年,571页。

道融几天后如约与对手论辩,相互辩难,当婆罗门自感无法驳倒道融时,就自夸曾经博览群书。此时,道融罗列其所读之书,并说明汉地经史典籍之盛,其所读书目是婆罗门的三倍之多。罗什因而嘲讽对方:"君不闻大秦广学,那忽轻尔远来。"释道融以其广博的学识,征服了对方,维护了中国僧人的尊严。后来,道融回到彭城,继续弘扬佛法,前来闻道者千余人,所著《法华》《大品》《金光明》《十地》《维摩》等义疏,流传于世。①

东晋释僧肇,少时家贫以佣书为业,因为缮写之功,"历观经史,备尽坟籍"。出家后,他"学善方等,兼通三藏",不到二十岁,即"名振关辅"②。当时京兆的宿儒,以及关外的英才,无人能与之锋辩而胜归。而后僧肇从鸠摩罗什门下受学,参加译经,与道融、僧睿、道生合称"关中四杰"。据唐元康《肇论疏》引《名僧传》语,鸠摩罗什大师称赞曰:"秦人解空第一者,僧肇其人也。"

佛大跋陀,即佛陀跋陀罗,是后秦时来华的北天竺僧人。据记载,他五岁而孤,十七岁出家,与同学一起诵经,其他人用一个月而他只用一日即诵毕,得到其师的称赞,后来"博学群经,多所通达"③。

求那跋摩,南朝宋时来华的罽宾僧人。据记载,求那跋摩十五岁出家,"师僧见其俊悟,咸敬异之。其性仁慈谦恭,率由而至。既受具戒,诵经百余万言,深明律品。既总学三藏,故因以为号焉"④。因其博学三藏,所以得一汉译名号"功德铠"。

南朝宋沮渠京声,世称安阳侯。其人强志疏通,广泛涉猎各种典

---

① 释慧皎:《高僧传》,卷六,北京:中华书局,1992年,241—242页。
② 释慧皎:《高僧传》,卷六,北京:中华书局,1992年,249页。
③ 释僧祐撰,苏晋仁、萧炼子点校:《出三藏记集》,卷十四,北京:中华书局,1995年,541页。
④ 释僧祐撰,苏晋仁、萧炼子点校:《出三藏记集》,卷十四,北京:中华书局,1995年,543页。

籍,"因谶入河西,弘阐佛法,安阳(沮渠京声)乃阅意内典,奉持五禁,所读众经,即能讽诵,常以为务学多闻,大士之盛业"①。后来,他因博学多闻,深得禅法,号为"人中师子",译出佛经《禅要》。

南朝宋释道慧,二十四岁出家,止住于庐山寺,"志行清贞,博涉经典。特禀自然之声,故偏好转读。发响含奇,制无定准,条章析句,绮丽分明"②。后来,他止住于安乐寺,擅长转读的名声大振京城;晚年移居朱方竹林寺,诵经数万言。

南朝梁慧皎,曾住会稽宏普寺,博览该寺丰富的藏书。慧皎在《梁高僧传》自序中曰:"尝以暇日,遇览群作。辄搜捡杂录数十余家,及晋、宋、齐、梁春秋书史,秦、赵、燕、凉荒朝伪历,地理杂篇,孤文片记。并博咨故老,广访先达,校其有无,取其同异。"③他记述自己下了一番功夫,才编成《梁高僧传》。自汉明帝永平十年(67)至梁天监十八年(519),长达四百五十三载,《梁高僧传》共收录二百五十七人,又旁出附见者二百余人,足见慧皎广搜博览之功,这对其完成该书起着决定性作用。

三是专心精勤。东晋时佛陀耶舍,罽宾人,出自婆罗门种姓,二十七岁受具戒,"以读诵为务,手不释牒,每端坐思义,不觉虚中而过。其专精如此"④。鸠摩罗什游学,从佛陀耶舍受学,甚相尊敬,后邀其至长安,协助他译出《四分律》凡四十四卷,以及《长阿含》等。

《贤愚经》云,有一位比丘,教令一沙弥诵经,每日限定课目。如果沙弥诵完所定经目,比丘便欢喜夸赞;如果沙弥没有诵完所定经目,比丘便责罚之。沙弥因此常怀懊恼,愁闷啼哭,一长者见之上前

---

① 释慧皎:《高僧传》,卷二,北京:中华书局,1992年,80页。
② 释慧皎:《高僧传》,卷十三,北京:中华书局,1992年,500页。
③ 释慧皎:《高僧传》,卷十四,北京:中华书局,1992年,524页。
④ 释僧祐撰,苏晋仁、萧炼子点校:《出三藏记集》,卷十四,北京:中华书局,1995年,536页。

询问。沙弥诉说其苦：如果他化缘能及时得到食物，就有更多时间诵经并完成经目；如果化缘耽误，读经时间不足而未完成经目，比丘就会责难。听后，长者告诉沙弥："从今以后到我这里，供养食物令汝不忧。"此后，沙弥专心读经的心愿得以实现，"得专心意，勤加读经"。

东晋释智严，西凉州人，弱冠出家，便以"精勤"著名。其志在广求经法，于是西行至罽宾，师从禅师佛陀跋陀罗受佛法，后至关中，又迁移山东精舍，"坐禅诵经，力精修学"。

东晋时僧伽提婆，本姓瞿昙，罽宾人。其早年入道修学，远求名师，"学通三藏，尤善《阿毗昙心》，洞其纤旨。常诵《三法度论》，昼夜嗟昧，以为入道之府也"。僧伽提婆学通经、律、论三藏，尤其专心《阿毗昙心》，精通其中之义理。后于苻秦建元年间来长安，宣传佛法，翻译佛经，为时人所重。

据《高僧传》记载，释道安出家数年后，向其师求读佛经，其师给他一本《辩意经》，道安劳作间隙诵读此经，傍晚返回即归还此经，并请求读其他佛经，其师曰：昨天的经还没读完，今天怎么又来求新经？道安答道：已经会背诵了。其师抱着怀疑的态度，又给他一本《成具光明经》，道安晚间归来，亦将此经归还其师，并当面背诵一遍，不差一字。道安专心读经，诵经之功，令其师惊其才异。后来道安到襄阳宣扬佛法，当时，最初翻译到中国的一些经书已经相当陈旧，并有很多谬误。道安开始"穷览经典，钩深致远"，他所注的《般若》《道行》《密迹》《安般》等经书，共二十二卷。他精益求精，逐字逐句比对斟酌，修正了很多错误，并且做到"序致渊富，妙尽深旨，条贯既叙，文理会通，经义克明"。道安开创的这一精研佛经并细梳义理之法，为后世所效仿。

东晋释法显是中国佛教史上的一位名僧，是中国第一位到海外取经求法的大师，也是杰出的佛经翻译家。法显于东晋安帝隆安三年（399）和同学慧景等前往天竺求法，凡所经历三十余国，将至天竺，欲翻耆阇崛山，寺僧谏阻。法显志坚不改，夜幕降临，独留山中，烧香诵经。深夜有三黑狮子，来到法显面前，舔唇摇尾，"显诵经不辍，一心念佛"。法显诵经，专心如此，大概狮子被感化，于是低头下尾，伏于法显足前，随后退去。

东晋时释僧生，蜀地人，年少出家，以苦行著称，后被请为三贤寺寺主，诵《法华经》，修习禅定。他经常在山中诵经，有一次"有虎来蹲其前，诵竟乃去"。这与法显诵经退狮之说相似，足见释僧生诵经之专心。而后僧生每至讽咏，辄见左右四人为侍卫。僧生晚年虽年迈体弱，但诵经愈加精勤。

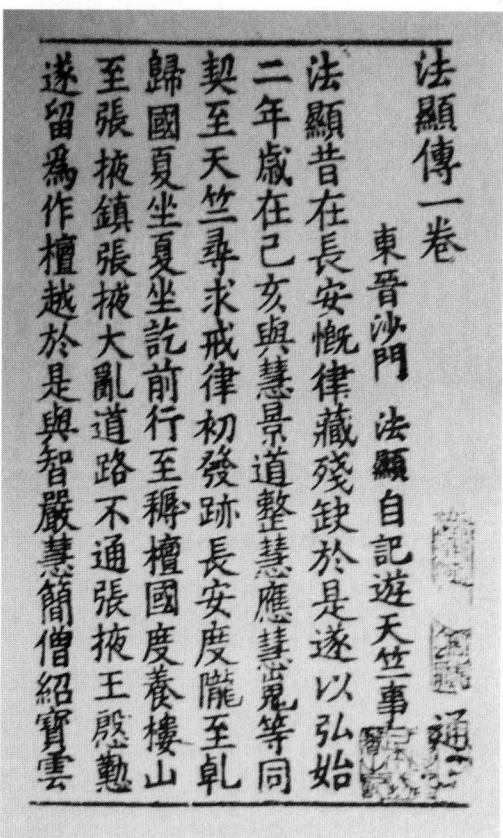

《法显传》

(3)诵经的益处。

根据佛教文献记载,诵经有多种益处,诸如诵经有疗病之利,诵经能愉悦身心,诵经可纳福开慧。

诵经疗病。晋董吉,祖上三代修习佛法,董吉时更加精进,熟读佛经,领悟深刻。董吉经常吃斋守戒,诵读《楞严经》,治病救人,积德行善。所谓"村中有病辄请吉读经,所救多愈",即村中若有人生了重病,就会请董吉诵经,因此治好了很多病人。同县有位名叫何晃的人,也信奉佛法,有一次,得了山毒之疾,病入膏肓。何晃之兄去请董吉,董吉答应并前往诵经,最终"治好"了何晃的病。此事引得全村人都信奉佛教。晋南郡有一姓欧的议曹掾,患病数年,身体消瘦,骨瘦如柴,各方医者都无能为力。有一天,其子梦见有沙门来看望患病的父亲,第二天他便前往求教沙门,沙门解释一番后,"便将诸道人归请读经"。沙门来到其家,诵读佛经,"再宿病人自觉病如轻",病人很快就感觉到病情减轻了。① 故事虽然神奇,但说明佛教重视感应和灵验之说,以诵经疗病为例说服人心,弘扬佛法。

诵经愉悦身心。《法苑珠林》曰:"庶使凝寒静夜,朗月长宵独处空闲,吟诵经典吐纳宫商,文字分明言味流美,词韵相属适众人心,利生物善,足使幽灵欣曜精神悦豫,久习纯熟文义洞晓,敬心殷诵至诚冥感,信知受持一偈福利弘深,书写一言功超数劫。"② 夜深人静,吟诵经典,佛经有音律,且文字优美,读来让人身心放松,神情愉悦。

诵经纳福开慧。《法苑珠林·敬法篇》中有一颂词,盛赞佛法,言明诵经有纳福开慧之利,其颂曰:

---

① 释道世:《法苑珠林》,卷十八《晋居士董吉》,上海:上海古籍出版社,1991年,140—141页。
② 释道世:《法苑珠林》,卷十七《敬法篇·述意部》,上海:上海古籍出版社,1991年,135页下。

教传三藏，慈训八因。
含情普洽，机悟玄津。
威扬夏烈，温柔晞春。
枯槁日久，光润爽神。
卷即纳福，舒即慧申。
思之不已，惟益惟新。
实称慈父，巧号能仁。
周孔老教，孰与陶钧。①

五、道藏与读经

魏晋南北朝时期，道教经书大量编撰，继之道经目录首现，道经分类法逐渐形成。随着道教经书的大量编撰和出版，道经的传播和阅读越来越成熟。道经传授形成独特的体系，其传授谱系，脉络清晰，有迹可循。道教还在道藏阅读方面制定了一些戒律。魏晋南北朝时期，道藏阅读成为宗教文献阅读的一大重要阵地。

1. 道教经书的编撰

道教从东汉张陵创教至东晋中叶上清派出现以前大约230年间，所造经书是不多的。② 据《汉书·艺文志》的著录，道家三十七家，九百九十三篇；阴阳二十一家，三百六十九篇；五行三十一家，六百五十二卷；蓍龟十五家，四百一卷；杂占十八家，三百一十三卷；房中八家，百八十六卷；神仙十家，二百五卷；方技三十六家，八百六十八卷。③ 这些大致反映了魏晋以前道家经籍的概貌。但是，这些书目散佚较

---

① 释道世：《法苑珠林》，卷十七，上海：上海古籍出版社，1991年，139页下。
② 卿希泰：《中国道教史》，卷一，成都：四川人民出版社，1988年，536页。
③ 班固：《艺文志》，见《汉书》，卷三十，北京：中华书局，1962年，1731—1780页。

多,房中、神仙诸家书,至三国晋初,是否散失尽罄,今不可考。① 据葛洪《抱朴子·遐览篇》中知见书目的不完全记载,道经约有六百七十卷,另符五百数十卷,合计约一千二百卷②,道经数量明显减少很多。道教自东晋中叶至南北朝期间,掀起了造经高潮③,道经数量开始增多。葛洪《抱朴子·释滞篇》曰:"道书之出于《黄》《老》者,盖少许耳。率多后世之好事者,各以所知见而滋长,遂令篇卷至于山积。"④陆修静整理编撰的《三洞经书目录》,被称为道教第一部经书目录,可惜现已亡佚。南朝宋明帝太始七年(471),陆修静因敕上《三洞经书目录》云:"道家经书,并药方、符图等,总一千二百二十八卷。其一千九十卷已行于世,一百三十八卷犹在天宫。"⑤南朝梁阮孝绪《七录·子兵录》记载:道部六十九种七十六帙四百三十一卷。《七录·仙道录》记

葛洪像

---

① 陈国符:《道藏源流考》,北京:中华书局,1963年,105页。
② 陈国符:《道藏源流考》,北京:中华书局,1963年,105页。
③ 卿希泰:《中国道教史》,卷一,成都:四川人民出版社,1988年,536页。
④ 王明:《抱朴子内篇校释》,卷八,北京:中华书局,1985年,151页。
⑤ 陈国符:《道藏源流考》,北京:中华书局,1963年,106页。

载:经戒部二百九十种三百一十八帙八百二十八卷,服饵部四十八种五十二帙一百六十七卷,房中部十三种十三帙三十八卷,符图部七十种七十六帙一百三卷。① 北周玄都观道士编撰《玄都经目》,言有道经六千三百六十三卷,其中二千四十卷见有其本,四千三百二十三卷云并未见。② 后有道士王延校定道书,作经目《珠囊》(《三洞珠囊》)七卷,凡经传疏论八千三十卷。③ 魏晋南北朝时期,政权分裂、社会动荡,道教典籍也经历了一番沉浮,目录中著录的数量时多时少,最后依据《隋书·经籍志》的记载,集部中附有道经类图书,并将道经分为四类:经戒、饵服、房中、符录,共收录道经三百七十七部,一千二百一十六卷。综上所述,魏晋南北朝人编撰了大量道经,留传至今的主要有《上清》《灵宝》《三皇》三大系的道经,以及后来《云笈七签》《正统道藏》等收录的大量道经。

《云笈七签》

2. 道经目录和分类

随着大量道经的出现和积累,编制经书目录成为一项重要任务。魏晋南北朝时期出现了一些重要的道教经书目录,如葛洪的道经知

---

① 释道宣:《广弘明集》,卷三,涵芬楼四部丛刊影印本。
② 释道世:《法苑珠林》,卷五十五,上海:上海古籍出版社,1991年,404页。
③ 张君房编,李永晟点校:《云笈七签》,卷八十五,北京:中华书局,2003年,1922页。

《抱朴子内篇》

见书目《抱朴子·遐览篇》,陆修静为道教首创的经典目录《三洞经书目录》①,孟法师编撰的《玉纬七部经书目》,陶弘景所编的经目,阮孝

---

① 汤一介:《魏晋南北朝时期的道教》,西安:陕西师范大学出版社,1988年,242页。

绪的《七录·仙道录》，北周玄都观道士撰著的《玄都经目》，北周楼观派道士王延作的经书目录《三洞珠囊》等。这些道教经书目录的出现，一方面说明道教经籍数量增多，另一方面说明道教开始自觉整理道经。这些道教经书目录不仅为道观收藏经书提供了依据，而且为道经的阅读指引了方向，对魏晋南北朝道教发展和道经的传播起着非常重要的作用。

在编制道经书目的实践过程中，出现了"三洞""四辅""十二部"的道经分类法。陆修静开创了三洞分类法，所谓"三洞"，《道门大论》云：三洞者，洞言通也。通玄达妙，其统有三，故云三洞。第一《洞真》，第二《洞玄》，第三《洞神》。①《上清经》归为"洞真经"，《灵宝经》归为"洞玄经"，《三皇经》归为"洞神经"。随着道经的不断增多和繁复，"三洞"之分未能尽全，出现了"四辅""十二部"。所谓"四辅"，即"太玄"辅"洞真"，"太平"辅"洞玄"，"太清"辅"洞神"，"正一"统摄各部。② 所谓"十二部"，即"夫十二部道义，通于三乘。今就中乘为释，余例可知。十二者：第一本文，第二神符，第三玉诀，第四灵图，第五谱录，第六戒律，第七威仪，第八方法，第九众术，第十记传，第十一赞颂，第十二表奏"③。《道教三洞宗元》曰："第一洞真，为大乘；第二洞玄，为中乘；第三洞神，为小乘。"④有学者通过文献考证，依据敦煌卷子 P2256 号的文本，推理出陆修静关于"十二部"的阐述，"P2256 号抄本中关于十二部的讨论有两段，第一段大约是出于陆修静的"⑤。敦煌卷子 P2256 号中陆修静的阐述为"第一经之本源自然天书，第二神符，第三玉诀，第四灵图，第五谱录，第六戒律，第七威仪，第八方诀，

---

① 张君房编，李永晟点校：《云笈七签》，卷六，北京：中华书局，2003年，86页。
② 张君房编，李永晟点校：《云笈七签》，卷三，北京：中华书局，2003年，35页。
③ 张君房编，李永晟点校：《云笈七签》，卷六，北京：中华书局，2003年，105页。
④ 张君房编，李永晟点校：《云笈七签》，卷三，北京：中华书局，2003年，35页。
⑤ 王宗昱：《〈道教义枢〉研究》，上海：上海文化出版社，2001年，176页。

第九众术,第十记传,第十一玄章,第十二表奏"。如果对照部分灵宝经典,我们可以明了陆修静的这段论述显然是针对《灵宝经》的。① 由此可知,《灵宝经》为"洞玄经","洞玄经"为中乘,陆修静所举《灵宝经》十二部为例,即是对三乘之一的十二部进行阐述。"今就中乘为释,余例可知",可知"三洞"各分十二部,也就有了后来三十六部的说法。

道经分类法的开创和不断完善,说明魏晋南北朝时期学者们整理道经的思想和方法在不断凝练,并且最终确立为"三洞""四辅""十二部"的道经分类体系。这一分类体系沿用至后来数千年间的《云笈七签》《正统道藏》《道藏》等道藏编撰和整理事业中,对中国道教发展产生了深远的影响。

3. 道经传授

从对后世道教发展的影响来看,东晋以后新出的道经,尤以《三皇经》《灵宝经》《上清经》这三组道经最为重要,此即道教所谓的"三洞真经"②。下文将以此三组道经的传授线索为中心,介绍《三皇经》《灵宝经》《上清经》的阅读者及其相承关系和对道经的传播意义。

陇西李渤记述了道经传授的相承次序:"今道门以经箓授受,所自来远矣。其昭彰尤著,使搢绅先生不惑者,自晋兴宁乙丑岁,众真降授于杨君,杨君授许君,许君授子玄文,玄文付经于马朗。景和乙巳岁,敕取经入华林园。明帝登极,殳季真启还私廨。简寂陆君南下立崇虚馆,真经尽归于馆。按黄素方,因缘值经,准法奉修,亦同师授。其陆君之教,杨、许之胄也。陆授孙君,孙君授陶君,陶君搜摭许令之遗经略尽矣。陶授王君,王君又从宗道先生得诸胜诀云。经法秘典,大备于王矣。王授潘君,潘君授司马君,司马君授李君,李君至

---

① 王宗昱:《〈道教义枢〉研究》,上海:上海文化出版社,2001年,177—178页。
② 任继愈:《中国道教史》,上卷,北京:中国社会科学出版社,2001年,128页。

于杨君,十三世矣。"李渤进一步阐释了道教发展的关键在于道经传授,道经传授的关键在于人,"杨、许并越汉登真,许令亦终获度世。马、受幸会而不业。自陆君已降,则帝者无不趋其风矣。此皆史有明文,或遗迹可访……道无否泰,教有通塞。塞而通之者,存乎其人"①。后来的学者逐渐认识到人在道教发展和道经传授中的重要性,梳理出道经传授的谱系,诸如陈国符依据史料编制出"道经传授表"②,李养正编制出"经箓派(以经法相授为主)授受情况表"③,任继愈编制出《三皇经》传授谱④、《灵宝经》传授谱⑤和《上清经》传授谱⑥。

上述道经传授谱系脉络清晰:第一,我们从中既可看到《三皇经》《灵宝经》《上清经》各经系的传授历史,也可以看到道经授受双方的先后承接关系。第二,在上述三组道经传授谱系中,就魏晋南北朝时期而言,同时出现了陆修静、孙游岳、陶弘景等人的姓名,说明道经传授从开始就分为三系,到陆修静那里逐渐走向集中和融汇,这一点与陆修静为道教首创经书目录将三洞融为一体互为佐证。因此,我们说陆修静等人为道教理论体系的形成、为中国道教的发展做出了重要贡献。第三,我们不难发现,不同谱系上的传授者都阅读了相应的道经,并且能够将所受道经内容再传授给后人,使得后人继续阅读和传播道经。第四,道经传授谱系的绵延不绝,说明上述道教典籍长期被当作经典来阅读。第五,我们可以将道经传授谱系概括为道经传播的特殊系统和方式,即以某部道经为轴、以授受者为链接点形成的道经传授系统。

---

① 张君房编,李永晟点校:《云笈七签》,卷五,北京:中华书局,2003年,69页。
② 陈国符:《道藏源流考》,北京:中华书局,1963年,29页。
③ 李养正:《道教概说》,北京:中华书局,1989年,78页。
④ 任继愈:《中国道教史》,上卷,北京:中国社会科学出版社,2001年,131页。
⑤ 任继愈:《中国道教史》,上卷,北京:中国社会科学出版社,2001年,135页。
⑥ 任继愈:《中国道教史》,上卷,北京:中国社会科学出版社,2001年,143页。

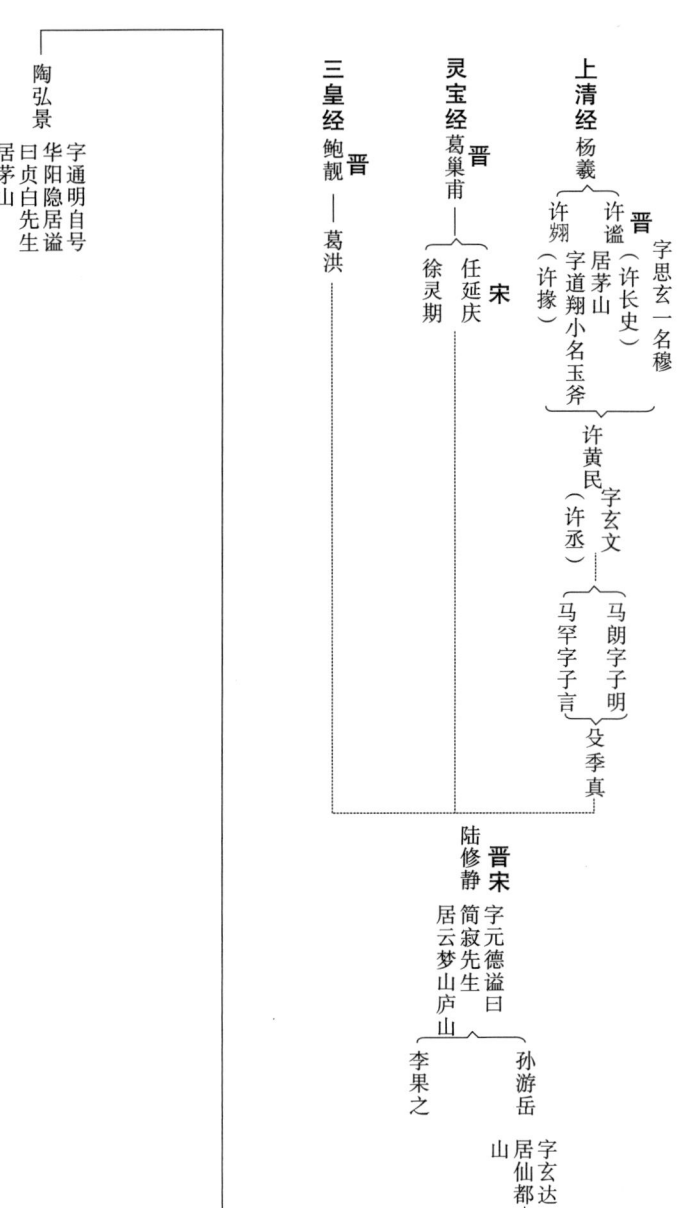

道经传授表

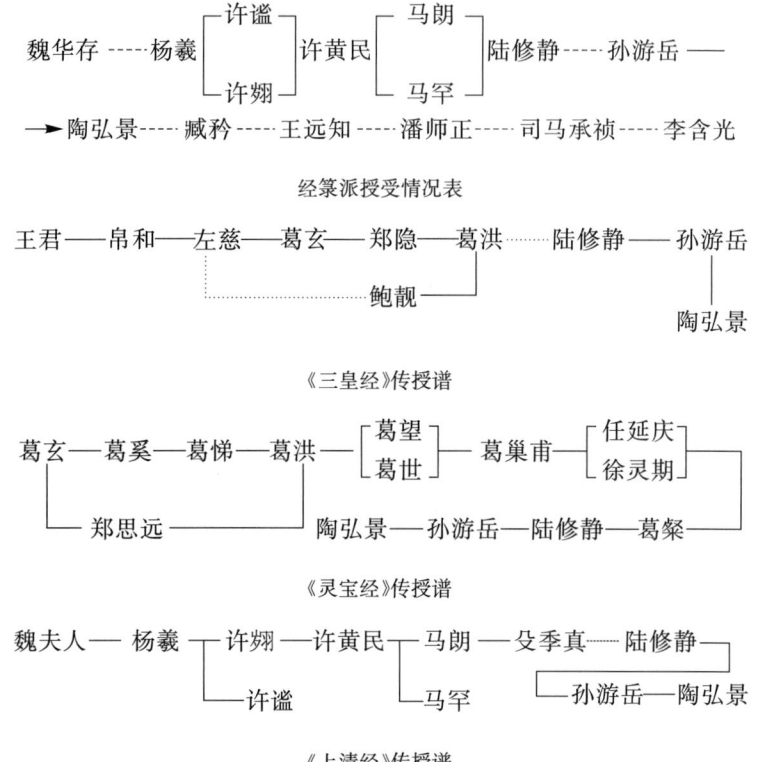

经箓派授受情况表

《三皇经》传授谱

《灵宝经》传授谱

《上清经》传授谱

4. 读经的戒律和方法

道教特别重视读经，并且有专门的戒律和特殊的读经方法。据《云笈七签·洞玄灵宝六斋十直》记载，道教有五戒、十善，其中十善之一曰："读三宝经律，恒奉香花供养之具。"最后讲，普通人如果做到五戒、十善，"恒有天人善神卫之，永灭灾殃，长臻福祐，唯在坚志"[①]。这说明道教特别强调要重视阅读道教经书三宝经律，并且读道经时要以香和花为供养，可见读道经要虔诚和专心致志。从利害角度看，如果做到这些，那么对自身会大有裨益。

《云笈七签·老君说一百八十戒（并叙）》中，记述了老君所言的

---

① 张君房编，李永晟点校：《云笈七签》，卷三十七，北京：中华书局，2003年，807页。

一百八十戒,其中第一百零三戒为"不得妄发读人书"①,第一百二十八戒为"不得求密谋之书读之"②。这两条戒律专门强调不得妄想读他人的书或信等文字,不得搜求并阅读密谋之类的书,其核心思想都是从道德方面对读经者提出要求,并对读书的行为进行道德规范。

《云笈七签·推诵〈黄庭内景经〉法》中,提出诵读《黄庭内景经》的一套礼仪和方法:"当入斋堂之时,先于户外叩齿三通,闭目想室中有紫云之气,郁郁来冠兆身,玉童侍左,玉女侍右,三光宝芝,洞映内外……毕,入户北向四拜,长跪叩齿二十四通,上启高上天真玉晨太上道君:某甲今当入室咏诵玉经,炼神宝藏……毕,还东向揖大帝。又叩齿十二通,上启扶桑大帝旸谷神王:某乙今披咏玉经……毕,即东向诵十遍为一过。竟,还北向四拜,东向揖,不须复启也。但拜谒如法,随诵多少,然以十数为限。不依法而受经,亏损俯仰之格,徒劳于神,无益于求仙也……清虚真人曰:凡修《黄庭内景玉经》,应依帝君填神混化之道。读竟礼祝毕,正坐向东,临目内想身神形色、长短大小,呼其名字,还填本宫。不修此法,虽万万遍,真神不守,终无感效。徒亦损气疲神,无益于延命也。"③从中可以看出,诵读《黄庭内景经》有一套严格的礼仪,象征着读经时必须虔诚之至,无论是入斋堂时的叩齿三通,还是闭目冥想室中的紫气宝芝,甚至诵经前的拜跪之仪,以及向诸位神君的祷告,虽然当今看来烦琐不堪,但都是为了"咏诵玉经",诵读《黄庭内景经》。文章最后警示道,如果不遵循这样的法仪而读经,其后果是将有损于身心。总而言之,为了诵读《黄庭内景经》而制定一套礼仪和方法,虽然有繁文缛节之嫌,但是彰显了道经之尊贵,并强调了读经必须有的虔诚和专心态度,如此一来,形成

---

① 张君房编,李永晟点校:《云笈七签》,卷三十九,北京:中华书局,2003年,856页。
② 张君房编,李永晟点校:《云笈七签》,卷三十九,北京:中华书局,2003年,858页。
③ 张君房编,李永晟点校:《云笈七签》,卷十二,北京:中华书局,2003年,317—318页。

了道家的一套独特的读经方法。

《云笈七签·存〈大洞真经〉三十九真法》记载：分别诵读《三十九章经》，并且心当分别有所思。诸如读《高上虚皇君道经》，当思太微小童干景精；读《上皇玉虚君道经》，当思太一尊神务犹收……读《西元龟山九灵真仙母青金丹皇道君道经》，当思大洞帝一尊君父宁在。如此，"诵之一遍，开明幽关，三十九户，纳受玉津，死气沉塞，百神内欢。百神既畅，则声达九玄，气朗紫霄，响叩玉晨，五帝束带，万灵朝轩，生生来归，七祖升迁，身致羽童，驾景乘云，飞行玉清，位齐紫宾。此高玄之妙道，玉清之秘篇，皆授金名玉字高仙真人"①。这里逐条列举了诵读《三十九章经》的要义和方法，言明诵读这些道经对人的身心会带来诸多益处。后有圣人指出诵读《三十九章经》时，要遵循一定的戒律仪格。"得受《大洞真经三十九章》，修行之日，当先行大洞之仪格，诵《玉清隐祝》之文。又存百神内名，外则遏于万试，内则塞于死关。如此一遍，便得一日一夜单诵《三十九章》，不烦遍遍依旧行其仪轨也。若明日又登斋诵经者，当更按旧过行之。"②由此可知，诵读《三十九章经》如同诵读《黄庭内景经》，也有一套严格的仪法需遵循。

5. 读经的益处

道教历来重视读经，因为道教认为读经有诸多益处，包括对身体和精神等方面。从文献记载来看，读经可除百疴；读经有安神之效；读经有益于开智明慧；读经还能帮助升仙。

（1）读经除百疴。

道教重养生，《黄庭内景经》历来为道教重要经典，时人认为读《黄庭内景经》可除百疴。"读经（《黄庭内景经》）一过，百疴除也。""小君

---

① 张君房编，李永晟点校：《云笈七签》，卷四十二，北京：中华书局，2003年，913—948页。
② 张君房编，李永晟点校：《云笈七签》，卷四十二，北京：中华书局，2003年，948页。

言：山世远受孟先生法，暮卧先读《黄庭内景经》一遍乃眠，使人魂魄自制。"若睡前读一遍，则有益于人的身心健康。"北岳蒋夫人云：读此经亦使人无病，是不死之道也。"①"当清斋九十日，诵之万遍……使调和三魂，制炼七魄；除去三尸，安和六腑，五脏生华，色反孩童，百病不能伤，灾祸不得干。万过既毕，自然洞观鬼神，内视肠胃，得见五藏。其时当有黄庭真人中华玉女教子神仙焉……恒诵咏之者，则神室明正，胎真安宁，灵液流通，百关朗清，血髓充溢，肠胃虚盈……五脏结华，耳目聪明，朽齿白发，还黑更生。所以却邪痾之纷若者，谓我已得魂精六纬之姓名也。"②"能读之万过，自见五脏肠胃，又见天下鬼神，役使在己（内视既朗，则外鉴亦彻，玉女尚来降授，鬼神何足役使也）。"③读《黄庭内景经》万遍，可以自视身体状况和役使病魔。如果实在困于病而不能读，可以"心存读之"，即用心默念此经，那么即使病入膏肓也能治愈，所谓"万病如愿"。朱璜，广阳人也，从小得了毒瘕病，道士阮丘不仅给他开了药，而且令他读《老君黄庭经》，并告诉他："日三过，通之能思其意，当度世。"④随后阮丘与朱璜一同进入浮阳山玉女祠，八十年后复归故处，朱璜白发尽黑，可见读经之神奇功效。

（2）读经安神。

《黄庭内景经》的别名为《太上琴心文》《大帝金书》或《东华玉篇》，梁丘子对《太上琴心文》注释曰："琴，和也。诵之可以和六腑，宁心神，使得神仙。"梁丘子认为诵读《黄庭内景经》，可以协调六腑，让心神安宁。梁丘子对《大帝金书》注释曰："扶桑大帝君宫中昼诵此经，以金简刻书之，故曰《金书》。"他又对《东华玉篇》注释曰："东华者，方诸宫名也，东海青童君所居也。其中玉女、仙人皆诵咏之。刻

---

① 张君房编，李永晟点校：《云笈七签》，卷十一，北京：中华书局，2003年，196页。
② 张君房编，李永晟点校：《云笈七签》，卷十一，北京：中华书局，2003年，191—192页。
③ 张君房编，李永晟点校：《云笈七签》，卷十一，北京：中华书局，2003年，195页。
④ 张君房编，李永晟点校：《云笈七签》，卷八十二，北京：中华书局，2003年，1868页。

玉书之为《玉篇》。"①梁丘子认为扶桑大帝君和东海青童君常常诵读《黄庭内景经》，其目的也是安神，即"和神耳"。总之，诵读《黄庭内景经》，可以取得调心安神的效果。"读《黄庭内景经》者，常在别室烧香洁净，乃执之也（凡欲读此经，皆当如此。施高座，东向烧香，沐浴束带，舒经于案格之上。微其音响，吟讽斫咏，无使辍误。辍误之时，当依消摩法，重却前三十字更读也。记其遍数，十过则应起拜）。诸有此经，能辟百邪。若入山林空暗之地，心中震怖者，正心向北读《内经》一过，即神静意平，如与千人同旅而止（邪却则神安，故无复疑惧之患）。"②读《黄庭内景经》者，要遵循一定的仪格，如焚香、沐浴、束带等。同时，言明读《黄庭内景经》，可以辟邪，并举例说明，如果独行至山林深处心中恐惧，那么读《黄庭内景经》一遍，即可以静心安神，消除恐惧之患。

（3）读经开智明慧。

《云笈七签·释〈神虎上符消魔智慧经〉》中释曰："消魔者，灭鬼也。凡有玉简紫名，得修上经，莫不为众邪所乘，鬼魔所试。兆当讽咏此经，则激百阳以生电，鼓千阴以吐威，六天失气，九魔消摧也。"这里是说诵读道经可以驱魔辟邪。该书又曰："智者，日中之星也。慧者，宜以生生为急也。故慧字有两生，并而共乘一急之象者也。诵经五千遍，则神智开朗，圣慧明发。"③只谈驱魔辟邪之说虽然未免虚妄，但是接着说诵读道经可以开智明慧当不假。因为心智开朗明慧之后，心魔邪念必然难以入侵，所以强调读经可开智明慧，足以为信。

（4）读经升仙。

《云笈七签·万遍竟云驾至第十八》曰："能读五千文万遍，太上

---

① 张君房编，李永晟点校：《云笈七签》，卷十一，北京：中华书局，2003年，190—191页。
② 张君房编，李永晟点校：《云笈七签》，卷十一，北京：中华书局，2003年，194—195页。
③ 张君房编，李永晟点校：《云笈七签》，卷八，北京：中华书局，2003年，148页。

云驾下迎。万遍毕未去者,一月三读之,须云驾至便升仙。"①意思是说,读《道德经》万遍之后,道教最高最尊之神(太上之名如元始天尊等)将会驾云来迎接你。如果继续每月如此读万遍三轮,那么将会"智慧六通,奄见五老,是五星精神,见之则变化自在",体验如同升仙的感觉。《云笈七签·元览人鸟山形图》中,太上曰:"道士有此山形及书文备者,便得仙度世,游宴昆仑。能读此书万遍,修行不负文言,天帝君即遣使云车羽盖来迎。不须服御丹液,无劳导引屈伸,精之不休,自获升天矣。"②人鸟山系道人存想仙境的一种产物,是道教的一种符号象征。③ 这里的"人鸟山形图",既象征着道教仙山之虚,也象征着道教经书之实。如果道士有《元览人鸟山形图》,便可以闭目冥思仙山灵迹,"得仙度世,游宴昆仑";如果道士能诵读《元览人鸟山形图》万遍,并依此修行,便可以"自获升天矣"。如道家所讲可得道升仙,这是早期道教修行法术之一。

第三节 佣书与洛阳纸贵

随着造纸技术的发明改进和推广使用,社会对图书的需求不断增大,政府对图书的重视以及专门抄书职官的设置,使得书肆兴盛。在印刷术尚未发明的情况下,魏晋南北朝时期,抄书逐渐成为图书复制的主要方式,抄书人大量出现,并最终形成了佣书业。古代的抄书人及其抄书活动,为文化知识的传承与创新,以及文献的复制与传

---

① 张君房编,李永晟点校:《云笈七签》,卷四十三,北京:中华书局,2003年,966页。
② 张君房编,李永晟点校:《云笈七签》,卷八十,北京:中华书局,2003年,1838页。
③ 詹石窗:《道教艺术的符号象征》,载《中国社会科学》,1997年第5期,34—44页。

播，都做出了巨大贡献。据史料记载，魏晋南北朝时期的抄书人有张率、王深、范怀约、褚洵、到洽、庾肩吾、蒋少游、阚泽、吴迓、僧肇、陶贞宝、沈崇傃、庾震、王僧孺、朱异、崔光、崔亮、刘芳、房景伯、徐陵、庾信、沈骥士、沈约等。根据抄书目的及其受益读者的不同指向，抄书人大致可以分为两类：一类是抄书为他人阅读，另一类是抄书为自己阅读。

一、抄书为人

抄书为他人阅读，主要涉及为帝王和官府抄书；以佣书为业，主观为谋生，客观为他人（包括书商）抄书。

为帝王和官府抄书。魏晋南北朝时期，政府设立专门的职官，抄书人员在官府里被正式化、专职化，有些被赋予官职，从事抄书事业，所抄图书多为帝王或官府人员阅读。南齐永元末（约501），"后宫火，延烧秘书，图书散乱殆尽。泰（王泰）为丞，表校定缮写，高祖从之"①。皇家图书被烧，秘书丞王泰上表重新修订和补充所毁图书，高祖允诺后开始图书抄写之事。梁武帝天监初年（502），张率受命抄书，"敕使抄乙部书，又使撰妇人事二十余条，勒成百卷。使工书人琅邪（亦作"琅琊"）王深、吴郡范怀约、褚洵等缮写，以给后宫"②。张率、王深、范怀约、褚洵等人都是当时官府的抄书人员，为朝廷抄写了乙部图书等。当年，张率迁为秘书丞。梁武帝天监二年（503），"（到洽）迁司徒主簿，直待诏省，敕使抄甲部书"③。到洽等人抄写甲部图书有功，三年后，到洽迁为尚书殿中郎。梁武帝天监七年（508），张率"除中权建

---

① 姚思廉：《梁书》，卷二十一《王泰传》，北京：中华书局，1973年，324页。
② 姚思廉：《梁书》，卷三十三《张率传》，北京：中华书局，1973年，475页。
③ 姚思廉：《梁书》，卷二十七《到洽传》，北京：中华书局，1973年，404页。

安王中记室参军……俄有敕直寿光省,治丙丁部书抄"①。张率等人又抄写了丙、丁部图书,至此,在梁武帝年间,甲、乙、丙、丁四部图书基本抄写完毕。《南史·庾肩吾传》载:"肩吾字慎之,八岁能赋诗,为兄于陵所友爱。初为晋安王国常侍,王每徙镇,肩吾常随府。在雍州被命与刘孝威、江伯摇、孔敬通、申子悦、徐防、徐摛、王囿、孔铄、鲍至等十人抄撰众籍,丰其果馔,号高斋学士。"②北魏蒋少游,"性机巧,颇能画刻。有文思,吟咏之际,时有短篇。遂留寄平城,以佣写书为业,而名犹在镇。后被召为中书写书生,与高聪俱依高允。允爱其文用,遂并荐之,与聪俱补中书博士"③。因从事佣书业,有特长,蒋少游被招录为"中书写书生",后又被推荐为"中书博士",可见做好佣书工作也能成就美好的明天。

很多读书人家贫,以佣书为业。魏晋南北朝时期,书业繁荣,抄书成为热门职业。许多读书人因家庭贫寒,以佣书为业营生,他们也许主观是为了谋生,但是客观上在为他人阅读而抄写图书,所以他们为文化传承和传播所做的贡献不容忽视。三国吴时,阚泽,"家世农夫,至泽好学,居贫无资,常为人佣书,以供纸笔,所写既毕,诵读亦遍"④,因其才学,赤乌五年,拜太子太傅,六年冬卒,"权痛惜感悼,食不进者数日"⑤。阚泽从居贫佣书到学有所成,一步步努力,才学过人,为孙权所敬重。他去世时,孙权痛惜不已,可见其当时在吴的地位之高。吴逵"经荒饥疾病,合门死者十有三人,逵时亦病笃,其丧皆邻里以苇席裹而埋之。逵夫妻既存,家极贫窘,冬无衣被,昼则佣赁,

---

① 姚思廉:《梁书》,卷三十三《张率传》,北京:中华书局,1973年,478页。
② 李延寿:《南史》,卷五十《庾肩吾传》,北京:中华书局,1975年,1246页。
③ 魏收:《魏书》,卷九十一《蒋少游传》,北京:中华书局,1974年,1970页。
④ 陈寿撰,裴松之注:《三国志·吴书》,卷五十三《阚泽传》,北京:中华书局,1959年,1249页。
⑤ 陈寿撰,裴松之注:《三国志·吴书》,卷五十三《阚泽传》,北京:中华书局,1959年,1250页。

夜烧砖甓,昼夜在山,未尝休止"①。这里记录并称赞了吴逵之德行,他白天给人佣书,夜晚烧砖甓,通过辛勤劳作,多年后终于让逝去的家人入土为安。僧肇,据慧皎《高僧传》义解篇之《晋长安释僧肇》记载:"释僧肇,京兆人。家贫以佣书为业,遂因缮写,乃历观经史,备尽坟籍。"②南朝宋陶贞宝"家贫,以写经为业,一纸直价四十,书体以羊欣、萧思话法"③。沈崇傃"及长,佣书以养母焉"④。南朝齐周山图,"少贫微,佣书自业"⑤。庾震,"丧父母,居贫无以葬,赁书以营事,至手掌穿然后葬事获济"⑥。王僧孺,六岁能属文,既长好学,"家贫,常佣书以养母,所写既毕,讽诵亦通"⑦。朱异,"居贫,以佣书自业,写毕便诵。遍览《五经》,尤明《礼》《易》"⑧。崔光,"家贫好学,昼耕夜诵,佣书以养父母"⑨。崔亮,十岁时,"常依季父幼孙,居家贫,佣书自业"⑩。刘芳,"虽处穷窘之中,而业尚固îe。聪敏过人,笃志坟典,昼则佣书以自资给,夜则诵经不寝"⑪。房景伯,"少丧父,以孝闻。家贫,佣书自给,养母甚谨"⑫。

魏晋南北朝时期,书业兴盛,书商雇用大量抄书人为他们抄写、复制图书,并将所抄图书在书肆售卖。据记载,当时形成南以建康、北以洛阳为中心的书业贩售格局。上述抄书人为当时贩书市场的繁荣做出了贡献,特别是晋代"洛阳纸贵"的故事,说明当时抄书之盛。

---

① 房玄龄:《晋书》,卷八十八《吴逵传》,北京:中华书局,1974年,2293页。
② 释慧皎撰,汤用彤校注:《高僧传》,卷三,北京:中华书局,1992年,249页。
③ 张君房:《云笈七签》,卷一七〇,北京:中华书局,2003年,2322页。
④ 姚思廉:《梁书》,卷四十七《沈崇傃传》,北京:中华书局,1973年,649页。
⑤ 萧子显:《南齐书》,卷二十九《周山图传》,北京:中华书局,1972年,540页。
⑥ 李延寿:《南史》,卷七十三《庾震传》,北京:中华书局,1975年,1822页。
⑦ 姚思廉:《梁书》,卷三十三《王僧孺传》,北京:中华书局,1973年,469页。
⑧ 李延寿:《南史》,卷六十二《朱异传》,北京:中华书局,1975年,1515页。
⑨ 李延寿:《北史》,卷四十四《崔光传》,北京:中华书局,1974年,1615页。
⑩ 魏收:《魏书》,卷六十六《崔亮传》,北京:中华书局,1974年,1476页。
⑪ 李延寿:《北史》,卷四十二《刘芳传》,北京:中华书局,1974年,1542页。
⑫ 李延寿:《北史》,卷三十九《房景伯传》,北京:中华书局,1974年,1422页。

由于士族权贵之家竞相传抄左思《三都赋》，使得洛阳地区为之纸贵。

二、抄书为己

如上所述，大多数抄书者是为他人的阅读而抄书，然而，我们也要看到，很多抄书者同时在为自己阅读而抄书。自己抄书为自己阅读，包括以抄写为读书的方式，借书抄录为阅读，抄书收藏为阅读，抄撰图书读写并进。总之，抄书或者为了自己阅读，或者为了自己藏书，或者为了自己撰书，都是阅读的重要方式，被很多读书人采用。

1."亦抄亦读"

魏晋南北朝时期，一些读书人采用"亦抄亦读"的方式学习，在抄书中读书，抄书的过程就是读书的过程。纪瞻"性静默，少交游，好读书，或手自抄写，凡所著述，诗赋笺表数十篇"[1]。葛洪"少好学，家贫，躬自伐薪以贸纸笔，夜辄写书诵习，遂以儒学知名"[2]。范汪"及长，好学。外氏家贫，无以资给，汪乃庐于园中，布衣蔬食，然薪写书，写毕，诵读亦遍，遂博学多通，善谈名理"[3]。到沆"五岁时，捻于屏风抄古诗，沆请教读一遍，便能讽诵，无所遗失"[4]。

2. 借书抄录

魏晋南北朝时期，很多人通过借书来阅读，他们将借来的图书先抄录一番，作为自己以后长期阅读的图书。南朝梁臧逢世"年二十余，欲读班固《汉书》，苦假借不久，乃就姊夫刘缓乞丐客刺书翰纸末，

---

[1] 房玄龄:《晋书》，卷六十八《纪瞻传》，北京：中华书局，1974年，1824页。
[2] 房玄龄:《晋书》，卷七十二《葛洪传》，北京：中华书局，1974年，1911页。
[3] 房玄龄:《晋书》，卷七十五《范汪传》，北京：中华书局，1974年，1982页。
[4] 姚思廉:《梁书》，卷四十九《到沆传》，北京：中华书局，1973年，686页。

手写一本,军府服其志尚,卒以《汉书》闻"①。王筠自称"幼年读《五经》,皆七八十遍。爱《左氏春秋》,吟讽常为口实,广略去取,凡三过五抄。余经及《周官》《仪礼》《国语》《尔雅》《山海经》《本草》并再抄。子史诸集皆一遍。未尝借人假手,并躬自抄录,大小百余卷"②。郑灼"家贫,抄义疏以日继夜,笔豪尽,每削用之"③。裴汉"借人异书,必躬自录本,至于疾疹弥年,亦未尝释卷"④。

3. 抄书藏书

魏晋南北朝时期,私家藏书事业发达,很多读书人常常通过抄写的方式,不断丰富自己的藏书,抄书成为很多藏书家长年累月采用的藏书方式。据《南齐书·沈驎士传》记载,沈驎士"笃学不倦,遭火,烧书数千卷,驎士年过八十,耳目犹聪(明),手以反故抄写,火(灯)下细书,复成二三千卷,满数十箧"⑤。张缵"晚(年)颇好积聚,多写图书数万卷"⑥。"州客至,请卖《华林遍略》。文襄多集书人,一日一夜写毕,退其本曰:'不须也。'"⑦文襄在许多抄书人的努力下,用一天一夜的时间将《华林遍略》抄写完毕,丰富了自己的藏书。穆子容"少好学,无所不览。求天下书,逢即写录,所得万余卷"⑧。当然,藏书家抄书藏书,最终还是为了阅读。

4. 抄撰图书

魏晋南北朝时期,抄撰是一种重要的读书、撰书方式。庾於陵,"既长,清警博学有才思。齐随王子隆为荆州,召为主簿,使与谢朓、

---

① 颜之推:《颜氏家训》,见王利器《颜氏家训集解》,勉学第八,北京:中华书局,1993年,199页。
② 姚思廉:《梁书》,卷三十三《王筠传》,北京:中华书局,1973年,486页。
③ 李延寿:《南史》,卷七十一《郑灼传》,北京:中华书局,1975年,1748页。
④ 李延寿:《北史》,卷三十八《裴汉传》,北京:中华书局,1974年,1399页。
⑤ 萧子显:《南齐书》,卷五十四《沈驎士传》,北京:中华书局,1972年,944页。
⑥ 李延寿:《南史》,卷五十六《张缵传》,北京:中华书局,1975年,1387页。
⑦ 李百药:《北齐书》,卷三十九《祖珽传》,北京:中华书局,1972年,515页。
⑧ 李延寿:《北史》,卷二十《穆子容传》,北京:中华书局,1974年,939页。

宗夬抄撰群书"①。抄撰群书,是指边抄边撰,也是边读书边撰书。郭璞"抄京、费诸家要最,更撰《新林》十篇、《卜韵》一篇"②。葛洪撰《抱朴子》之外,"抄《五经》《史》《汉》、百家之言、方技杂事三百一十卷,《金匮药方》一百卷,《肘后要急方》四卷"③。庾仲容"抄诸子书三十卷,众家地理书二十卷,《列女传》三卷,文集二十卷,并行于世"④。抄书是读书的一种方式,在图书抄写的过程中,有人在抄前人书的同时进行思考加工,开始创作自己的文章。梁启超曾有言:"善抄书者可以成创作。荀悦《汉纪》而后,又见之于宋袁枢之《通鉴纪事本末》。"梁启超所举案例,也说明古代一些读书人采用了抄撰的创作方法。

---

① 姚思廉:《梁书》,卷四十九《庾於陵传》,北京:中华书局,1973 年,689 页。
② 房玄龄:《晋书》,卷七十二《郭璞传》,北京:中华书局,1974 年,1910 页。
③ 房玄龄:《晋书》,卷七十二《葛洪传》,北京:中华书局,1974 年,1913 页。
④ 姚思廉:《梁书》,卷五十《庾仲容传》,北京:中华书局,1973 年,724 页。

第三章　魏晋南北朝的藏书与阅读

　　魏晋南北朝时期，图书种类和数量较前朝有很大增长，在此基础上，藏书文化也更加丰富，由官府藏书、私家藏书和寺观藏书构成的藏书文化体系逐渐形成，开创了独具特色的藏书文化新格局。图书的集藏和藏书文化的发展，为人们的广泛阅读创造了条件，是促进阅读文化发展的必由之路。魏晋南北朝时期，文献传播较前朝发生了巨大变化，传播的文献种类丰富，传播的文献数量剧增，传播的文献范围广泛，传播路径呈现出全方位多元开放的格局。文献传播为更多人的阅读创造了条件，是促进阅读文化发展的必由条件。集藏图籍好比一个一个静态的站点，文献传播好比联结静态站点的动力运输，集藏图籍和文献传播共同铸造了阅读之路的新景象。

第一节　集藏图籍

中华藏书文化历史悠久，内涵十分丰富，在中华传统文化的基础上衍生出自己独有的文化特征。广义上讲，藏书文化包括物质文化层面和精神文化层面的成果，藏书文化是由藏书家、藏书楼、藏书及其周边形态共同形成的一种文化。具体而言，物质文化层面的藏书文化主要包括藏书主体如藏书家、藏书楼等，藏书客体如简帛、纸书等各类文献，藏书活动如图书的收集、整理、刊刻和利用等，藏书的周边产物如藏书票、藏书印等。精神文化层面的藏书文化主要包括藏书家精神，藏书思想成果如目录学、校勘学、版本学等，藏书历史如藏书文化的产生、发展等，藏书制度如《流通古书约》等。

魏晋南北朝藏书文化在其特定的社会环境中，取得了较大的进步，既超越了前朝，也为后世开拓了新的发展空间。随着纸本书的出现，藏书数量大增，秦汉均不能比拟，基于此，出现了大量藏书书目，包括四部分类思想的雏形和私家藏书书目的创举。在藏书的基础上，目录学、史学、文学等学科都出现了大量著作，并且寺观藏书在佛教和道教的发展中做出了巨大贡献。总之，我们可以看到，魏晋南北朝时期，藏书文化体系主要由官府藏书、私家藏书和寺观藏书三部分构成，形成了这一时期独具特色的藏书文化格局。

为什么魏晋南北朝时期藏书文化能够取得如此成就呢？诚如傅璇琮、谢灼华两位主编在《中国藏书通史》导言中所述："魏晋南北朝时期，虽然长期处于动乱之中，但各朝统治者都非常重视对图书的搜集工作,以至梁元帝时皇室和中央官府藏书已达十余万卷,较之汉代增长了数倍。与此同时,官府藏书机构更较前完备。私家藏书则无论是藏书家人数还是藏书数量都比汉代有了进步。另外,随着佛教的普及,佛教典籍的收藏和整理也成为当时藏书的一大风尚。"①编著者进而分析认为,魏晋南北朝时期藏书事业得以发展有三个主要原因:"一是历代统治者大都比较重视对图书的搜求和典藏,如魏武帝曹操、魏文帝曹丕、晋武帝司马炎、北魏道武帝拓跋珪、宋武帝刘裕、梁武帝萧衍等便是其中的代表。二是社会生产和文化教育的进步,特别是纸的生产技术的改善及其使用的普及,使图书的数量和品种急剧增加。三是南北地区各民族文化的交流,使这一时期的文化出现了大融合的新景象。"②除了这三个主要原因之外,笔者发现有些重要的原因也值得关注:藏书家对藏书十分重视,整理和编制目录,为文献的保存和管理提供了很好的方法,促进了藏书文化的发展;通过对藏以致用理念的实践,藏书因利用而变为活书,有了长期存在的生命力,促进了藏书文化的发展;藏书促进了学术发展,学术发展也促进了藏书文化的发展,诸如大量目录学、文学、历史学著作和成果的出现,极大地丰富了藏书文化。

一、官府藏书

魏晋南北朝时期官府藏书是藏书文化中一个主要的构成,为文献保存和文化传承做出了巨大贡献,但是官藏文献是怎么获得的呢?其主要途径如下:

(1)战争胜利后收集前朝图籍。魏晋南北朝时期,战争和政权更

---

① 傅璇琮、谢灼华:《中国藏书通史·导言》,宁波:宁波出版社,2001年,15页。
② 傅璇琮、谢灼华:《中国藏书通史·导言》,宁波:宁波出版社,2001年,15页。

替频繁发生,战胜方往往会收集前朝遗留下来的图籍,以充实新建王朝的官藏。据文献记载,建安五年(200)官渡之战,曹操大败袁绍,"尽收其辎重图书珍宝"①。《隋书·经籍志》总序中记载:"魏氏代汉,采掇遗亡。藏在秘书中、外三阁。"晋安帝义熙十三年(417),刘裕打败姚秦后,"收其图籍,五经子史,才四千卷"②,这些书籍被运到建康,充实了官府藏书。东晋灭亡后,其官府藏书尽归刘宋。在平定东昏侯时,将领柳惔上书道:"请城平之日,先收图籍,及遵汉祖宽大爱民之义。"③萧衍接受建议并"命吕僧珍勒兵封府库及图籍"④。

(2)求书。据文献记载,国家"求书"文化史起源于汉代。魏晋南北朝时期是公藏求书文化的兴起阶段,政府为了充实公藏实行了求

《三国志》

书政策,如《三国志》记载:魏国初建,(袁涣)为郎中令,行御史大夫事。涣言于太祖曰:"今天下大难已除,文武并用,长久之道也。以为

---

① 陈寿撰,裴松之注:《三国志·魏书》,卷一《武帝纪》,北京:中华书局,1959年,21页。
② 李延寿:《北史》,卷七十二《牛弘传》,北京:中华书局,1974年,2493页。
③ 姚思廉:《梁书》,卷二十一《柳惔传》,北京:中华书局,1973年,331页。
④ 姚思廉:《梁书》,卷一《武帝纪上》,北京:中华书局,1973年,13页。

可大收篇籍，明先圣之教，以易民视听，使海内斐然向风，则远人不服可以文德来之。"①后太祖善其言。北魏高宗文成皇帝太安年间(455—459)，秘书郎高谧奏请曰："谧以坟典残缺，奏请广访群书，大加缮写。"②

魏晋南北朝时期的官府藏书，表现出一些历史特点。首先，专门藏书机构和职官的设置、专门藏书处的建置，说明一个核心问题：即使在短暂的统治时期内，统治者也不忘藏书的重要性，尤其重视藏书文化和文化传承的重要性。例如《隋书·经籍志》总序其事曰："魏氏代汉，采掇遗亡。藏在秘书中、外三阁。"蜀汉也对图书进行积极的搜求。《三国志·蜀书·许慈传》记载："先主定蜀，承丧乱历记，学业衰废，乃鸠合典籍，沙汰众学。"太康元年(280)晋灭吴，西晋将领王浚率军攻入吴国都城建业后，"收其图籍，封其府库"③。其次，大多数政权统治者在统治时期十分重视公藏书目的编制，例如编有《中经新簿》《晋元帝四部书目》《天监四年四部书目》等公藏目录。整理目录，有利于藏书的管理和利用，这是先贤的一大创举，加之在编目中创新性地出现了分类目录，为目录学发展做出了巨大贡献。最后，官府藏书在政治动荡、政权分裂的大时代环境中，遭遇了一些毁灭性的损失，如南朝梁元帝时，兵败城破，焚书十四万卷。这说明，战火是藏书被毁的一大罪魁祸首，值得我们警惕。虽然建立王朝的统治者基本都尊重藏书和重视搜集藏书，但是朝代更替的战火往往对藏书造成巨大的破坏，如齐、梁交替之时，兵火又"延烧秘阁，经籍遗散"④。十六国时期北方战乱频繁，以致藏书损毁严重，"自刘、石扰覆华畿，二都

---

① 陈寿撰，裴松之注：《三国志·魏书》，卷十一《袁涣传》，北京：中华书局，1959年，335页。
② 魏收：《魏书》，卷三十二，北京：中华书局，1974年，752页。
③ 房玄龄：《晋书》，卷四十二《王浚传》，北京：中华书局，1974年，1210页。
④ 魏徵：《隋书》，卷三十二《经籍志一》，北京：中华书局，1973年，907页。

鞠为茂草,儒生罕有或存,坟籍灭而莫纪,经沦学废,奄若秦皇"①。统治者应该从历史中吸取教训,在王朝更替时,无论是被取代的王朝还是新建的王朝,都应该竭力保护藏书而不至于让藏书遭遇涂炭,因为藏书是文化传承和文明传播的主要途径。

二、私家藏书

在中华历史上,私人藏书家出现于春秋战国时期,早期的如孔子、墨子等。魏晋南北朝时期,私人藏书家的人数和藏书数量都比汉代大有增加②,而且出现了私家藏书目录,更有藏书家利用藏书编纂图书,这些都是魏晋南北朝时期私家藏书事业迅速发展的最好见证。魏晋南北朝时期的私家藏书空前繁荣,私人藏书家人数多,私人藏书数量大,其发展背后的主要原因与纸本书的广泛使用、佣书业的兴盛、藏书家爱书的风尚、藏书家有志于读书治学和著述等因素有着直接或者间接的联系。其一,纸本书的广泛使用。西汉毕昇造纸,魏晋南北朝时期推广使用纸张,极大地促进了图书的制造和藏书的发展。社会上出现大量图书,私人也有了更多获取图书的机会,因此充实了私人藏书的数量,促使了藏书事业的发展。其二,佣书业的兴盛。纸本书写出现后,人们对图书的需求更大,随之而来的佣书业逐渐兴隆,迅速推动了图书的生产,也促进了藏书事业的发展。其三,藏书家爱书的风尚。魏晋南北朝时期,私家爱书、藏书的事例不胜枚举。例如:张华是晋代著名学者和最大的藏书家之一,"雅爱书籍,身死之日,家无余财,惟有文史溢于几箧"③。刘善明独爱典籍,南齐建元

---

① 房玄龄:《晋书》,卷一一三《苻坚载记》,北京:中华书局,1974年,2888页。
② 傅璇琮、谢灼华:《中国藏书通史》,宁波:宁波出版社,2001年,121页。
③ 房玄龄:《晋书》,卷三十六《张华传》,北京:中华书局,1974年,1074页。

二年(480)去世时,"家无遗储,唯有书八千卷"①。李顺,"世祖赐诸将珍宝杂物,顺固辞,唯取书数千卷。世祖善之"②。任昉,"坟籍无所不见,家虽贫,聚书至万余卷"③。这种视书如宝、爱书如命的爱书情结,推动了魏晋南北朝私家藏书的迅速发展。其四,藏书家有志于读书治学和著述。私人藏书家本来也许是为了治学而藏书,藏书后必然要进行学术创作,所以出现了一批著述,如曹魏时期藏书家王弼在短暂生命里,为后人留下不朽著作《老子注》《周易注》,开创了魏晋玄学之先河。再如张华利用"三十乘"藏书,编著了《博物志》传播后世。这些都说明藏书家不仅为学术做出了贡献,同时还促进了藏书文化的发展。

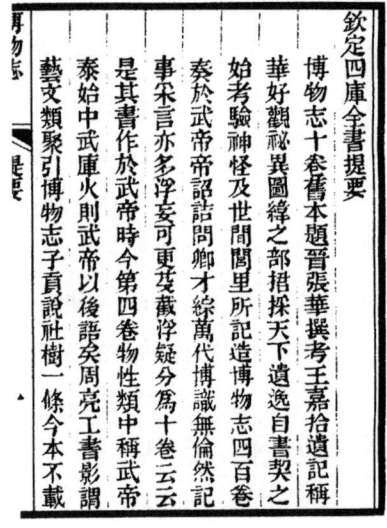

《博物志》

魏晋南北朝时期私家藏书的聚书途径如下。一是抄录。靠自己或佣人抄书,这也是佣书业发达的主要原因。比较著名的例子如

---

① 萧子显:《南齐书》,卷二十八《刘善明传》,北京:中华书局,1972年,527页。
② 魏收:《魏书》,卷三十六《李顺传》,北京:中华书局,1974年,830页。
③ 姚思廉:《梁书》,卷十四《任昉传》,北京:中华书局,1973年,254页。

沈驎士"笃学不倦,遭火,烧书数千卷,驎士年过八十,耳目犹聪,手以反故抄写,火下细书,复成二三千卷,满数十篋"①。穆士儒抄写"求天下书,逢即写录,所得万余卷"②。崔亮以佣书为业代人抄书,据《魏书·崔亮传》记载,崔亮"家贫,佣书自业"。二是前人遗留或接受赐书、赠书。例如:江总"家传赐书数千卷"③。王粲得蔡邕赠书已经传为佳话,张华《博物志》记载:"蔡邕有书万卷,汉末年,载数车与王粲。"④沈约之祖沈亮得"赐书二千卷"⑤。三是买书。《晋书·葛洪传》记载葛洪"径至洛阳,欲搜求异书以广其学"。《魏书·崔玄伯传》记载:"著作佐郎王遵业买书于市。"四是获战利品所得。《晋书·应詹传》记载:"寻与陶侃破杜弢于长沙,贼中金宝溢目,詹一无所取,唯收图书。"⑥

　　魏晋南北朝时期私藏有如下一些特点。第一,这一时期政权分裂、政治动荡,人们生活缺乏基本的安全保障,要在这样一个时代强调藏书是一件非常奢侈的事情。但是,根据范凤书《中国私家藏书史》一书统计,魏晋南北朝时期,私人藏书家共有102人。该时期不仅有这么多藏书家,而且一些藏书家的藏书量并不小,确实难能可贵。

　　第二,魏晋南北朝时期,士族藏书家远远多于寒士。在魏晋南北朝这个特殊的历史时期,寒士由于基本的生存条件都很难满足,所以藏书对他们来说更是天方夜谭。然而,士族正是因为有藏书且占据文化资源的优势条件,所以在魏晋南北朝时期士族的阅读者人数和阅读文献数量也必然远远大于同时代的寒士。换句话说,这一时期

---

① 萧子显:《南齐书》,卷五十四《沈驎士传》,北京:中华书局,1972,第944页。
② 李延寿:《北史》,卷二十《穆士儒传》,北京:中华书局,1974年,939页。
③ 姚思廉:《陈书》,卷二十七《江总传》,北京:中华书局,1972年,343页。
④ 李昉等:《太平御览》,卷六一九《学部十三》,北京:中华书局,1966年,2779页。
⑤ 沈约:《宋书》,卷一百《自序》,北京:中华书局,1974年,2452页。
⑥ 房玄龄:《晋书》,卷七十《应詹传》,北京:中华书局,1974年,1858页。

阅读的主体人群应该说是士族及其子弟。当然,也不能完全认为这一时期的寒士没有藏书,如南朝齐的沈驎士,"家贫,织帘诵书,口手不息"①。后来,沈驎士藏书数千卷,著作有《周易两系训》《庄子内篇训》等。

第三,私家藏书目录的出现,如王俭的《七志》和阮孝绪的《七录》等。《梁书·任昉传》载:昉卒后,高祖使学士贺纵共沈约勘其《书目》,官所无者,就昉家取之。这是中国私家藏书史上最早提及的私藏目录。② 私家藏书目录的出现是一个值得关注的现象,不仅说明了这一时期私人藏书家数量多,而且说明了这一时期的藏书家有着文化传承的使命感和担当。藏书家通过创建私家藏书目录,为中华文明传播和文化传播做出了不同于公藏的重大贡献。这是"仁人爱物""嘉惠学林"藏书家精神的体现。这些藏书家及其藏书家精神应该得到后人的认识和理解,因为我们无法抛开历史而独自走向未来,他们是中华文化圣火传递的接力手;藏书家应该得到后人的敬佩和赞颂,因为他们为中华民族的传统文化,特别是文献的保存与传播,做出了巨大贡献;藏书家也应该得到后人的标榜和推崇,因为他们具有"仁人"的高尚德行,以及对书籍不离不弃的"爱物"情结。同时,这种藏书家精神将成为"光昭后世"的一种力量,因为这种力量可以感召和催生新的藏书家,可以鼓舞藏书家传承文化的热情,可以支撑藏书家的藏书信念,可以倡导一种新的社会文化风尚,可以成为人类进步与世界文明的思想准备。

第四,很多藏书家都有编撰成果问世并流传久远,这是藏书家利用藏书的直接体现,也体现了藏以致用的藏书文化理念。藏书家在集藏图籍的同时博览藏书,并对藏书加以利用,或者编制藏书目录,

---

① 萧子显:《南齐书》,卷五十四《沈驎士传》,北京:中华书局,1972年,943页。
② 范凤书:《中国私家藏书史》,郑州:大象出版社,2001年,20页。

或者著述,或者注释,或者编撰史书,或者进行文学创作,如《三国志注》《世说新语注》《昭明文选》等,不一而足。这些都说明了藏书家不仅能从藏书的出发点开始,而且能将藏书落实到用书的终极目的上来,使藏以致用的理念丰富了中华藏书文化,为中华文化增添了新的内容。

三、寺观藏书

魏晋南北朝时期寺院藏书历史,处于佛教在中国发展的重要起始和兴盛阶段。从佛教寺院藏书历史中,我们可以进一步认识和理解佛教在中国传播的历史踪迹。从这一时期开始,我们可以看到统治者为出家人建寺院,佛教僧徒人数大增。全国寺院林立,促进了译经事业的发展。由于佛教典籍的增多,佛教目录也不断出现。

三国曹魏时期,据记载,先后有僧人昙柯迦罗、康僧铠、昙无谛等来到洛阳白马寺译经。三国孙吴时期,赤乌十年(247),孙权为僧人康僧会建造了江南第一座寺院"建初寺",供其在此译经传教,开创了江南佛寺译经传教历史的先河。西晋时期,佛教发展以建寺院和译经为主要活动。先后有惠帝在洛阳建寺院,愍帝在长安建寺院,供养僧人并支持译经。这个时期造就了一批译经大师,有竺法护、竺叔兰、法立、法炬、支法度、无罗叉、聂承远、聂道真等人,共译佛经三百三十三部五百九十卷。三国西晋时期,译经事业已经形成一定规模。有了翻译的经卷,寺院僧人便拥有更多佛教典籍可供阅读,可以说在这一时期,佛教典籍的阅读是佛教得以推广、发展的重要途径。寺院藏书因此在佛教传播中的重要作用被越来越多的佛教传播者和支持佛教发展的统治者认识到。这一时期有大量译经书卷出现,寺院藏书建设也初具规模,基于此,较早期的佛教藏书目录,即竺法护编纂的《众经目录》问世，并且在荀勖编的官藏目录《中经新簿》中也出现了专门关于佛教典籍的类目。在东晋统治者的支持下，佛教发展迅速，先后有译经大师帛尸梨蜜多罗、竺昙无兰、僧伽提婆、迦留陀伽、佛陀跋陀罗、法显等，并建有寺院一千七百六十八所，其间僧尼多达二万四千人，共译出佛经一百六十八部四百六十八卷。十六国时期，王朝统治者大多支持佛教发展和译经事业。根据当时寺院藏书，高僧释道安编出了一部佛典目录《综理众经目录》。南北朝时期，王朝统治者大力支持佛教发展，建寺院和倡译经，寺院藏书发展更加迅速。刘宋政权时期，共有佛寺一千九百一十三所，僧尼三万六千人，较著名的译经大师有求那跋陀罗、求那跋摩、智严等，共译经四百六十五部七百一十七卷。萧齐政权时期，共有佛寺二千零一十五所，僧尼三万二千五百人，译经十二部三十三卷。梁武帝笃信佛教，极力支持佛教发展，有佛寺二千八百四十六所，僧尼八万二千七百人，根据寺院藏经，编制出目录《华林佛殿众经目录》。梁释僧祐编成佛典目录《出三藏记集》，共计佛教典籍二千一百六十二部，四千三百二十卷。陈朝后期，有佛寺一千二百三十二所，僧尼三万二千人，译经四十部一百三十三卷。北朝佛教鼎盛时期在北魏政权统治阶段，有佛寺三万余所，僧尼二百万，北朝共译佛经一百〇五部三百五十五卷，其中北魏译经八十三部二百七十四卷，北周译经八部五十二卷。北魏有《元魏众经目录》(李廓撰)，共收佛典四百二十七部二千〇五十三卷。北齐也编有佛经目录，即北齐释法上撰的《齐世众经目录》，收书七百八十七部二千三百三十四卷。①

对于魏晋南北朝道观藏书，从文献记载来看，其事业发展程度远不如佛教，其原因可能是道教获得王朝统治者的支持不如佛教那样多，也可能是这一时期道观藏书量本身偏少，也可能是道教本身藏书

---

① 傅璇琮、谢灼华：《中国藏书通史》，宁波：宁波出版社，2001年，143—150页。

比较隐蔽且文献记载较少。但是,魏晋南北朝时期是道教发展的重要时期,一些道教典籍书目的出现,也能说明道教典籍具备一定规模。

三国孙吴时期,道教在江南有所发展。《三国志·吴书·孙策传》裴松之注引《江表传》记载:"时有道士琅邪于吉,先寓居东方,往来吴会,立精舍,烧香读道书,制作符水以治病。"西晋时,道士郑隐晚好仙道,收藏极富,举凡道教经、记、符、图、文、篆、律、仪、法、言等,共一千二百九十八卷。东晋时,道教开始复兴,并逐渐在统治者中间传播开来,经过以陆修静、陶弘景为代表的道教徒的改造,最终在南朝确立了官方宗教地位。① 刘宋时期,陆修静整理道教典籍,编成《三洞经书目录》,收书一千二百二十八卷。南朝梁时期,孟法师编制的《玉纬七部经书目》、陶弘景编的《陶隐居经目》《太上众经目》《三十六部尊经目》和阮孝绪编的《七录》共收录道经一千一百三十八卷。北周时,有玄都观《玄都经目》和道士王延编的《三洞珠囊》等道经目录。②

通过对魏晋南北朝时期佛教寺院藏书和道教道观楼台藏书文化的简要回顾,我们可以发现一些特点。首先,宗教的发展离不开统治者的支持,特别是佛教、道教藏书事业的发展,直接受到统治者喜好倾向的影响。例如:梁武帝好佛并大力支持寺院建设和译经事业,极大地增加了当时寺院藏经的数量。反之,道教在没有得到统治者大力支持的三国时代,道观数量和道士人数相对有限,道教典籍藏书业必定受条件所限而发展相对缓慢。其次,随着佛教和道教典籍收藏数量的增加,出现了寺院和道观藏书书目。佛教和道教典籍书目的出现,与同时期的官藏书目和私藏书目相得益彰。同一时期的目录学在不同藏书领域都得到了推广和发展,并且为目录学史留下了宝贵的成果和财富。同时,这一时期的藏书文化也因书目的编制和面

---

① 傅璇琮、谢灼华:《中国藏书通史》,宁波:宁波出版社,2001年,153页。
② 傅璇琮、谢灼华:《中国藏书通史》,宁波:宁波出版社,2001年,152—157页。

世,更加彰显了编制目录对文献保存和文化传承的巨大功用。最后,无论是寺院、道观藏书量的增加,还是佛教和道教典籍书目的出现,最终目的都是阅读。许多寺院在建设当初就设计了藏经阁,加之佛教译经事业兴隆,寺院凭借不断充盈的藏经阁使得僧人们有书可读,不仅传播了宗教文化,而且把阅读更深入地推广到佛教和道教等宗教场所。寺院和道观的藏经阁、藏经楼基本上成为寺院和道观提供的专门阅读场所。如果没有寺院和道观的建设,没有译经编撰典籍的兴隆,那么,同时期的宗教藏书文化也难以快速发展,该时期的阅读文化也会缺失一块重要的园地。再进一步说,宗教文化与藏书文化、阅读文化几乎同步发展,相辅相成。

四、对阅读的影响

魏晋南北朝藏书文化在藏以致用理念的理解方向上,做出了巨大贡献,诸如出现大量藏书目录,包括馆藏目录、私家藏书目录和专科目录等;魏晋南北朝藏书文化在藏以致用理念的实践方面,可以体现在藏书人和读者在藏书基础上的治学和著述等方面,促进了这一时期的学术发展和文化传承,诸如目录学、历史学、文学在这一时期都有较大进步。这些离不开藏书文化的贡献。

1. 丰富的目录学成果

藏书家重视藏书,整理藏书和编制藏书目录,使一大批有历史影响和学术价值的目录问世,其中包括官藏目录、私藏目录和佛典道藏目录,如《中经》《中经新簿》《元嘉八年秘阁四部目录》《宋元徽元年四部目录》《天监四年四部书目》《七录》《七志》《晋元帝四部书目》《秘阁四部录》《综理众经目录》《出三藏记集》等。

2. 四部分类法的确立

在汉代《别录》《七略》的六分法基础上,魏晋南北朝时期的文献学家新创了四部分类法,在目录学史上具有极其重要的意义。先有郑默编《中经》,后有晋荀勖编《中经新簿》,对图书以甲、乙、丙、丁四部分类命名。甲部记六艺及小学,乙部有古诸子家、近世子家、兵书、兵家、术数,丙部有史记、皇览簿、杂事,丁部有诗赋、图赞、汲冢书。东晋李充编《晋元帝四部目录》,在《中经新簿》基础上,改史书为乙部,诸子为丙部,从而正式确立了沿用至今的经、史、子、集四部分类排列顺序。

3. 历史学的灿烂成就

根据周一良的史学研究,魏晋南北朝史学发展主要有如下特点。第一个特点是史部著作的独立。"从典籍的分类来看,史学著作摆脱了隶属于《春秋》、作为经部附属品的地位而独立了。这也就意味着,史学从而成为独立的学科。"第二个特点是,"继承先秦以来太史记录当代史事的传统而加以改革,设立专职史官,不再兼管天文历法,四百年间没有中断"。第三个特点表现在史书的种类与数目上,"比起前一时期,史部著作数目骤增,性质复杂多样,门类异彩纷呈"。第四个特点,"与后代相比有所不同的,是编年体与纪传体两者并重,相辅而行"。第五个特点是,"出现一个分支——谱牒之学。这几百年中,家谱、族谱大为兴盛,数目骤增,种类繁多,谱学成为世代相传的专门之学"。第六个特点为以前所未有的,是"佛教与道教史书在纪传体史籍中正式占一席地,有关僧人与道士的传记开始出现。由于大量佛经译为汉文,僧人感到有必要编制目录,作为史学分支之一的佛经目录之学,也建立起来"①。上述这些特点基本概括了魏晋南北朝时

---

① 周一良:《魏晋南北朝史学发展的特点》,见《魏晋南北朝史论集》,北京:北京大学出版社,1997年,384—403页。

期史学发展的全貌,使后来者对这一时期的史学发展有了更加清晰、准确的认识。此外,根据《隋书·经籍志》记载,魏晋南北朝时期的史书数量有八百七十四部一万六千五百五十八卷。仅从数量上来说,该时期已经足以成为中国史学史上的一段黄金时期,并且魏晋南北朝时期所著的史书中列入"二十四史"的就有五部,因此魏晋南北朝时期的史学留下了"它光辉灿烂的贡献"①。历史学的发展离不开藏书文化的发展和贡献,因编制藏书目录促使史学成为四部中的独立大类,直接体现在李充所编的《晋元帝四部目录》中;藏书家中也有编撰史学书籍者,如藏书家束皙凭借藏书撰有《晋书·帝纪》等内容,大藏书家沈约编撰《宋书》等。

4. 文学的繁荣

藏书文化也影响着文学的发展。魏晋南北朝时期藏书文化的发展推动了这一时期文学的繁荣,其中贡献首推大藏书家萧统(昭明太子),当时东宫有书约三万卷,名才并集,文学之盛,晋、宋以来未之有也。② 萧统凭借其东宫藏书,择选秦至梁代诗文700余篇,编成了我国最早的一部诗文选集《文选》三十卷,为中国文学史保留了丰厚的果实,并著有《英华集》等书。西晋大藏书家张华也凭借其丰富的藏书编撰出志怪小说集《博物志》,保存了我国古代不少神话故事材料,对文学的发展具有重要影响。文学家刘义庆曾任秘书监一职,掌管国家的图书著作,因此有机会接触并博览公藏典籍,这为他编撰志人小说集《世说新语》奠定了很好的基础。文学理论家刘勰在钟山定林寺生活了大约二十年,定林寺丰富的藏书为他潜心学习和研究提供了很大的帮助,使他最终完成了文学理论巨著《文心雕龙》。另外还

---

① 周一良:《魏晋南北朝史学发展的特点》,见《魏晋南北朝史论集》,北京:北京大学出版社,1997年,384页。
② 李延寿:《南史》,卷五十三《昭明太子传》,北京:中华书局,1975年,1310页。

第三章 魏晋南北朝的藏书与阅读 | 95

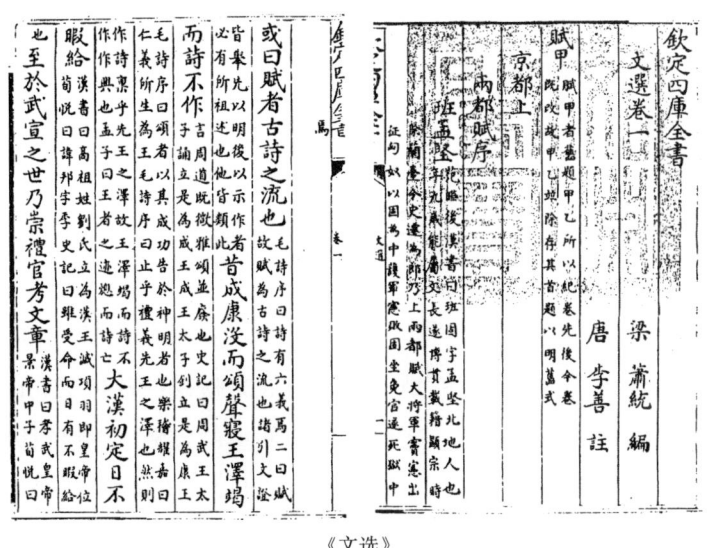

《文选》

有诸如钟嵘的《诗品》等文学成果，不胜枚举。这些都是魏晋南北朝文学史上不得不提的重要著作，这些成果共同奠定了魏晋南北朝时期文学的繁荣基础。

综上，魏晋南北朝时期，藏书文化发展促进了学术发展和文化传承。以目录学、分类学、历史学和文学的发展为例，其发展成就对阅读文化产生着间接或者直接的影响。魏晋南北朝时期，藏书和编制目录为藏书利用提供了直接的帮助。书目方便读者了解哪些书可读，方便读者检索查阅图书，成为读者的有力帮手和向导，指引读者阅读相关书籍。图书分类是一种类聚和排序的方法，对浩如烟海的图书文献，按照内容特征等因素分门别类，然后按照一定次序排列。从方便读者阅读的角度看，这样做的好处是帮助读者查阅同类或相近门类的图书，同时由于排列有序，使读者查找图书更加快捷。由此看来，分类法为读者查找和阅读图书提供了更方便、更高效的路径。从历史学和文学的发展成就看，大量新编撰的图书问世，丰富了读者的阅读对象，特别是《文选》《文心雕龙》《诗品》《博物志》《世说新语》

等后来成为经典的图书,提高了当时读者的阅读品质,促进了魏晋南北朝阅读文化的发展。

第二节　文献传播

文献传播,顾名思义,就是承载知识的文献通过各种不同路径,传播到不同目的地的过程。文献好比车厢里的宝藏,文献传播的各种方式好比运载这些宝藏所经过的线路,可以有空中航线、铁路、公路、海路等运输方式。文献传播的路径也有多种,诸如贩书、赠书、赐书、借阅等。魏晋南北朝时期的文献传播经历了巨大的变化,以纸本书写为主的制书形式变化,带来了书业的革命性变化,也对文献传播产生了巨大影响:文献传播的文献种类(宗教典籍、文学、史学、合集别集等)丰富,文献传播的文献数量剧增,文献传播的范围大幅扩大,文献传播的路径全方位多元开放(域内域外、域内多路径开放)。

文献传播格局主要受到以下因素的影响而形成。第一,造纸术的发明改进和纸本书写的推广。东汉蔡伦改进造纸术并将其大力推进到文明历史的长河中,是文明史上的重要标杆。造纸术在文献领域的影响更加明显,直接改变了图书文献的载体形态和制书形式。据考证,世界上现存最早的纸本书是一九二四年在新疆鄯善县出土的一份晋人写本陈寿《三国志·吴志》残卷,"这份残卷已流入日本,国内幸有影印本流传"[①]。这是现存最早将纸应用到图书文献的考古资料。我们可以确信,造纸术在当时纸本书写中已经广泛应用,并流

---

① 郭沫若:《新疆新出土的晋人写本〈三国志〉残卷》,载《文物》,1972年第8期,2—6页。

传到新疆鄯善县这么遥远的地方。此后,在当时政府的大力推广下,纸本书写进入普及使用的历史快车道。据记载,东晋末桓玄下令曰:"古无纸,故用简,非主于敬也。今诸用简者,皆以黄纸代之。"①以政府行为推广纸本书写的行为影响深远,纸本图书逐渐取代了简策。纸本书写的图书文献,制作成本低,抄写速度快,方便携带,极大地加快了文献传播速度,促进了文献传播。第二,佣书业的兴盛。这部分内容将在下文详述。第三,文献编纂种类和数量大增。魏晋南北朝时期,编纂了大量图书文献,特别是文学、史学类文献数量大增。有些文学作品被编成总集或别集进行传播,佛教典籍的翻译和编纂也极大地丰富了图书文献种类。据《隋书·经籍志》记载,魏秘书监荀勖所编《中经新簿》收录著作二万九千九百四十五卷;南朝宋元嘉八年(431),秘书监谢灵运主持的《四部目录》,收录著作六万四千五百八十二卷;南朝梁藏书数量更多,《隋书·经籍志》记载"大凡七万余卷",实际比这个数字还多。这些统计数据虽然未必能完整反映魏晋南北朝时期的图书总数,但是也大致说明了该时期图书文献数量在迅速增长。第四,域内文化交流和域内域外文化交流,导致文化传播范围广阔。魏晋南北朝是一个域内民族交流和域内域外交流活动较多的时期,有意或无意中影响并促进了图书文献的流动和传播。

一、学非书肆

魏晋南北朝时期,文献传播的路径呈现出全方位多元开放的格局,主要表现在域内域外的双向全方位传播模式和域内多元开放模式相结合的综合结构方面。域内文献传播的路径主要有求书、赐书、贩书、抄书、赠书、借书、域内跨地区文献传播等。域外文献传播的路

---

① 徐坚等:《初学记》,卷三十,北京:中华书局,1962年,517页。

径主要有统一版图意义上的当时中国与域外国家或民族之间的文献传播与文化传播活动。

1. 域内

(1)求书。

魏晋南北朝时期是国家求书文化的兴起阶段。据《魏书》记载,北魏道武帝时(386—408),有一次,太祖问李先曰:"天下书籍,凡有几何?朕欲集之,如何可备?"李先对曰:"伏羲创制,帝王相承,以至于今,世传国记,天文秘纬不可计数。陛下诚欲集之,严制天下诸州郡县搜索备送,主之所好,集亦不难。"太祖于是班制天下,经籍稍集。① 孝文帝于太和十九年(495)六月颁诏:"诏求天下遗书,秘阁所无、有神益时用者加以优赏。"② 十五年之后,宣武帝于永平三年(510)"诏重求遗书于天下"③。古代国家求书行为的发生脱离不了其时代背景和主事者的个人影响,我们可以在"历史感"与"文以载道"的二元理论构架中,认识古代国家求书行为。如果说"历史感"代表着时间的维度,"文以载道"代表着空间的维度,那么二者构架起来的时空感恰好对应于文化解释的立体感。古代国家求书行为的发生有一种内在的思维和逻辑,也"有一种巨大的历史感做基础"④。这种历史感是一种历史感知和历史使命,也是一种历史精神和行动力;这种历史感总是发生着从选择到超越的迁移。求书是一种历史使命,不仅选择了求书的帝王,也选择了文化传承的一种载体——图书。这是偶然的,也是必然的。历史使命并不止于此,它超越了选择,实现了历史使命的另一个层面,即文化传承及其历史影响力,这是对选择的超

---

① 魏收:《魏书》,卷三十三《李先传》,北京:中华书局,1974年,789页。
② 魏收:《魏书》,卷七下《高祖纪》,北京:中华书局,1974年,178页。
③ 魏收:《魏书》,卷八《世宗纪》,北京:中华书局,1974年,209页。
④ 恩格斯·卡尔·马克思:《政治经济学批判》,见《马克思恩格斯选集》,北京:人民出版社,1995年,42页。

越。求书的"文以载道"意义,正如有言曰文章可"传承恒常之大道",图书作为载体承载着文章所要传承的"大道"。求书是为了藏书和文化传播,也必然承载着传承"大道"的历史使命。如果将藏书文化史中"文以载道"的"文"看作形而下的"器"(载体性的),将"道"看作形而上的"道"(精神性的),我们所依靠的指向和道路将是我们依靠纸质图书作为载体传承文化的精要和人类精神意志,依靠对抗纸质图书的可亡佚性走向对文化传承的可持续性。

(2)赐书。

魏晋南北朝时期,图书文献传播的一个特殊途径是,通过君王赐书将文献传播到私人家中,历史记载不乏其例。据《晋书·皇甫谧传》记载,皇甫谧"自表就帝借书,帝送一车书与之"①。东晋太元三年(378),孝武帝诏赐会稽王秘阁书八千卷,何无忌在秘阁求赐秘书,诏与一千卷。② 据《宋书·自序》载,沈亮少时好学,有文才,后领义成太守,为官清约,为太祖所嘉,获"赐书二千卷"③。永明十一年(493),晋安王萧子懋好读书,向武帝求赐所好之书,武帝曰:"知汝常以书读在心,足为深欣。赐以杜预手所定《左传》及古今善言。"④《南齐书·柳世隆传》载:"世隆性爱涉猎,启太祖借秘阁书。上给二千卷。"⑤这是对功臣的恩赐。柳世隆自称"马槊第一,清谈第二,弹琴第三"⑥。"世称柳公双璞,为士品第一"⑦,孝武帝爱其才,赐书二千卷。《齐春秋》曰:萧晋,家有赐书,志学不倦也。⑧ 据《陈书·江总传》载,江总

---

① 房玄龄:《晋书》,卷五十一《皇甫谧传》,北京:中华书局,1974年,1415页。
② 虞世南:《北堂书钞》,卷第一一〇,北京:中国书店,1989年,386页。
③ 沈约:《宋书》,卷一百《自序》,北京:中华书局,1974年,2452页。
④ 李延寿:《南史》,卷四十四《萧子懋传》,北京:中华书局,1975年,1110页。
⑤ 萧子显:《南齐书》,卷二十四《柳世隆传》,北京:中华书局,1972年,451页。
⑥ 萧子显:《南齐书》,卷二十四《柳世隆传》,北京:中华书局,1972年,452页。
⑦ 萧子显:《南齐书》,卷二十四《柳世隆传》,北京:中华书局,1972年,452页。
⑧ 李昉等:《太平御览》,卷六百一十九《学部一三》,北京:中华书局,1960年,2780页。

"笃学有辞采,家传赐书数千卷,总昼夜寻读,未尝辍手"①。赐书作为一种从上至下、从皇家官藏到私藏的文献传播路径,有其特殊意义,不仅体现了君王爱才重文士,而且使官藏文献得以传播,发挥了其更大更广泛的作用。秘阁藏书如果"秘不示人",那么将成为死书。赐书使这些书变活,发挥了文化传播的作用。

(3)贩书。

在造纸术发明改造和推广应用的基础上,在纸本书写广泛流行的同时,在文献阅读需求不断增长的时代背景下,魏晋南北朝出现了贩书业历史上第一个兴盛期。这一时期的贩书业呈现出的特点主要有两个:一是形成南北两个书业中心,二是畅销书成为书业繁荣的重要标志。

第一,形成南北两个书业中心。"书肆"一词最早出现于东汉扬雄的《法言·吾子》中:"好书,而不要诸仲尼,书肆也。"书肆的出现说明了书业的贩售市场在逐渐形成。魏晋南北朝时期,书肆增多,逐渐形成了南方以建康(今南京)为中心和北方以洛阳为中心的图书贩卖体系和书业格局。

南方书业以建康为中心。建康,三国时孙吴政权建都于此称建业,西晋统一后称秣陵,东晋南朝均称建康。建康作为都城无疑成为政治、经济、文化各方面的中心,也成为当时书业的中心。《隋书·经籍志》载:"至东晋,豫章内史梅赜,始得安国之传,奏之,时又阙《舜典》一篇。齐建武中,吴姚方兴,于大桁市得其书,奏上,比马、郑所注,多二十八字,于是始列国学。"②这里记录了《古文尚书》在东晋时期传播的大概情况,梅赜曾得此书,但当时缺少《舜典》部分内容。到了南朝齐,学者姚方兴在大桁的书市上获得此部分内容。这里的大

---

① 姚思廉:《陈书》,卷二十七《江总传》,北京:中华书局,1972年,343页。
② 魏徵:《隋书》,卷三十二,北京:中华书局,1973年,915页。

桁又称大航、朱雀航、朱雀桁、朱雀桥,此地位于东晋南朝都城建康南城门外。大桁在地理上位于建康,这是毫无疑问的。能在这里的书市上收集到长期佚失的《舜典》部分内容,可见这里的书市具有相当大的规模,否则稀见的图书内容很难聚集至此。据《南史·江夏王萧锋列传》记载,南朝齐武帝萧赜对子女要求很严格,令"诸王不得读异书,五经之外,唯得看孝子图而已"①。当时,江夏王萧锋仅十岁,"乃密遣人于市里街巷买图籍,期月之间,殆将备矣"②。这里记录了南朝齐江夏王萧锋派人到书市买书的情况。南朝齐的都城是建康,十岁的江夏王萧锋应该是居住在建康的,那么他派人买书的地方也应该是在建康的书市,一个月内就几乎备齐了所需图书,说明当时建康的书市规模应该是足够大的,才能满足他购书的需要。据梁任昉在《答刘居士诗》中记载的"才同文锦,学非书肆"③,可知魏晋南北朝时期,书肆在社会上的重要地位已经非常明显。

  北方书业以洛阳为中心。洛阳先后是曹魏、西晋、北魏的都城,是当时全国的政治、经济、文化中心,在书业方面也长期处于北方的中心地位。洛阳在东汉时期就是都城,书肆已经可见。《后汉书·王充传》中记载了洛阳的书肆:"家贫无书,常游洛阳市肆,阅所卖书,一见辄能诵忆,遂博通众流百家之言。"典故"洛阳纸贵"形象地说明了西晋时洛阳图书业的发达景象。《晋书·左思传》记载:"于是豪贵之家竞相传写,洛阳为之纸贵。"当时左思用十年之功写成《三都赋》,震动都城洛阳,当时的权贵们都竞相传抄,使得纸价上扬,为此而贵。由此可以发现,当时洛阳读书气氛相当浓厚,一本书就引起了书业市场的沸腾。此外,洛阳书业市场上还有其他大量与左思同时代的文

---

① 李延寿:《南史》,卷四十三《江夏王萧锋列传》,北京:中华书局,1975年,1088页。
② 李延寿:《南史》,卷四十三《江夏王萧锋列传》,北京:中华书局,1975年,1088页。
③ 叶德辉:《书林清话》,卷二《书肆之缘起》,扬州:广陵书社,2007年,24页。

人著作流行。钟嵘《诗品序》中记载:"太康中,三张(张载、张协、张亢)、二陆(陆机、陆云)、两潘(潘岳、潘尼)、一左(左思),勃尔复兴,踵武前王,风流未沫,亦文章之中兴也。"今人从其图书文章的兴盛,可以看到当时洛阳书业在文献传播中起到的重要作用。

第二,畅销书成为书业繁荣的重要标志。如上所述,"洛阳纸贵"反映出当时西晋都城洛阳书业之发达景象。同时,通过这个典故我们也可以看到另一种书业现象,即书业市场上出现了畅销书。从文献记载来看,左思的《三都赋》无疑是当时的畅销书,以"豪贵之家竞相传写,洛阳为之纸贵"为证。① 此后,书业市场上还有类似畅销书出现。

谢灵运的山水诗至今都广为流传,在文学史上具有极高的地位。据《南史·谢灵运传》记载,谢灵运的山水诗在当时就已经名闻遐迩。"每有一首诗至都下,贵贱莫不竞写,宿昔间士庶皆遍,名动都下。作《山居赋》,并自注以言其事。"②由此可以看出,谢灵运的山水诗在当时已经成为畅销作品。从文献记录来看,自左思《三都赋》引起"洛阳纸贵"之后,北朝魏齐时人邢邵的文章在当时也引起"京师为之纸贵"的轰动效应。《北齐书·邢邵传》中的记载可以为证:"自孝明之后,文雅大盛,邵(邢邵)雕虫之美,独步当时,每一文初出,京师为之纸贵,读诵俄遍远近。"③《世说新语·文学》:"庾仲初作《扬都赋》成……人人竞写,都下纸为之贵。"④此外,蒙学类书在当时也呈现出畅销的情形,如《急就篇》《千字文》等。据《魏书·崔浩传》记载,崔浩为人写《急就篇》以百数,"人多托写急就章。从少至老,初不惮劳,所书盖以

---

① 房玄龄:《晋书》,卷九十二《左思传》,北京:中华书局,1974年,2377页。
② 李延寿:《南史》,卷十九《谢灵运传》,北京:中华书局,1975年,539页。
③ 李百药:《北齐书》,卷三十六《邢邵传》,北京:中华书局,1972年,476页。
④ 刘义庆:《世说新语·文学》,见余嘉锡《世说新语笺疏》,北京:中华书局,1983年,258页。

百数"①。蒙学书传遍千家万户,可谓"蓬门野贱,穷乡幼学,递相承禀,犹竞习之"②。

(4)抄书。

魏晋南北朝时期,图书进入纸写本为主的时代,抄写不仅是图书制造的一种主要手段,而且可使图书文献得以传播。抄写活动的次数和规模,是衡量古代社会图书生产和图书流通状况的重要标志。③魏晋南北朝时期是一个图书传播数量和范围都远远超迈前代的时期,不仅因为纸的发明和大量使用,而且因为抄写图书盛行的促进作用。这一时期有许多抄写图书的记载。《魏书·李彪传》记载:"悦兄间,博学高才,家富典籍,彪遂于悦家手抄口诵,不暇寝食。"④据《抱朴子外篇·自叙》记载,葛洪年少时"益破功日,伐薪卖之,以给纸笔。就营田园处,以柴火写书。坐此之故,不得早涉艺文。常乏纸,每所写反覆有字,人鲜能读也"⑤。据《北史·崔㥄传》记载,崔㥄"读书不废,凡咨手抄八千余纸"⑥。据《北史·薛憕传》记载,薛憕曾住在薛怀俊家中"终日读书,手自抄略,将二百卷"⑦。据《宋书·傅隆传》记载,傅隆年老时,"归老在家,手不释卷,博学多通……常手抄书籍"⑧。《梁书·王筠传》中记录了王筠抄书的经历:"余少好书,老而弥笃……爱《左氏春秋》,吟讽常为口实,广略去取,凡三过五抄。余经及《周官》《仪礼》《国语》《尔雅》《山海经》《本草》并再抄。子史诸集皆一遍。未尝倩人假手,并躬自抄录,大小百余卷。不足传之好事,盖以

---

① 魏收:《魏书》,卷三十五《崔浩传》,北京:中华书局,1974年,827页。
② 颜师古:《急就篇注叙》,见史游撰,颜师古注《丛书集成初编:急就篇》,上海:商务印书馆,1936年,2页。
③ 李瑞良:《中国古代图书流通史》,上海:上海人民出版社,2000年,131页。
④ 魏收:《魏书》,卷六十二《李彪传》,北京:中华书局,1974年,1381页。
⑤ 杨明照:《抱朴子外篇校笺》,下册,北京:中华书局,1991年,653页。
⑥ 李延寿:《北史》,卷二十四《崔㥄传》,北京:中华书局,1974年,879页。
⑦ 李延寿:《北史》,卷三十六《薛憕传》,北京:中华书局,1974年,1345页。
⑧ 沈约:《宋书》,卷五十五《傅隆传》,北京:中华书局,1974年,1552页。

备遗忘而已。"①王筠在读书过程中经常采用抄录的方法,通过抄录不仅可以备忘,而且可以因复制而促进文献的传播。《梁书·袁峻传》记载:"峻(袁峻)早孤,笃志好学,家贫无书,每从人假借,必皆抄写,自课日五十纸,纸数不登,则不休息。"②袁峻通过借阅文献进行抄写,不仅增加了文献传播的复本量,而且在抄写中积累了才学。据《南史·萧钧传》记载,衡阳王萧钧"常手自细书写《五经》,部为一卷,置于巾箱中,以备遗忘"③。《梁书·刘慧斐传》载:"慧斐尤明释典,工篆隶,在山手写佛经二千余卷,常所诵者百余卷。"④据《南史·王泰传》记载,王泰"少好学,手所抄写二千许卷"⑤。

古人抄书也是读书,边读书边抄书。在文献抄写中,文献达到了自然传播的状态;文献在传播中,伴随着抄写和阅读。抄书和写书都是对文献内容的复制和传播,是文献传播的一条重要途径,对于文献传播和阅读有着深远的影响。魏晋南北朝时期,文献抄写传播的方式已经非常兴盛,推动阅读文化史进入一个文献快速传播的抄读时代。

(5)赠书。

遗赠也是一种特殊的图书文献传播途径,或者是前人将集藏的图书文献遗留给自己的后代,或者是获得他人的图书赠送。魏晋南北朝时期,图书遗赠的事例并不少见。范平是西晋一位大藏书家,去世前将七千卷藏书传给其孙范蔚。这些书发挥了更大作用。褚湛之是南朝宋的大臣,也是位藏书家,"湛之卒,渊推财与弟,唯取书数千

---

① 姚思廉:《梁书》,卷三十三《王筠传》,北京:中华书局,1973年,486页。
② 姚思廉:《梁书》,卷四十九《袁峻传》,北京:中华书局,1973年,688页。
③ 李延寿:《南史》,卷四十一《萧钧传》,北京:中华书局,1975年,1038页。
④ 姚思廉:《梁书》,卷五十一《刘慧斐传》,北京:中华书局,1973年,746页。
⑤ 李延寿:《南史》,卷二十二《王泰传》,北京:中华书局,1975年,606页。

卷"①。其子褚渊继承了数千卷藏书。

除了亲人遗留之外,也有很多藏书家将藏书赠给了好学的才士。蔡邕赠书于王粲成就了文坛上一段佳话。蔡邕是东汉末一位经学大师、校勘学家,号称"有书近万卷"。史载"时邕(蔡邕)才学显著,贵重朝廷,常车骑填巷,宾客盈坐"②,但是当他听说王粲前来拜访时,不顾家中客人,"倒屣迎之",并当着客人面向王粲承诺:"吾家书籍文章,尽当与之。"③王粲获得蔡邕的赠书,博览成诵,"著诗、赋、论、议垂六十篇",成为"建安七子"之一,并且这些书后来继续影响着王粲的后人王业、王弼等。蔡邕赠书于王粲的美谈广泛流传,影响了很多后来的藏书家。南朝梁沈约以蔡邕为典范,发现王筠是好学的才士,对他说:"昔蔡伯喈见王仲宣,称曰王公之孙,吾家书籍悉当相与。仆虽不敏,请附斯言。"④南朝梁诗人、藏书家刘显,也推崇蔡邕赠书之风范,见孔奂"好学善文,经史百家莫不通涉",便握着他的手说:"昔伯喈坟素悉与仲宣,吾当希彼蔡君,足下无愧王氏。"所保书籍,寻以相付。⑤

遗书后人和赠书学人,都是嘉惠后学才士的一种途径,并且以"蔡邕赠书王粲"为代表的大家风范和美名世代长存,惠及永远。

(6)借书。

借阅是一种文献传播和获取文献阅读的途径。对于很多人而言,他们并不一定拥有私家藏书,或者自家藏书不能满足需要,所以他们往往就需要通过借阅的方式获取所需文献,其主要实现形式有两种:藏书家提供借阅和读书人主动借阅。从一些文献记载来看,魏

---

① 萧子显:《南齐书》,卷二十三《褚渊传》,北京:中华书局,1972年,425页。
② 陈寿撰,裴松之注:《三国志·魏书》,卷二十一《王粲传》,北京:中华书局,1959年,579页。
③ 陈寿撰,裴松之注:《三国志·魏书》,卷二十一《王粲传》,北京:中华书局,1959年,579页。
④ 李延寿:《南史》,卷二十二《王筠传》,北京:中华书局,1975年,609页。
⑤ 姚思廉:《陈书》,卷二十一《孔奂传》,北京:中华书局,1972年,283页。

晋南北朝时期，出现了不少通过借阅来满足文献阅读需求的现象。这说明借阅这种文献传播的路径为社会发展所需要，也在一定程度上起到了满足文献阅读需求的作用。

根据藏书家提供借阅的历史记载，这些藏书家不以藏书为私有之物，他们的思想更加开明，主动提供自己的藏书给需要的读者，让藏书在社会上广泛传播并影响更多的人。《晋书·范平传》记载："（范蔚）家世好学，有书七千余卷。远近来读者，恒有百余人，蔚为办衣食。"①这里详细记录了范蔚当时开放藏书并向读者借阅藏书的情形，他还为前来借阅的读书人提供衣食等方便，其精神极其可嘉。《南齐书·崔慰祖传》记载："（崔慰祖）好学，聚书至万卷。邻里年少好事者来从假借，日数十袠，慰祖亲自取与，未尝为辞。"②崔慰祖是大藏书家，他主动将自己的藏书开放给读者，每天大概会借出数十册，并且亲力亲为，尽显藏书家"嘉惠学林"之精神和美德。有一些藏书家在遇到借阅需求的情况下，也开放他们的私家藏书，为读者提供了方便，使得私藏文献由静态转为动态。诸如北魏的元晏"好集图籍，家书多秘阁，诸有假借，咸不逆其意"③，可见读者来借阅其藏书，基本是来者不拒。

读书人主动借阅图书，也是一种获取文献的方式。根据《三国志·秦宓传》记载，李权曾向秦宓借《战国策》，秦宓回答道："书非史记周图，仲尼不采；道非虚无自然，严平不演。海以受淤，岁一荡清；君子博识，非礼不视。今战国反覆仪、秦之术，杀人自生，亡人自存，经之所疾，故孔子发愤作《春秋》。大乎居正，复制《孝经》，广陈德行。杜渐防萌，预有所抑，是以老氏绝祸于未萌，岂不信邪！成汤大圣，睹

---

① 房玄龄：《晋书》，卷九十一《范平传》，北京：中华书局，1974年，2347页。
② 萧子显：《南齐书》，卷五十二《崔慰祖传》，北京：中华书局，1972年，901页。
③ 李延寿：《北史》，卷十五《元晏传》，北京：中华书局，1974年，565页。

野鱼而有猎逐之失；定公贤者，见女乐而弃朝事；若此辈类，焉可胜陈？道家法曰：'不见所欲，使心不乱。'是故天地贞观，日月贞明；其直如矢，君子所履。《洪范》记灾，发于言貌，何战国之谲权乎哉！"①这里记录了李权向秦宓借《战国策》一事，并且记录下他们之间的对话，其中秦宓列数各种理由进行辩驳，反对李权读《战国策》，堪称借书史上一段富有激情雄辩和图书评论意义的历史故事。北魏名臣甄琛曾入都多年，后来通过向许叡、李彪借阅文献，增长了不少见识。《魏书·甄琛传》记载："(甄琛)从许叡、李彪假书研习，闻见益优。"②王隐《晋书》记载："齐王攸好学不倦，借人书皆治护，时以还之。"③齐王攸为了读书，积极向他人借书，同时他遵循借书之道，爱护别人的图书，并且守约及时归还，也是借书中的良好典范。据《北史·卢思道传》记载，卢思道向魏收借书阅读，对其才学起到了很大帮助。"因就魏收借异书。数年间，才学兼著。"④

　　藏书家将自己的藏书提供给读者借阅，不仅让藏书得到了更为广泛的传播，发挥了藏书更大的作用，而且体现出藏书家身上"嘉惠学林"的可贵精神，也开创了私家藏书借阅的文化风尚。这是魏晋南北朝时期一种具有较高社会道义价值的文献传播路径。

　　(7)域内跨地区文献传播。

　　魏晋南北朝时期，域内跨地区文献传播的目的主要有民族融合，学习传播儒家文化，学习传播佛教文化，传递友好关系等。域内跨地区文献传播的方式主要有域内不同民族间，尤其是中原汉族文化的向外传播，域内不同地区政权间文献交流，域内不同地区之间佛教文

---

① 陈寿撰，裴松之注：《三国志·蜀书》，卷三十八《秦宓传》，北京：中华书局，1959年，973—974页。
② 魏收：《魏书》，卷六十八《甄琛传》，北京：中华书局，1974年，1509页。
③ 李昉等：《太平御览》，卷六一九《学部一三》，北京：中华书局，1960年，2779页。
④ 李延寿：《北史》，卷三十《卢思道传》，北京：中华书局，1974年，1075页。

献交流等。

域内跨地区文献传播包括如下三个方面。一是民族融合中的文献传播。魏晋南北朝既是分裂动荡的时期,也是民族大融合时期,其间域内少数民族与汉族之间的融合,特别是文化的融合现象较为突出,从而出现了历史上一个汉化的高峰。魏晋南北朝为少数民族汉化的一个高潮期……各少数民族与中原汉族的来往更加密切和频繁,汉化的速度和程度都明显加快加深。① 在民族融合与少数民族汉化的过程中,文献传播起着重要的作用,使汉字、汉文化得到了传播等。"正光元年(520),明帝遣假员外将军赵义等使于嘉。嘉朝贡不绝,又遣使奉表,自以边遐,不习典诰,求借《五经》、诸史,并请国子助教刘燮以为博士,明帝许之。"②这段史料记录了这样一件事:正光元年(520),北魏孝明帝元诩派赵义等人出使位于西域的古国高昌(今新疆吐鲁番东南之哈喇和卓地方),高昌王麴嘉不仅向北魏不断朝贡,而且提出向北魏借"《五经》、诸史"等请求,北魏孝明帝给予应允。这是魏晋南北朝时期一次重要的民族交流和文献传播事件,为民族融合与文化传播留下了一段完美的历史。在此影响下,高昌与北魏之间又有过多次文献交流事件。据《周书·高昌传》记载,高昌"文字亦同华夏,兼用胡书。有《毛诗》《论语》《孝经》,置学官弟子,以相教授"③。可见后来高昌对汉文化加以重视和学习,以及引入了儒家典籍《论语》等大量文献,并且为了让汉文化更好地得到传播,专门设置"学官弟子,以相教授"。

二是传播佛教典籍和文化中的文献传播。魏晋南北朝时期佛教发展较快,这离不开佛教典籍的传播。魏晋南北朝时期,域内异地佛

---

① 周少川等:《中国出版通史·魏晋南北朝卷》,北京:中国书籍出版社,2008年,29页。
② 李延寿:《北史》,卷九十《麴嘉传》,北京:中华书局,1974年,3214页。
③ 令狐德棻等:《周书·高昌传》,北京:中华书局,1971年,915页。

教文献传播也是重要的文化活动。梁武帝时,梁与魏相互往来交好,各种来往较频繁,以佛教文献传播为例,《北齐书·崔暹传》记载:"魏、梁通和,要贵皆遣人随聘使交易,暹惟寄求佛经。梁武帝闻之,为缮写,以幡花赞呗送至馆焉。"①梁武帝听说崔暹希望求得佛经,便大力支持并隆重地将佛经送到崔暹的住处。梁武帝当时笃信佛教,经常赠送佛经给他人。另据记载,梁大同六年(540)五月,"河南王遣使朝,献马及方物,求释迦像并经论十四条。敕付像并《制旨涅槃》《般若》《金光明讲疏》一百三卷"②。

三是传递友好关系中的文献传播。魏晋南北朝时期,虽然分裂动荡和战乱频繁是比较突出的社会历史形态,但是其间也有和谐友好之音。以文献传播为例,三国时期,魏文帝曹丕好文学,他写完著作《典论》后,郑重其事地将抄写好的《典论》和一些得意的诗赋作品送给东吴之主孙权,并另外抄写分别送给东吴重臣张昭,以传达曹魏和孙吴之间的友好关系。胡冲在《吴历》中记载了这段历史:"帝以素书所著《典论》及诗赋饷孙权,又以纸写一通与张昭。"③再以南朝刘宋王朝与北凉政权之间文献传播为例,太祖元嘉三年(426),"世子与国遣使奉表,请《周易》及子集诸书,太祖并赐之,合四百七十五卷。蒙逊又就司徒王弘求《搜神记》,弘写与之"④。元嘉十四年(437),"茂虔奉表献方物,并献《周生子》十三卷,《时务论》十二卷,《三国总略》二十卷,《俗问》十一卷,《十三州志》十卷,《文检》六卷,《四科传》四卷,《敦煌实录》十卷,《凉书》十卷,《汉皇德传》二十五卷,《亡典》七卷,《魏驳》九卷,《谢艾集》八卷,《古今字》二卷,《乘丘先生》三卷,《周髀》一卷,《皇帝王历三合纪》一卷,《赵�传》并《甲寅元历》一卷,《孔子

---

① 李百药:《北齐书》,卷三十《崔暹传》,北京:中华书局,1972年,405页。
② 李延寿:《南史》,卷七,北京:中华书局,1975年,215页。
③ 陈寿撰,裴松之注:《三国志·魏书》,卷二《文帝纪》,北京:中华书局,1959年,89页。
④ 沈约:《宋书》,卷九十八《氐胡传》,北京:中华书局,1974年,2415页。

赞》一卷,合一百五十四卷。茂虔又求晋、赵《起居注》诸杂书数十件,太祖赐之"①。这些史料详细记录了当时南朝刘宋王朝与北凉政权之间互赠图书文献的文化活动,既使得文献有了更宽泛意义的传播,又增进了民族互信和友好关系。

总而言之,文献传播促进了少数民族汉化,包括汉服、汉字等的传播;促进了儒家文化和佛教文化的传播,包括儒家典籍《周易》《论语》《孝经》等的传播;促进了不同地区间文化的交流与传播,包括曹魏和东吴之间图书等的传播。

2. 域外

魏晋南北朝时期,受语言文字差异以及有限的交通方式和线路等因素影响,域外文献传播虽然逐渐兴起但总体上发展较为缓慢,最初是以佛教典籍的输入为主,西晋开始向更东方向的一些国家输出图书文献。在域外文献传播中,总的目的是加强中外文化交流和传递国际友好关系。

魏晋南北朝时期,由于中国是佛教文化传播的接受者,是吸收的一方,所以以佛经为代表的图书的跨国流通是单向的,中国在很长一段时间只输入图书而不输出。② 魏晋南北朝时期,图书输入以佛教典籍输入为主,形成了佛教典籍输入和佛教文化在域内传播的一个高峰期。佛教典籍输入以法显等西天取经为代表,东晋安帝隆安三年(399),法显和同学慧景、道整、慧应、慧嵬等前往天竺求法,至中天竺,"于摩竭提邑波连弗阿育王塔南天王寺,得《摩诃僧祇律》,又得《萨婆多律抄》《杂阿毗昙心》《綖经》《方等泥洹经》等"③,后到了狮子国(今斯里兰卡)"复得《弥沙塞律》《长杂》二《含》(《长阿含经》《杂阿

---

① 沈约:《宋书》,卷九十八《氐胡传》,北京:中华书局,1974年,2416页。
② 周少川:《中国出版通史·魏晋南北朝卷》,北京:中国书籍出版社,2008年,401页。
③ 释慧皎撰,汤用彤校注:《高僧传》,卷三,北京:中华书局,1992年,89页。

含经》)及《杂藏》本"①。

  大约在西晋以后,少数中国人就近移民朝鲜和日本,佛教也通过中国继续东渐。人际交流和宗教传播带动了图书的流通,中国图书才开始向朝鲜和日本输出。②在文献输出中,以儒家文化为代表的大量文献成为中华文化向外输出和传播的使者。中华文化的输出,也体现了当时中华文明的先进性和在世界上的卓越地位。据《北史·高句丽传》记载,高句丽"书有《五经》《三史》《三国志》《晋阳秋》"③。这些现象说明南北朝时期已有大量华文图书传播到高句丽。元嘉二十七年(450),百济王余毗"上书献方物,私假台使冯野夫西河太守,表求《易林》《式占》、腰弩,文帝并与之"④。百济向南朝齐求书《易林》等,这些书传入百济。《梁书·诸夷传》记载:"中大通六年(534)、大同七年(541),累遣使献方物;并请《涅盘》等经义、《毛诗》博士,并工匠、画师等,敕并给之。"⑤百济在向南朝齐请书之后,于南朝梁时再次请华文图书《涅盘》等,虽然文献记载有限,但是可以推想当时华文图书向外输出远不止于此,中华文化的传播和影响力随着华文图书传播到域外而不断增强。另外,"两晋时,《论语》已传到日本。中国的文化典籍不少是通过朝鲜传入日本的,相传日本应神时代……(百济人)王仁带去《论语》《千字文》,从此日本开始采用汉字……梁武帝天监年间,百济人段杨尔又将《诗》《书》《易》《春秋》传入日本,这些儒家经典对日本封建文化的发展产生了相当大的影响"⑥。

---

① 释慧皎撰,汤用彤校注:《高僧传》,卷三,北京:中华书局,1992年,89页。
② 周少川:《中国出版通史·魏晋南北朝卷》,北京:中国书籍出版社,2008年,401页。
③ 李延寿:《北史》,卷九十四《高句丽传》,北京:中华书局,1974年,3115页。
④ 李延寿:《南史》,卷七十九《夷貊下》,北京:中华书局,1975年,1972页。
⑤ 姚思廉:《梁书》,卷五十四《诸夷传》,北京:中华书局,1973年,805页。
⑥ 来新夏等:《中国古代图书事业史》,上海:上海人民出版社,1990年,103页。

二、文献传播与阅读

造纸术的发明应用和纸质书写形式的转变，对图书文化事业产生根本性影响：文献传播的种类和数量大增，文献传播方式全方位、多元化，文献传播范围大幅度扩展。文献通过传播对阅读文化也产生了很大影响。文献传播和阅读的关系密不可分，文献传播中发生着阅读行为，阅读活动总伴随着文献传播。

1. 文献传播特征

魏晋南北朝时期，文献传播呈现如下主要特征：传播的文献种类和内容多样、数量大，全方位、多元开放的文献传播体系逐渐形成，文献传播范围域内域外双向深化。

第一，传播的文献种类和内容多样、数量大。从前面所录文献记载中，我们可以见到，传播的文献种类和内容多样：有单篇文章和单行本图书，也有别集和总集；有曹丕赠孙权的素书，也有曹丕赠送张昭的纸书。传播的内容非常丰富，有文学诗赋，也有儒家经典；有《三都赋》，也有《论语》；有《急就篇》《千字文》，也有《国语》《史记》；有《山海经》《本草》，也有佛典《摩诃僧祇律》《萨婆多律》和《易林》《式占》。书目不一而足，传播的数量大。从《三都赋》《急就篇》和谢灵运的诗赋成为时代的畅销书并广泛传播，可以看出当时社会上流传的文献数量很大。再从蔡邕向王粲赠书万卷一例来看，私家藏书和文献传播数量均非小数目。

第二，全方位、多元开放的文献传播体系逐渐形成。全方位多元开放的文献传播体系中，求书是文献纵向上传，赐书是文献纵向下传。贩书、抄书、赠书、借书等都是文献横向传播。在纵横交织的文献传播路径中，文献作为文化资源发生了第一次分配的赐书和域内跨地区交流,发生了第二次分配的贩书、赠书、借书,也发生了文献再次向官藏聚拢的求书过程,因而形成了文献传播路径的全方位立体结构,使得文献在魏晋南北朝时期实现了更大范围、更高效率的传播,促进了文化传播和文化繁荣。

第三,文献传播范围域内域外双向深化。魏晋南北朝时期,文献传播范围从域内到域外逐渐拓展,文献传播趋势呈现域内域外文献传播的双向互动态势。文献输入也是文化输入的过程。魏晋南北朝时期,以佛教典籍输入为主的文化输入过程,形成了中国历史上第一次文化冲突与融合的激烈期。其间佛教与儒家、佛教与道教之间先后发生过思想文化的深层次冲突,也在动态碰撞中出现了思想文化的深度融合。佛教因能积极融入中国本土文化,不断向内传播,从而奠定了佛教在中国的宗教文化基础。儒家因能吸纳外来佛教文化思想和本土道教文化思想,产生了新的血液,使中华传统文化的内涵更加丰富,特别是佛教和道教文化与儒家思想的结合产物——玄学的兴起,丰富了中华文化思想的形态,开创了魏晋玄学的新思想史阶段。文献域外传播是一个重大的文化历史事件,但凡一个历史时期的文明能够超迈前朝并引领一定历史地域的文化发展方向,那么这个时期的文化必然出现向外传播的走向。这种向外传播是价值思想的传播,但主要传播方式还依赖于文献及文献的传播。据历史记载,魏晋南北朝时期,文献传播到高句丽、百济、日本等国,这些文献及其承载的文化思想内容,在这些国家的历史上留下深刻的烙印。文献输入丰富了中华文化的内涵,文献输出彰显了中华文化的文明高度。因此,魏晋南北朝时期的文献传播活动是历史上的重大文化事件,值得深入研究。

2. 文献传播与阅读

(1)藏与用的关系。

在中华藏书文化中,藏书与阅读的核心问题是如何处理好藏与用的关系。根据文献考察发现,中华藏书文化长期演进中形成了藏以致用的核心思想,这与藏书守道、读书治学的思路一脉相承。藏书心志在于读书,即读书是为了治学,藏书要立治学之心。清代著名藏书家张金吾称藏书为"学问之本"。"然欲力学者,必先读书;欲读书者必先藏书。藏书者诵读之资,而学问之本也。"张金吾在明确藏书目的之后,又进一步论述藏书的意义,即重在治学。"窃尝论之,藏书而不知读书,犹弗藏也,读书而不知研精覃思,随性所近,成专门绝业,犹弗读也。"(张金吾《爱日精庐藏书志·序》)究其所言,张金吾为读书而藏书之心志甚明,且最终欲借藏书以成就"专门绝学"。藏书而后读书,可以解惑。"藏书者无问册帙美恶,意唯欲搜奇索隐,得见古人一言一论之秘,以广心胸未识未闻。"[1]从上述观点可知,藏书以守道、读书以治学,加之学以致用的传统观念,藏以致用可以说是藏书与阅读关系的核心理念。

从藏书目的来看,藏书是为了用书,否则束之高阁何用之有呢?中国传统文化注重"知行合一",从藏书与阅读的角度,可以得到"藏以致用,藏用合一"的观念,在这里可以理解为,通过藏书以获取知识,同时也强调学习知识之后要付诸行动,将知识运用于实践,实现知行合一,也就是藏以致用的观念。印度著名图书馆学家阮冈纳赞在《图书馆学五定律》一书中提出了图书馆学的经典理论,第一条便是"书是为了用的"。换句话说,藏书的目的是用书。

从藏书的利用路径来看,阅读是达成藏书利用目的的必由之路。藏书目的的实现要通过阅读来实现和完成。聚集藏书为前提条件,有了藏书,该如何利用藏书呢?藏书如一个聚藏了珠宝的知识海洋,要从中获取有用的知识,就必须依靠读者通过阅读来寻找和理解其中的知识。阅读是一个过程。维特根斯坦《哲学研究》载:"阅读可是

---

[1] 徐雁、王雁均:《中国历史藏书论著读本》,成都:四川大学出版社,1990年,596页。

一个很特别的活动！"①有一种情况可以清晰地说明这一过程。当一个人阅读时，"有声的词仿佛是在阅读之际溜进来的。我简直不可能看着一个印刷的德文词而不经历内在地听到话音这样一种特别的过程"②。维特根斯坦认为："如果我们有意地慢慢阅读——可以说在有意地让字母带领着自己——为了看看阅读之际究竟发生的是什么，我们就会格外倾向于这种解释。"③"这种'被带领'却又无非是认真地看字母——不受其他杂念的干扰。"④维特根斯坦在发现阅读是一个很特殊的过程的基础上，又凭借分析和某种感觉判断，认为阅读类似一种"连杆"。"我们想象自己通过某种感觉而觉察到在字形的外形和我们说出的声音之间有一种类似联结机制的东西……我似乎感觉到了某种类似连接杆的东西把看见字母和说出字母联结在一起。"⑤这种"连杆"功能所形成的就是维特根斯坦所发现的"被带领"的过程，所以，维特根斯坦意义上阅读的特征就是这种"被带领"的感觉。换句话说，维特根斯坦意义上的阅读可以理解为这种"被带领"的过程。通过这种被带领的过程，在阅读藏书的同时，读者获取了其中的知识。

　　从藏书家利用藏书来看，阅读和藏书整理、阅读和著述是值得关注的问题。藏书家利用藏书，主要有对藏书进行整理编目，利用藏书进行创新和撰写著述等方式。整理编目方面，我们可以看到历史上大量藏书书目都是藏书家凭借官藏或私藏整理出来的，诸如《中经新簿》《七录》《七志》等。当然，藏书家也创作了大量学术著述，如《道德经注》《周易略例》《抱朴子》《金楼子》《道觉论》等。

---

① 维特根斯坦：《哲学研究》，陈嘉映译，上海：上海世纪出版集团，2005年，77页。
② 维特根斯坦：《哲学研究》，陈嘉映译，上海：上海世纪出版集团，2005年，77页。
③ 维特根斯坦：《哲学研究》，陈嘉映译，上海：上海世纪出版集团，2005年，80页。
④ 维特根斯坦：《哲学研究》，陈嘉映译，上海：上海世纪出版集团，2005年，80页。
⑤ 维特根斯坦：《哲学研究》，陈嘉映译，上海：上海世纪出版集团，2005年，80页。

从藏书的不同文献来看,寺院和道观藏书分别在佛教和道教文化传播中有着重要的意义,其中也包括对佛教典籍和道教典籍的整理与阅读。相关内容在寺观藏书部分有较详细的阐述。

(2)影响阅读过程。

文献传播的目的,是实现读者有其书,为书找到人。文献传播的终极目的是阅读,文献传播的过程将文献及其作者与读者连接起来,阅读标志着一次文献传播活动的完结。文献传播在阅读和文化传播中起着不可替代的作用。文献传播对阅读产生着深刻的影响,主要包括对阅读内容、读者群体、阅读方式和阅读评论等方面的影响。

传播什么文献,会影响读者阅读什么文献。魏晋南北朝时期,传播儒家典籍《论语》、"五经"等,传播佛教典籍如《摩诃僧祇律》《萨婆多律》《杂阿毗昙心》等,传播文学作品如《三都赋》《世说新语》《搜神记》等,传播蒙学类书如《急就篇》《千字文》等。社会上传播的各类图书文献,也是当时人们阅读的主要内容。魏晋南北朝时期的阅读有个特点,即当代人读当代著作的盛行。由于纸本书写的文献传播速度快、传播范围广,因此魏晋南北朝时期的人可以更容易读到当代的著作和出版物,也使得当代作品的阅读和评论出现了大量成果。如刘勰《文心雕龙》和钟嵘《诗品》等文学评论著作,都体现出对当代大量作品进行了阅读和评论的特点。文学作品中尤其诗赋成为阅读的重要内容,左思的《三都赋》和谢灵运的诗歌在上市不久便成为畅销作品,足以证明当时文学作品的阅读之盛。

怎么传播和文献传播到哪里,决定了谁能够获取文献和谁能够阅读。能够获取文献并阅读的群体主要包括士族、权贵、达官文人等,当然也有文献传播到寒士手上,但毕竟是少数。赐书多赐给文人才士,这些文人才士多出身于士族,如获得赐书的皇甫谧出身于东汉名门世族,获赐书的柳世隆也是势门子弟。从贩书业来看,买书是需要经济基础的,能够买得起书并阅读的一般是有钱人,也多出身于士族,当然也不能排除一些寒士以佣书为业获取买书的资本和条件。抄书必有纸笔,纸张发明不久,纸的价格不会很低。纸也不是一般寒士能够轻易买得起和使用的,除了为权贵人家抄书和当佣书者的寒士之外,自己抄书的也多出身于士族。有赠书能力的一般是藏书家,多数藏书家赠书给有才华的人,受惠的人以士族子弟为主,如蔡邕赠书王粲,王粲也是出身于士族,其祖为汉朝三公。借书这种方式倒是士庶不分,满足了更多人的阅读需求。

一部文献传播史,是一部阅读文化史。文献传播是一个过程,包括各种路径和选择。传播路径也是文献获取和阅读的方式,文献在传播路径上伴随着阅读活动的发生。文献无论是传播在求书、赐书、赠书的路径上,还是传播在贩书、抄书、借书的路径上,阅读行为总是在发生着。当然,文献传播并不因阅读而止步,阅读让文献传播继续重复或者延伸。文献通过传播,让书有其读者,读者有其书。文献传播在阅读文化史的意义上,对文化传播和社会发展产生着深远的影响。

从文化传播和文化史的角度看文献传播的意义,阅读是将文献传播的意义转化为现实的转化器,文献传播的路径是各种运输机。如果文献传播的路径是河道,那么阅读就是转化河水能量的发电站。阅读是大脑加工和主体主动性的发挥,文献传播为阅读提供了可能。如果文献传播是输送文献的血管,那么阅读就是心脏。在文献传播与文化传播的过程中,阅读是媒介,是实现从文献传播到文化传播的必由之路。文献通过流通的路径得到传送,通过阅读将其中的知识思想播入人的大脑,最终实现真正的知识文化传播,再进一步就是推动文化创新和文明进步。在这个过程中,文献是被动传送和传播的。文献传播中主要传送的是文献载体,阅读才能使文献中的知识思想得到真正的传播。所以我们要深入理解文献传播及其不同路径的重要意义,如果没有这种实体性的文献载体传播,就不可能进入下一步的阅读及其知识文化传播。

(3)对文化传播的影响。

从文献传播的内容保存和传承意义,到少数民族汉化和对民族融合的影响,再到中外文化交流的文化传播意义,都体现出文献传播在文化史上的重要意义。

文献传播路径是文献实物的运输轨道,承载和传播着包含文化思想的文献内容。文献内容从经学到玄学,从文学到史学,从六艺到四部,从道教老庄到佛教典籍,从《毛诗》到《国语》,从志怪小说《搜神记》到志人小说《世说新语》,从骈体文《哀江南赋》到文论《文心雕龙》,从蒙学读物《千字文》到儒家经典《论语》,从《老子》到《抱朴子》,从《兰亭序》代表的书法作品到《洛神赋图》代表的绘画成果,从官藏目录《中经新簿》到佛典目录《综理众经目录》,从单行本《三都赋》到总集《文选》,对这些文献内容的传播,都是思想文化的传播,都应该从文化史的意义上来看待当时的文献传播。正是当时全方位、多元立体的文献传播路径和域内域外文献的双向互动,使得中华文明的灿烂成果得以保存,使得中华文化的优秀思想得以传播和传承。

在文化交流和域外文化传播中,文献传播彰显了深远的文化史意义。如佛教文化的输入,冲击并影响了中华历史上第一次重要的文化冲突与融合,丰富了中华文化的内涵;再如中华文化东出至高句丽、日本等国,让中华文化以高度文明的姿态第一次走出去,走上了世界的文化舞台。

综上所述,文献传播和阅读是文化传播和文明再造中的两个重要环节,文献传播是将文献传送到目的地的过程,阅读是文献所承载的知识播入大脑的过程,也是知识再造的转化过程。通过对书籍之路的分析,阅读永远在路上,阅读时刻在书籍传播的路上,书籍之路和阅读之路的协同进行铺就了文化史演进的轨道。

第三节　精舍之志

从当下的情况来看,今人还没有发现专门记录魏晋南北朝时期的人们在哪里阅读的文献,并且时隔太久,现在已经很难收集到当时人们阅读处所的第一手资料。但是,阅读一定有处所,那么魏晋南北朝时期人们到底在哪里阅读呢? 在藏书文化中已经涉及一些信息可供推理。官藏之地既可供皇家藏书,也可供皇家阅览,所以是一种阅读处所的类型;私家藏书之地多为私家阅读处所,士族及其子弟为其阅读的主体;寺观藏书,一般寺庙和道观会设有专门的藏经阁,那里便是主要的阅读处所。除此之外,根据所找到的有限材料,笔者发现,魏晋南北朝时期人们阅读的处所主要有读书斋(即书房)、读书楼、读书台以及其他读书处所(如读书岩等)。这些地方曾经留下了魏晋南北朝时期一些著名读书人的足迹和读书的身影,其中很多已经成为当今的文化景观供人游览。

一、读书斋

"读书斋""斋中读书""下帷读书",其实都可以通俗地理解为在家中读书。

首先来看"斋"字,主要是指家中比较幽静的书房。《说文》载:"斋,戒,洁也。"[1]后来"斋"字含义逐渐引申为干净、整洁、幽静之处所。文人常常将自己读书之所称作"斋",主要是想表达自己专心志

---

[1] 许慎撰,徐铉校定,王宏源新勘:《说文解字(现代版)》,北京:社会科学文献出版社,2005年,3页。

于学的愿望。王孚《安成记》记载:"太和中,陈郡殷府君,引水入城穿池,殷仲堪又于池北立小屋读书,百姓于今呼曰读书斋。"①这里是说,东晋殷仲堪在他的府邸建有专门用作读书的小屋,后来人们就将那个小屋称作"读书斋"。其实这就是殷仲堪家中的一个书屋,但是这个书屋具备"斋"的特点:首先是在家中,其次"池北立小屋"说明幽静好读书。

东晋谢灵运先后写有两首关于读书斋的诗,一首是《斋中读书》,一首是《读书斋》,主要描写谢灵运在家中读书的情景及其读书斋的景物。

谢灵运像

谢灵运《读书斋》:

> 春事时已歇,池塘旷幽寻。
> 残红被径隧,初绿杂浅深。
> 偃仰倦芳褥,顾步忧新阴。

---

① 李昉等:《太平御览》,卷一八五《居处部十三》,北京:中华书局,1966年,897页。

谋春不及竟，夏物遽见侵。①

《乾隆温州府志》引《晏公类要》中记载："城内西偏有谢康乐读书斋。"可知，谢灵运的读书斋大概是在永亮郡城（今浙江温州市）。《读书斋》可看作《斋中读书》的补篇，重点描写暮春读书斋的景物和带病读书人的倦态，发出了四时荏苒、谋春不及的忧叹。②

"精舍""精庐"，一般也指读书斋。《魏书·平恒传》记载，平恒"耽勤读诵，研综经籍，钩深致远，多所博闻"。平恒曾被征为"中书博士"，后来"乃别构精庐，并置经籍于其中"③。所谓精庐是专门用于藏书和读书之所。谢灵运《游名山志》曰：湖三面悉高山，枕水渚山，溪涧凡有五处。南第一谷，今在所谓石壁精舍。李善注：精舍，今读书斋是也。④

接着来看"下帷读书"，"下帷"在古代文献中多引申为闭门苦读。南朝梁任昉《赠王僧孺》诗曰："下帷无倦，升高有属。"其意思是讲闭门读书，不觉困倦。闭门其实闭的是家中之门、书房之门，闭门的目的是读书。从这里可以看出，"下帷读书"和读书斋意义接近，都是幽静读书之所。《晋书·徐邈传》记载："邈姿性端雅，勤行励学，博涉多闻，以慎密自居。少与乡人臧寿齐名，下帷读书，不游城邑。"⑤三国曹魏时大臣徐邈，少年时"下帷读书""勤行励学"，后来功勋卓著被赐爵关内侯。

南朝宋文学家谢惠连曾写有一首《读书诗》：

---

① 谢灵运：《斋中读书》，见陶渊明著、曹明纲标点《陶渊明全集（附谢灵运集）》，上海：上海古籍出版社，1998年，114页。
② 曾祥芹、刘苏义：《历代读书诗》，北京：中国文联出版社，2001年，16页。
③ 魏收：《魏书》，卷八十四《平恒传》，北京：中华书局，1974年，1846页。
④ 萧统编，李善注：《文选》，上海：上海古籍出版社，1986年，1044页。
⑤ 房玄龄：《晋书》，卷九十一《徐邈传》，北京：中华书局，1974年，2356页。

贲园奚足慕？
下帷故宜遵。
山成由一篑，
崇积始微尘。
虞轩虽眇莽，
颜黮亦何人。①

诗中描写了诗人读书的心态和认识，前两句"贲园奚足慕？下帷故宜遵"，相较于贲园（指三国时蜀将赵云的府邸，借指装饰得很好的园子），虽然令人羡慕，但是自己的"下帷"更应当珍惜，因为这是自己闭门读书的地方，幽静的"下帷"也许胜过贲园。同时，诗人认为读书要注重积少成多。

通过对读书斋和下帷读书的分析，我们不难看出，在家中读书是中华民族的一种传统阅读习惯，读书人都喜欢在家中读书。"斋"字之雅，也说明了读书人对读书之所的喜爱，家中及其书房被认为是很好的藏书、读书空间。从有阅读史以来，中国人的阅读空间大多是在家里，这样长期在家中阅读就成为一种习惯和坚固的观念。直到今天，我们仍然可以看到这种阅读习惯的影响。调查数据显示："家里、通勤（地铁、公交车）和工作场所分别以83％、31％、25％的比例位居最受读者偏爱的三大阅读场所。"②显而易见，在家里阅读的比例高居83％，其他很多公共场所远落其后，这足以说明在家里阅读仍然是大众的首选。

---

① 谢惠连：《读书诗》，见逯钦立《先秦汉魏晋南北朝诗》，北京：中华书局，1988年，1196页。
② 余传诗：《最新调查显示：上海进入"越读者时代"》，载《中华读书报》，2012年11月28日第1版。

二、读书楼

如果说读书斋突出了读书之所的幽静,那么,读书楼将突出读书之建筑的宏伟和别致。古代被称为读书楼的建筑并不多见,但是三国曹魏时王粲的读书之所被人称作"读书之楼"。《周大将军闻嘉公柳遐墓志铭》中有文字记载:"王仲宣有读书之楼,诸葛亮有弹琴之宅,实欲因此谢病,闲居终焉。"①王仲宣即是"建安七子"之一的王粲,其祖为汉朝三公,后曹操辟王粲为丞相掾,赐爵关内侯。关于这个读书楼是否存在,说法不一,现在为之做一些推理和佐证。以王粲的出身背景和后来的仕途任职,他拥有一读书楼也许不是什么难事。加之庾信所做的墓志铭中有言为证,我们可以认同"王仲宣有读书之楼"之说。但是如果追问此读书楼的准确地理位置,那么似乎在文献中无法找到根据。还有一种说法。王粲曾作《登楼赋》,如果庾信在撰写《周大将军闻嘉公柳遐墓志铭》时,没有详查《登楼赋》中的楼到底为何楼,而误将之认为是王粲登自己的读书楼而作赋的话,那么将是一个历史错案。根据史料记载,王粲才华卓越,寓流荆州十五年,却不被刘表重用。205年秋,王粲在荆州登上麦城(今湖北当阳东南)城楼,纵目四望,写下了这篇传诵不衰的名赋。这首赋风格沉郁悲凉,语言流畅自然,是建安时代抒情小赋的代表性作品,并流传久远。在"清文渊阁四库全书本"的《庾开府集笺注》卷十中,"王仲宣有读书之楼"句下有笺注字样"荆州记当阳县城楼王仲宣登之而作赋"。根据这些文字记载,王粲所登的楼并非所谓私家读书之楼。也许因为此赋被广为传诵,多少年后的庾信误以为王粲登上的是自己的读书

---

① 庾信撰,倪璠注,许逸民校点:《庾子山集注·周大将军闻嘉公柳遐墓志铭》,北京:中华书局,1980年,997页。

楼也不能说没有可能。毕竟孤证难立,仅从这一条笺注,并且注释者吴兆宜距庾信的时代相差千年,很难肯定王仲宣作赋之楼就是王仲宣的读书之楼。至此,我们对"王仲宣有读书之楼"仍将留有质疑,希望未来能出现新的材料对此问题做出完满的解释。

三、读书台

读书台,顾名思义,也是读书之所。古代的读书人并不是只在书房和读书楼里读书,有时也会选择室外环境幽静、风景宜人之地读书,读书台就是这样形成的,一般是在室外选择或者人为造成的较高的土墩,这些地方因读书而得名,被称为读书台。从现有的文献史料和遗留下的读书台遗址,我们似乎还能找到魏晋南北朝一些读书台的风貌。比较著名的读书台诸如诸葛亮读书台,昭明太子(萧统)读书台,曹植读书台(即陈思王读书台,简称陈台),蔡邕读书台,周处读书台,三国马良读书台等。在此,我们主要介绍诸葛亮读书台和昭明太子读书台。

关于诸葛亮的读书台,有两说。一说是位于陕西汉中勉县城郊的卧龙岗上,此台高六米,周长约三十米。传说诸葛亮在汉中屯兵八年期间,每当军务之暇常来此读书,运筹帷幄。民国二十四年(1935)七月,勉县县长杨忻斋在此立石碑,石碑正中刻"汉诸葛武侯读书台"[1],上款:"武侯读书,曾于斯台。代远年湮,遗址草莱。发扬光大,生面独开。刊石道畔,表彰侯才。"[2]宋代陆游曾登台怀古,并写下千古绝唱《游诸葛武侯书台》:

---

[1] 《勉县志》编纂委员会主编:《勉县志》,北京:地震出版社,1989年,538页。
[2] 陈显远:《汉中碑石》,西安:三秦出版社,1996年,436页。

沔阳道中草离离，卧龙往矣空遗祠。
当时典午称猾贼，气丧不敢当王师。
定军山前寒食路，至今人祠丞相墓。
松风想像梁甫吟，尚忆幡然答三顾。
出师一表千载无，远比管乐盖有余。
世上俗锦宁办此，高台当日读何书？①

陆游后来再为诸葛亮读书台留下名篇《诸葛书台》：

丞相名垂汗简青，书台犹在复谁登？
隆中鱼水三分业，江上风云八阵腾。
还向纶巾瞻气象，尚留祠庙傍邱陵。
凭栏一啸吟梁父，铜雀高台变未曾？②

另一说是在湖北沔阳（今仙桃市）沔城的古柏门外，据说诸葛亮曾在沔城读过书，至今留有读书台遗址。如今，诸葛亮读书台遗址上有碑文一块，并刻有诸葛亮之像。历史上也有一些名人曾到此游览，并留下诗赋。

陈友谅（元末大汉政权建立者，陈汉皇帝）在沔阳州任狱吏时与张定边游览诸葛亮读书台时，曾即兴赋诗二首：

武侯祠内话古今，读书台上思孔明。
才女虽丑佐贤相，功盖三国励后人。

刘备早无川蜀地，武侯尚有读书台。
古往今来论文武，无文有武岂算才？

---

① 李伯勋：《咏诸葛亮诗歌选》，西安：陕西人民出版社，1987年，62页。
② 李伯勋：《咏诸葛亮诗歌选》，西安：陕西人民出版社，1987年，64页。

明代文豪、嘉靖年间进士归有光在此游览后也留下七绝一首：

> 古柏森森诸葛栽，遗风千载留书台。
> 功成鼎足垂青史，誉过萧曹良相才。

昭明太子读书台。萧统，南朝梁著名文学家，梁武帝的长子，两岁被立为太子，英年早逝，谥昭明，世称昭明太子。昭明太子好文学，主持编纂《文选》三十卷，保存至今，对后世影响很大。据文献记载，在今江苏、浙江、安徽等地，有许多读书台与昭明太子有关。这些读书台既是对昭明太子读书踪迹的印证，也是对他好读书、勤读书的最好纪念。本篇将对有文献记载并较有影响的三个昭明太子读书台进行简要阐述，以飨方家。

镇江招隐山昭明太子读书台，位于今镇江招隐山。宋乐史《太平寰宇记》记载："昭明太子曾游此山读书，因名招隐山，今石案古迹犹存。"[1]元代侨居镇江的学者俞希鲁著《至顺镇江志》，其中记述："禅隐寺，在招隐山，即宋戴颙隐居之地，梁昭明太子读书之所，有增华阁。"[2]从文献记载来看，昭明太子曾经不仅在此选编《昭明文选》，而且在此留下读书的身影。如今的招隐寺内，保留着昭明太子读书台的遗迹，见证着昭明太子当年在此读书的情形，并且，清代乾隆皇帝和大诗人王士禛都有诗吟咏。

常熟虞山昭明太子读书台，位于今虞山东南麓书台公园中。据记载，读书台原址建于土墩之上，立有明代所建的石亭。亭内壁间嵌有明代所镌昭明太子像、《读书台铭》及明金都御史陈察撰《重建昭明

---

[1] 苏轼著，冯应榴辑注，黄任轲、朱怀春校点：《苏轼诗集合注》，上海：上海古籍出版社，2001年，516页。
[2] 俞希鲁：《至顺镇江志》，南京：江苏古籍出版社，1988年，377页。

太子读书台记》、清代乾隆八年(1743)觉罗雅尔哈善所书"读书台"额等碑刻数通。亭前木楹上有对联一副:"五六月间无暑气,百千年后有书声。"虽然已是暑天,但是读书台凉爽宜人,适合读书,映照出昭明太子在此读书并选编《昭明文选》的情景。

桐乡乌镇昭明书室,位于今桐乡乌镇市河西岸。现存有牌坊一座,上端有一石匾,镌有"六朝遗胜"四个大字,下面有"梁朝昭明太子同沈尚书读书处"一条镌刻在褚色石条上的横额,横额落款是"里人沈士茂"。昭明太子曾拜尚书沈约为师,在此建读书馆一座,师徒同读书于此处。明初学者陈观有诗凭吊:"前星照后作珠林,书馆成灰岁月深。不是东皋遗墨在,至今谁识读书心。"①

据文献记载,另有其他一些读书处,如颜公读书岩、倚柱读书等,附记于此。

据《广西风物志》记载,桂林市中心的王城内,有一座挺拔峻峭、凝秀独处的孤峰,它就是闻名遐迩的独秀峰。因为南朝宋颜延之经常来此读书,所以它被命名为颜公读书岩。② 据《太平御览》记载,《桂林风土记》曰:独秀山,在城西北一百步,直耸五百余尺,周回一里,平地孤拔秀异,下有洞穴凝垂乳,窦路通山北,傍回百余丈,豁然明朗。宋光禄卿颜延年牧此郡,常于此石室中读书,遗迹犹存。尝赋诗云:"未若独秀者,嵯峨郭邑开"是也。③ 这是文献记录下来魏晋南北朝为数不多的读书岩,因而比较著名。

据《太平御览》卷十三《天部十三》记载,诸葛诞和夏侯玄曾经在暴雨雷电时,倚柱读书,其怪诞行为的背后,是读书时的淡定和不移之气。"曹嘉之《晋纪》曰:诸葛诞以气迈称,常倚柱读书。霹雳震其

---

① 钟桂松:《桐乡乌镇昭明书室史略》,载《绍兴文理学院学报》(社科版),1982年第1期,35—36页。
② 莫杰:《广西风物志》,南宁:广西人民出版社,1984年,75页。
③ 李昉等:《太平御览》,卷四十九《地部十四》,北京:中华书局,1966年,242页。

柱，诞自若。"①"刘义庆《世说新语》曰：夏侯玄，字太初，尝倚柱读书。时暴雨，霹雳破所倚柱，衣服焦然，玄神色无变，读书如故。"②

---

① 李昉等：《太平御览》，卷十三《天部十三》，北京：中华书局，1966年，66页。
② 李昉等：《太平御览》，卷十三《天部十三》，北京：中华书局，1966年，67页。

第四章　魏晋南北朝的教育和阅读

魏晋南北朝时期的教育,受社会大环境影响很深:一方面,政权分裂动荡,战乱频仍,汉代以来兴盛的官学教育,在魏晋南北朝时期"时兴时废,若有若无"①;另一方面,门阀世族的影响很广,私学和家学的新教育模式有了很大发展,弥补了官学教育衰落后之不足。这种社会大环境促进了魏晋南北朝时期官学、私学、家学形成共存的社会教育体系。由于教育的教书育人本质,无论是官学,还是私学、家学,都离不开通过图书文献的阅读来传授和理解文化知识。对教育的认识,具体而言要深入到教学内容中,要深入到教学内容所影响的师生阅读内容中。因此,我们要逆向通过师生们的阅读内容来考察当时的教学内容,进而通过教学内容来考察当时的教育理念和思路。

教育学专家认为,魏晋南北朝时期的教育,已经走向了儒不独尊的道路。相对于汉代以儒家经典和思想文化为教学主要内容,魏晋南北朝时期出现了多学科的教育模式,如史学教育、文学教育、律学教育、算学教育、书学教育、佛学教育、道学教育等,极大地丰富了教学内容。从教什么、学什么和阅读什么这样一个传统的教育阅读思

---

① 卜宪群等:《中国魏晋南北朝教育史》,北京:人民出版社,1994年,116页。

路可以得知,在上述丰富的教学内容的引导下,魏晋南北朝时期师生们的学习阅读范围已不限于儒家典籍,而是推广到史学阅读、文学阅读、律学阅读、算学阅读、书学阅读、佛学阅读和道学阅读等领域。魏晋南北朝时期的教育理念和教育模式对阅读是否产生了深刻影响?魏晋南北朝时期教育教学内容对阅读是否产生了深刻的影响?如果产生影响,那么当时的阅读活动及其阅读内容有什么样的特征?从中,我们还可以进一步了解到魏晋南北朝时期的教育及阅读对当代的启示。同时笔者希望通过分析教育和阅读的互动关系,为当今促进教育事业和阅读文化的进步提供一些参考思路。

第一节 官学

一、创立国子学

魏晋南北朝官学教育"时兴时废"[①],但是总体上维持着汉代以来的太学制度,又在西晋时开创国子学,从而构成了魏晋南北朝官学的基本框架体系。

魏晋南北朝时期的太学,基本上承继汉制,略有变化。太学作为中国古代的官学,始于汉武帝元朔五年(公元前124),汉末丧乱。三国时期,魏文帝黄初五年(224),恢复太学,创五经课试之法。根据时限和考试,始入太学的"门人",满两年通过"一经"者为"弟子","弟子"满两年通过"二经"者为"补文学掌故","掌故"满两年通过"三经"

---

① 卜宪群等:《中国魏晋南北朝教育史》,北京:人民出版社,1994年,116页。

者为"太子舍人","太子舍人"满两年通过"四经"者为"郎中","郎中"满两年通过"五经"者"随才叙用"①。如果不耽误时间顺利通过,那么从"门人"到"随才叙用"至少需要十年。古代十年通过五经为五经博士,当今教育可做类比,一般四年大学本科毕业,三年硕士毕业,再三年取得博士学位,前后十年。当然除了考试内容和分段年限等不一样之外,教育进阶和才学精进的序列思路大致是一样的。而"五经课试之法"始于三国时期,是太学教育体系史上的一大创举,可以说影响深远。三国时蜀和吴也分别立太学之制,基本延续汉代五经博士制度,但影响均未超越曹魏。西晋时,泰始八年(272)太学生七千余人,参加经学考试之后,留下入学的太学生三千余人。② 东晋官学教育衰微,南朝复兴。南朝刘宋时设立四馆:玄学馆、儒学馆、文学馆和史学馆,开创了分馆分专科授课的制度。后来"太学数度废置"。北魏建国初立太学,置五经博士,生员有千余人,完全照汉朝办法。太武帝始光三年(426),别立太学于城东。③ 北齐为立孔庙之始④,也成为官学制度史上的一个创举。

　　魏晋南北朝时期的国子学,创立于晋武帝咸宁二年(276),咸宁四年(278)置国子祭酒博士各一人,助教十五人,以教生徒。于是国子学与太学分而为二。后世之有国子监,实始于此。⑤ 南朝宋,元嘉十九年(442)诏立国子学。⑥ 北魏改国子学为中书学,立教授博士。⑦ 国子学与太学,"前者为贵族子弟肄业之所,后者则为平民子弟求学

---

① 杜佑撰,王文锦等点校:《通典》,卷五十三,北京:中华书局,1988年,1464页。
② 陈东原:《中国教育史》,上海:商务印书馆,1936年,120页。
③ 陈东原:《中国教育史》,上海:商务印书馆,1936年,126页。
④ 陈东原:《中国教育史》,上海:商务印书馆,1936年,128页。
⑤ 陈东原:《中国教育史》,上海:商务印书馆,1936年,120页。
⑥ 陈东原:《中国教育史》,上海:商务印书馆,1936年,124页。
⑦ 陈东原:《中国教育史》,上海:商务印书馆,1936年,126页。

之处"①。南齐国子助教曹思文上书曰:"太学之与国学,斯是晋世殊其士庶,异其贵贱耳。"②从教育制度的变化来看,太学中的士族及其子弟有更多机会进入国子学,这加深了士庶教育的不公平,导致士庶之间的分化进一步加重。国子学在隋代改为国子监,一直延续到光绪三十一年(1905),设学部废国子监为止,长期都是与太学分立并存的中国古代最高学府。

二、分科教育

魏晋南北朝官学教育内容的主要特征是以儒学教育为中心,逐渐开展分科教育。在此影响下,阅读内容也出现以儒学为中心,并逐渐出现分专科阅读的趋势。

1. 以儒学教育为中心

继承汉代"独尊儒术"之思想,魏晋南北朝时期,官学教育呈现出以教授儒学为主要内容的特征。其主要原因是,在统治者的观念中,儒学已经成为其治国的主要思想来源,在教育方面儒学也凸显出其教化民众的优势和绝对地位。因而,继汉代之后,魏晋南北朝时期大多数统治者坚持官学教育以儒学为主,所以兴办太学、创立国子学、设立五经课试之法等。这在很大程度上促进了儒学教育的发展。

三国时期,官学概以教授儒学为主旨,曹魏立太学,设五经课试之法,以"五经"(儒家的五经,即《周易》《尚书》《诗经》《礼记》《春秋》)为课试内容,教学内容、学习内容以及阅读内容也必然以儒家五经为主。另外,官学以儒学"石经"为教材的记载,始于东汉熹平四年(175)。灵帝刘宏曾召集儒家学士,在洛阳太学刊刻五经石碑,用于

---

① 陈东原:《中国教育史》,上海:商务印书馆,1936年,120页。
② 萧子显:《南齐书》,卷九,北京:中华书局,1972年,145页。

颁定太学的标准教材,即有名的"熹平石经"。曹魏时期效法汉代,刊刻儒学《正始石经》,作为太学标准教材。曹魏正始二年(241)在洛阳太学,有人用篆、隶、古字三种文字刻写儒学石经,故称《三体石经》。经文主要包括《尚书》《春秋》等儒学内容,这些内容通过教材的形式大量传播,太学生阅读的材料也基本绕不开这些儒学内容。《三国志·魏书·文帝纪》记载:魏文帝曹丕"使诸儒撰集经传,随类相丛,凡千余篇"。这里记录了这样一件事。魏文帝曹丕时,刘劭、王象等儒家奉敕编纂了中国最早的类书《皇览》,宋代王应麟《玉海》有言:"类事之书,始于《皇览》。"参与编纂《皇览》的刘劭"敦崇教化"①,颇具儒风,于正始年间(240—249)"执经讲学"②,讲授儒学。魏明帝太和二年(228)诏曰:"尊儒贵学,王教之本也。自顷儒官或非其人,将何以宣明圣道?其高选博士,才任侍中常侍者。申敕郡国,贡士以经学为先。"③魏明帝认为儒学在官学教育体系中处于根本地位,可见对儒学教育极其重视。在重儒教育的官学体系影响下,儒学阅读成为主流,特别是在官学教育体系所辐射的范围内具有广泛性。

晋十六国时期,西晋设立国子学,形成太学与国子学并立的格局,教育内容仍以儒家经学为主,主要教授《周易》《尚书》《古文尚书》《毛诗》《周官》《礼记》《左传》《论语》《孝经》等内容。东晋建立之初,晋元帝司马睿称帝之前,骠骑将军王导和散骑常侍戴邈先后上表,力倡重视礼学和儒学教育的观点,即"帝王之至务,莫重于礼学"。王导上疏曰:"夫治化之本,在于正人伦。人伦之正,存乎设庠序。庠序设

---

① 陈寿撰,裴松之注:《三国志·魏书》,卷二十一《刘劭传》,北京:中华书局,1959年,618页。
② 陈寿撰,裴松之注:《三国志·魏书》,卷二十一《刘劭传》,北京:中华书局,1959年,620页。
③ 陈寿撰,裴松之注:《三国志·魏书》,卷三《明帝纪第三》,北京:中华书局,1959年,94页。

而五教明,则德化洽通,彝伦攸叙,有耻且格也……诚宜经纶稽古,建明学校;阐扬六艺,以训后生,使文武之道,坠而复兴……今若聿遵前典,兴复教道,使朝之子弟,并入于学,立德出身者咸习之而后通。德路开而伪涂塞,则其化不肃而成,不严而治矣。选明博修礼之士以为之师,隆教贵道,化成俗定,莫尚于斯也。"①戴邈后又上表曰:"臣闻天道之所运,莫大于阴阳;帝王之至务,莫重于礼学。是以古之建国,教学为先。"后来,晋孝武帝太元九年(384),尚书谢石又陈之曰:"立人之道,曰仁与义。翼善辅性,唯礼与学。虽理出自然,必须诱导。故洙、泗阐弘道之风,《诗》《书》垂轨教之典。敦《诗》悦《礼》,王化以斯而隆。"②由此可见东晋时期,统治阶层对礼学教育和儒学教育非常重视。与此同时,在以国子学为代表的官学教育新系统的影响下,儒学教育和对儒家典籍的阅读继续发展,但是国子学里的学生主要出自门阀世族,所以国子学继太学之后对这些士族子弟的阅读内容仍然产生着绝对的影响,国子学里主要的阅读内容必然是儒学和礼学类书籍。

《晋书·刘曜载记》记载:前赵昭文帝刘曜,"立太学于长乐宫东,小学于未央宫西,简百姓年二十五已下十三已上,神志可教者千五百人,选朝贤宿儒明经笃学以教之"③。前赵立太学和以宿儒为师,教授儒家经学,也显示出对儒学教育的重视。石勒于西晋建兴初年(约313),"立太学,简明经善书吏署为文学掾,选将佐子弟三百人教之"④。后又"增置宣文、宣教、崇儒、崇训十余小学于襄国四门,简将佐豪右子弟百余人以教之"⑤,既立太学兴官学,又重视儒学教育。前

---

① 沈约:《宋书》,卷十四,北京:中华书局,1974年,357—358页。
② 沈约:《宋书》,卷十四,北京:中华书局,1974年,358页。
③ 房玄龄:《晋书》,卷一三〇《刘曜载记》,北京:中华书局,1974年,2688页。
④ 房玄龄:《晋书》,卷一四〇《石勒载记》,北京:中华书局,1974年,2720页。
⑤ 房玄龄:《晋书》,卷一四〇《石勒载记》,北京:中华书局,1974年,2729页。

秦苻坚曾战至长安,"行礼于辟雍,祀先师孔子,其太子及公侯卿大夫之元子,皆束修释奠焉"①。"建元七年,高平苏通、长乐刘祥并以硕学耆儒,尤精二《礼》,坚以通为《礼记》祭酒,居于东庠;祥为《仪礼》祭酒,处于西亭。"②《晋书·苻坚载记》记录了苻坚在太学行礼释奠孔子,并任用精通儒家经典《礼记》的苏通和精通《仪礼》的刘祥为祭酒,在太学中重视儒学教育。

南朝官学也时有重儒学教育之记载。《宋书·苏宝传》记载:"苏宝……元嘉中立国子学,为《毛诗》助教。"③苏宝在太学中作《毛诗》助教,可见当时太学中开设了儒学内容《毛诗》的课程。"大同八年(542),武帝撰《孔子正言章句》,诏下国学,宣制旨义。宪(袁宪)时年十四,被召为国子《正言》生。"④梁武帝下诏将其所撰的《孔子正言章句》等儒学作品作为国子学的教学内容,并招收了国子《正言》生。昭明太子萧统,天监八年(509)九月,"于寿安殿讲《孝经》,尽通大义。讲毕,亲临释奠于国学"⑤。这些都体现南朝官学对儒学教育的重视。陈后主至德三年(585)十二月,"辛卯,皇太子出太学,讲《孝经》。戊戌,讲毕。辛丑,释奠于先师"⑥。南朝陈末年,官学依然讲授儒学内容《孝经》,继续保持着官学对儒学教育的重视。

北朝的教育相较于南朝,更重视官学的儒学教育,其中北魏最为突出。"魏道武初定中原,虽日不暇给,始建都邑,便以经术为先。立太学,置《五经》博士生员千有余人。"⑦可见魏道武帝(371—409)初定

---

① 房玄龄:《晋书》,卷一一三《苻坚》,北京:中华书局,1974年,2893页。
② 李昉等:《太平御览》,卷二百三十六《职官部三十四》,北京:中华书局,1966年,1116页。
③ 沈约:《宋书》,卷七十五《苏宝传》,北京:中华书局,1974年,1958页。
④ 姚思廉:《陈书》,卷二十四《袁宪传》,北京:中华书局,1972年,312页。
⑤ 姚思廉:《梁书》,卷八《萧统传》,北京:中华书局,1973年,165页。
⑥ 姚思廉:《陈书》,卷六,北京:中华书局,1972年,112页。
⑦ 李延寿:《北史》,卷八十一,北京:中华书局,1974年,2704页。

中原就兴办太学,并以儒学经术为重点。天兴二年(399),又"令《五经》群书各置博士,增国子太学生员三千人"①。北魏明元帝拓跋嗣统治时期,"改国子为中书学,立教授博士"②。太武始光三年(426),"起太学于城东。后征卢玄、高允等,而令州郡各举才学。于是人多砥尚,儒术转兴"。北魏太武帝时,太学及其儒学教育都继续兴盛。"太和中(477—499),改中书学为国子学,建明堂、辟雍,尊三老五更,又开皇子之学。及迁都洛邑,诏立国子、太学、四门小学。"③北魏孝文帝统治时期,继续兴办国子学,"建明堂、辟雍","诏立国子、太学、四门小学",发展儒学教育。"正光三年(522),乃释奠于国学,命祭酒崔光讲《孝经》,始置国子生三十六人。"天保元年(550),北齐文宣帝高洋即位不久,下诏"郡国修立黉序,广延髦俊,敦述儒风。其国子学生,亦依旧铨补。往者文襄皇帝所运蔡邕石经五十二枚,移置学馆,依次修立"④。在官学教育中,注重儒学,"敦述儒风",并将儒学"石经五十二枚,移置学馆",对儒学教育有很大的推进作用。周太祖宇文泰统治时期,"雅好经术",在官学(行台省)中任用"德行明敏者",讲授儒学"六经"等内容。"北周时期,儒学延续魏、齐的传统,经学宗郑玄,经师亦多为徐遵明门人或后学。北周诸帝较重儒术。周太祖宇文泰,雅好经术,尤好《周礼》。"⑤周太祖宇文泰发现李昶有才学,"厚加资给,令入太学"⑥。后来"于行台省置学,取丞郎及府佐德行明敏者充生。悉令旦理公务,晚就讲习,先'六经',后子史。又于诸生中简德行淳懿者侍读书"⑦。继汉代独尊儒术以来,官学教育长期形成以

---

① 魏收:《魏书》,卷二《太祖纪》,北京:中华书局,1974年,35页。
② 李延寿:《北史》,卷八十一,北京:中华书局,1974年,2704页。
③ 李延寿:《北史》,卷八十一,北京:中华书局,1974年,2704页。
④ 李延寿:《北史》,卷七,北京:中华书局,1974年,247页。
⑤ 舒大刚:《儒学文献通论》,福州:福建人民出版社,2012年,2039页。
⑥ 令狐德棻等:《周书》,卷三十八《李昶传》,北京:中华书局,1971年,686页。
⑦ 李延寿:《北史》,卷三十六《薛慎传》,北京:中华书局,1974年,1342页。

儒学为中心的格局。在魏晋南北朝时期，官学教育中多重视儒学教育内容，受此影响，儒家经术长期成为太学和国子学里的师生们阅读的主要内容。并且自曹魏开始，五经课试法以制度的形式，将学习儒学和阅读儒学固定下来。典型的例子是，儒学教材《三体石经》，以官方颁布的形式被固化并广为传播。我们可以想见，儒学内容会超越官学教育范围，不断进入民间，成为更多人的阅读内容。

2. 分科教育

魏晋南北朝时期，官学教育不仅继承汉制，而且有所发展，出现了新的变化和情况。也许是为了面对当时私学的影响和挑战，汉代在五经博士制基础上，分专科教育的模式有了新的突破。魏晋时期，官学中创立了五经分科分级教育模式；南北朝时期，又出现了四馆分科教育模式和专科内容。

（1）五经课试法的五经分科分级教育模式。

三国时期，魏文帝创立五经课试之法。"五经"之教是继汉代以来五经博士制度的延续和变革，"五经"指儒家的五部经典，即《周易》《尚书》《诗经》《礼记》《春秋》。据《礼记·经解》记载，孔子曾曰："温柔敦厚，《诗》教也；疏通知远，《书》教也；广博易良，《乐》教也；洁静精微，《易》教也；恭俭庄敬，《礼》教也；属辞比事，《春秋》教也。"五经课试之法将五经教育引向深入，对五经进行分级分科教育，并且纳入了考核与人才选拔制度，使得五经的官学教育内容制度化，成为一种固定的模式。

（2）创立法律专科教育学校。

武昭帝姚苌建立后秦后，下令"立太学"，兴儒学教育。其长子后秦文桓帝姚兴继位后，在长安创立律学。《晋书·姚兴载记》记录："兴立律学于长安，召郡县散吏以授之。其通明者还之郡县，论决刑狱。"① 马良怀认为,这段话"将学校的性质,学生来源,学习要求,毕业后的工作安排以及处理重大复杂案件的办法讲得清清楚楚。由此可以看出,这是一整套比较理想的培养法律专门人才的办法",并且马良怀认定这是"我国第一所官办法律专科学校"②。既然有法律专科学校和专科教育,那么必然有关于法律的专科学习和专科阅读。这种专科教育和专科阅读的模式在官学教育系统中出现,对教育发展是一次推动,有利于专门学科如法律的发展,也让法律阅读成为一种重要的阅读活动得以显现。

(3) 四馆分科教育模式。

南朝宋文帝时期,从元嘉十五年(438)开始,先后设置以学习儒经为主的儒学馆,以研习历史为主的史学馆,以研习老庄之学为主的玄学馆,以研习辞章文献为主的文学馆,合而称之为"四馆"。《宋书·隐逸》记载:"元嘉十五年(438),征次宗至京师,开馆于鸡笼山,聚徒教授,置生百余人。会稽朱膺之、颍川庾蔚之并以儒学,监总诸生。时国子学未立,上留心艺术,使丹阳尹何尚之立玄学,太子率更令何承天立史学,司徒参军谢元立文学,凡四学并建。车驾数幸次宗学馆,资给甚厚。"③设置四馆,打破了汉代以来独尊儒术和以儒学一科为官学教育内容的教育体系,是教育制度的一次改革,重要的是对学科内容进行了改革,实施分科细化教育的教学模式。在教育改革当中,教育内容是最突出的变化,直接影响着教学内容和学习内容,最终体现在阅读活动方面。阅读内容的分科化趋势逐渐明显,四馆分科模式直接导致儒学阅读、史学阅读、玄学阅读、文学阅读的分化趋势。

---

① 房玄龄:《晋书》,卷一一七《姚兴载记》,北京:中华书局,1974年,2353页。
② 马良怀:《我国第一所官办法律专科学校》,载《青海社会科学》,1987年第6期,120页。
③ 沈约:《宋书》,卷九十三,北京:中华书局,1974年,2293—2294页。

综上所述,从教育内容上而言,官学教育形成以儒学为中心,兼及专科的教育体系。儒学教育的中心地位,是对汉代以来独尊儒术观念进行继承和延展的结果。分专科教育,既是对专科内容的凸显和重视,也说明这些专科的教育内容逐渐成熟和形成体系,并且是官学教育的重要分支。从五经分科分级的"五分"模式,到四馆分科的"四分"模式,这种转变是教育内容分科演化的重要体现,也是教育模式不断改革和教育内容不断细化的体现。

教育内容方面形成的新体系和新模式,对阅读有着直接的影响,因为教育对阅读具有导向作用,人才选拔考试模式对学习阅读的对象起着决定性作用。教育内容分专科分级化,导致了阅读的专科化分级化。例如:创立五经课试法后,太学里的学生学习阅读内容,不仅分五经,而且出现了一定的学习阅读序列。一经、二经、三经、四经到五经,形成不断进阶的过程,只有先读完低一级的内容并通过考试,才能顺利进入高一级的经学内容学习和阅读过程。"四馆"模式对教学内容和阅读内容进行了更深入的细分,官学分儒学、玄学、文学、史学各专科教育。因而学生和大多数读书人也必然受到影响,逐渐出现专科阅读的现象和趋势。

第二节　私学

魏晋南北朝私学发展"生机勃勃"[①]。私学大师辈出,如三国时管宁、董遇、向朗等,两晋时期郭瑀、范平、范蔚、束晳等,南朝沈驎士、徐

[①] 宋大川、王建军:《中国教育制度通史》,卷二《魏晋南北朝隋唐》,济南:山东教育出版社,2000年,104页。

伯珍、顾欢等,北朝高允、徐遵明、张买奴等;教学内容广博多元,在儒学教育之外,有佛学、玄学、文学、史学、天文、算学等。魏晋南北朝私学发展的全面铺开和多元开放状态,对官学发展有很大的补充,使得整个社会的教育体系和结构更加完善,满足了更多人的受教育需求和阅读需求,对社会发展有积极影响。

一、儒学教育

魏晋南北朝时期,私学教育相对兴盛,教学内容中儒学仍占有重要地位。私学教师中冠以"博通经术""学通诸经""博通经史""博通五经""博学洽闻""博通经传"的儒士不胜枚举。他们精通儒学,在开设私学聚徒授学中,免不了以教授儒学"五经"为主。

《三国志·贾洪传》记载:"儒宗"贾洪,"好学有才,而特精于《春秋左传》……历守三县令,所在辄开除厩舍,亲授诸生"①。据《三国志·邴原传》注引《邴原别传》记载,被曹操称为"名高德大"的邴原,"讲述《礼》《乐》,吟咏《诗》《书》,门徒数百,服道数十"②。晋人杜夷,"世以儒学称……年四十余,始还乡里,闭门教授,生徒千人"③。据《晋书·刘兆传》记载,晋人刘兆"博学洽闻,温笃善诱",精研《春秋》《周礼》等儒学经典,能"合而通之","从受业者数千人"。前凉时,敦煌人宋纤,"明究经纬,弟子受业三千余人……注《论语》,及为诗颂数万言。年八十,笃学不倦"④。前凉时,酒泉人祈嘉,"博通经传,精究

---

① 陈寿撰,裴松之注:《三国志·魏书》,卷十三《贾洪传》,北京:中华书局,1959年,421页。
② 陈寿撰,裴松之注:《三国志·魏书》,卷十一《邴原传》,北京:中华书局,1959年,353页。
③ 房玄龄:《晋书》,卷九十一《杜夷传》,北京:中华书局,1974年,2353页。
④ 房玄龄:《晋书》,卷九十四《宋纤传》,北京:中华书局,1974年,2453页。

大义。西游海渚,教授门生百余人……在朝卿士、郡县守令彭和正等受业独拜床下者二千余人"①。南朝齐教育家沈驎士,"隐居余不吴差山,讲经教授,从学士数十百人……时为之语曰:'吴差山中有贤士,开门教授居成市'"②。南朝刘瓛"博通'五经'。聚徒教授,常有数十人",著名儒学家司马筠曾师从刘瓛,最终"博通经术"。《梁书·司马筠传》记载:司马筠"孤贫好学,师事沛国刘瓛,强力专精,深为瓛所器异。既长,博通经术,尤明《三礼》"③。晋秘书监张伟"学通诸经,讲授乡里,受业者常数百人。儒谨泛纳,勤于教训,虽有顽固不晓,问至数十,伟告喻殷勤,曾无愠色。常依附经典,教以孝悌,门人感其仁化,事之如父"④。可见张伟身体力行,率先垂范,儒者儒风,"门人感其仁化,事之如父",影响十分深远。北魏高允"博通经史天文术数,尤好《春秋公羊》"⑤,"还家教授,受业者千余人"⑥。"儒宗"张吾贵,"年十八,本郡举为太学博士。吾贵先未多学,乃从郦诠受《礼》,牛天祐受《易》。诠、祐粗为开发,而吾贵览读一遍,便即别构户牖。世人竞归之。曾在夏学,聚徒千数"⑦。张吾贵先从师学习儒学《礼》等,聪颖过人,独立门户开私学,授徒过千人。我们从中可以看出,儒学大师教授儒学,选用儒家"五经"等内容,在此过程中,私学大师和学生必然从事阅读儒学内容的活动,其中阅读"五经"是较为普遍的现象。

---

① 房玄龄:《晋书》,卷九十四《祈嘉传》,北京:中华书局,1974年,2356页。
② 李延寿:《南史》,卷七十六《沈驎士传》,北京:中华书局,1975年,1891页。
③ 姚思廉:《梁书》,卷四十八《司马筠传》,北京:中华书局,1973年,674页。
④ 魏收:《魏书》,卷八十四《张伟传》,北京:中华书局,1974年,1844页。
⑤ 魏收:《魏书》,卷四十八《高允传》,北京:中华书局,1974年,1067页。
⑥ 魏收:《魏书》,卷四十八《高允传》,北京:中华书局,1974年,1067页。
⑦ 魏收:《魏书》,卷八十四《张吾贵传》,北京:中华书局,1974年,1851页。

二、教学内容多元化

上述官学教育内容中,除了以儒学为中心之外,还实行了分科教育,但是这些分科仍然比较正统,限于儒学、玄学、文学、史学等。相较而言,魏晋南北朝私学的教育内容更加丰富多元,除了教授儒学"五经"之外,还有佛学、玄学、道学、文学、史学、天文、医学、算学等专门知识内容的教学。这一鲜明特征标志着魏晋南北朝私学教育打破了儒学一统和单一官学教育的旧体系,形成了魏晋南北朝私学教育内容多元化格局,对中国教育发展和改革有着重要的推动作用,也促成了私学教育发展的一个繁荣时期。

魏晋南北朝时期,大量佛教典籍传入,一些僧人组织开展翻译佛经活动。僧人可以一边向僧徒传授佛学,一边共同翻译佛经。其间也有人对外开展讲授佛经活动,如南朝陈徐孝克,"少为《周易》生,有口辩,能谈玄理。既长,遍通《五经》……后东游,居于钱塘之佳义里,与诸僧讨论释典,遂通《三论》。每日二时讲,旦讲佛经,晚讲《礼传》,道俗受业者数百人。……太建四年(572)……昼夜讲诵《法华经》"①。再如北朝僧人竺僧朗,"于金舆谷昆仑山中别立精舍……内外屋宇数十余区,闻风而造者百有余人。朗孜孜训诱,劳不告倦"②。

魏晋南北朝时期,玄学成为主要思潮,私学中不少人通《老》《庄》《易》三玄之学,授徒教学过程中,很难说没有教授玄学思想内容的。西晋时人杨轲,"少好《易》,长而不娶,学业精微,养徒数百……自归秦州,仍教授不绝"③。南朝人伏曼容"少笃学,善《老》《易》……聚徒

---

① 姚思廉:《陈书》,卷二十六《徐孝克传》,北京:中华书局,1972年,337页。
② 释慧皎撰,汤用彤校注:《高僧传》,卷五,北京:中华书局,1992年,190页。
③ 房玄龄:《晋书》,卷九十四《杨轲传》,北京:中华书局,1974年,2349—2450页。

教授以自业……生徒常数十百人"①。

魏晋南北朝时期，文学、史学发展取得丰硕成果，文学作品和史学作品都大量出现，一些私学家也开始讲授文学、史学内容，如南朝齐沈驎士，"重陆机《连珠》，每为诸生讲之"②。南朝齐史学家臧荣绪"纯笃好学，括东西晋为一书，纪、录、志、传百一十卷。隐居京口教授（生徒）"③。

天文、历算成为私学教育中的一项特殊内容，一般因为师承关系，私学大师好天文学或者有天文学成就，其生徒也有机会继承其学问，学习、传播天文学知识。《三国志·管辂别传》说："郭恩，字义博，有才学，善《周易》《春秋》，又能仰观。辂就义博读《易》，数十日中，意便开发……又从义博学仰观，三十日中通夜不卧……学未一年，义博反从辂问《易》及天文事要。"④管辂先向郭恩求学仰观天文，一年后其师反向管辂问学天文知识，其间师徒教学相长也是天文学教育中的佳话。晋时郭琦曾有天文学作品《天文志》，后来王游等人师从郭琦学习，其天文学知识也许是教学的内容之一。据《晋书·郭琦传》记载，郭琦"少方直，有雅量，博学，善五行，作《天文志》《五行传》，注《谷梁》《京氏易》百卷。乡人王游等皆就琦学"⑤。南朝陈吴明彻曾师从周弘正学习天文等知识。《陈书·吴明彻传》记载："明彻亦微涉书史经传，就汝南周弘正学天文。"⑥

再看私学中的医学教育及其对医学发展的影响。《魏书·崔彧传》记载：北魏名医崔彧，"少尝诣青州，逢隐逸沙门，教以《素问》九卷

---

① 姚思廉：《梁书》，卷四十八《伏曼容传》，北京：中华书局，1973年，662—663页。
② 李延寿：《南史》，卷七十六《沈驎士传》，北京：中华书局，1975年，1891页。
③ 萧子显：《南齐书》，卷五十四《臧荣绪传》，北京：中华书局，1972年，936页。
④ 陈寿撰，裴松之注：《三国志·魏书》，卷二十九《管辂别传》，北京：中华书局，1959年，812—813页。
⑤ 房玄龄：《晋书》，卷九十四《郭琦传》，北京：中华书局，1974年，2436页。
⑥ 姚思廉：《陈书》，卷九《吴明彻传》，北京：中华书局，1972年，160页。

及《甲乙》,遂善医术。中山王英子略曾病,王显等不能疗,彧针之,抽针即愈……性仁恕,见疾苦,好与治之。广教门生,令多救疗。其弟子清河赵约、勃海郝文法之徒咸亦有名"①。崔彧曾在私学受教《素问》《甲乙》,后来医术高超,又"广教门生",私学传授医术,成就一代名医。《魏书·李修传》记载:北魏名医李修之父李亮,年少时学医术,后来师从私学沙门僧坦,学成医术治病救人,"少学医术,未能精究。世祖时,奔刘义隆于彭城,又就沙门僧坦研习众方,略尽其术,针灸授药,莫不有效"②。同时代的王显之父王安道,"少与李亮同师,俱学医药,粗究其术,而不及亮也"③。李亮、王安道当时师从私学学医,可见当时医学学习和传授在私学教育中已经不罕见,私学教育对医学发展起了重要的作用。

谈到魏晋南北朝时期的算学,绕不开祖冲之及其圆周率;谈到当时私学中的算学教育,则绕不开殷绍。《魏书·殷绍传》记载:"殷绍,长乐人也。少聪敏,好阴阳术数,游学诸方,达《九章》《七曜》。世祖时为算生博士,给事东宫西曹,以艺术为恭宗所知。太安四年(458)夏,上《四序堪舆》,表曰:'臣以姚氏之世,行学伊川,时遇游遁大儒成公兴,从求《九章》要术……兴时将臣南到阳翟九崖岩沙门释昙影间。兴即北还,臣独留住,依止影所,求请《九章》。影复将臣向长广东山见道人法穆。法穆时共影为臣开述《九章》数家杂要,披释章次意况大旨'。"④殷绍先后师从大儒成公兴、僧人释昙影、道人法穆学习《九章算术》。北魏世祖太武帝拓跋焘时期,殷绍成为算学博士,也是"中

---

① 魏收:《魏书》,卷九十一《崔彧传》,北京:中华书局,1974年,1970页。
② 魏收:《魏书》,卷九十一《李修传》,北京:中华书局,1974年,1966页。
③ 魏收:《魏书》,卷九十一《王显传》,北京:中华书局,1974年,1968页。
④ 魏收:《魏书》,卷九十一《殷绍传》,北京:中华书局,1974年,1955页。

国历史上第一个算学博士"①。

综观上述私学教育及其教育内容,可以发现受私学教育的影响,魏晋南北朝读书人的阅读内容出现多元化特征,除了阅读儒家"五经",还包括专门阅读佛学、玄学、道学、文学、史学、天文、医学、算学等内容。这标志着魏晋南北朝阅读内容多元化格局的形成,进而也可以印证魏晋南北朝文化多元化发展的可能性和必然性。

第三节　家学

魏晋以降"学在家族"②。这句话是说,魏晋南北朝时期,相较于官学的衰微之势,私学和家学成为社会教育系统里的重要支柱,发挥着重要的作用,并且家学的地位尤其重要。钱穆认为,魏晋南北朝的家学教育有两大目的:"一则希望其能具孝友之内行,一则希望其能有经籍文史学业之修养。此两种希望,合而并成为当时共同之家教。其前一项之表现,则成为家风。其后一项之表现,则成为家学。"③如果把家学教育分为传家之学和家传之学两种,钱穆所说的家风教育亦可称为传家之学,家学教育亦可称为家传之学。

魏晋南北朝家学教育内容中,儒家经学是根底。此外,门阀世族又扩及玄学、文学、史学、医学、琴棋书画、佛学义理等教育内容。从

---

① 李海、吕仕儒:《北魏殷绍——中国历史上第一个算学博士》,见中国魏晋南北朝史学会《北朝研究》,第七辑,北京:科学出版社,2010年,200—203页。
② 袁行霈、严文明、张传玺等:《中华文明史》,第二卷,北京:北京大学出版社,2006年,155页。
③ 钱穆:《略论魏晋南北朝学术文化与当时门第之关系》,见《中国学术思想史论丛(三)》,台北:联经出版事业股份有限公司,1998年,293页。

本质上来看,魏晋南北朝家学教育有别于官学和私学的最鲜明的特征是,凸显宗法血缘的观念。魏晋南北朝时期,家传之学多为儒学内容;传家之学主要包括蒙学、家训、门第教育等内容,是宗法血缘思想观念在教育中的实践。家学教育在家族及家庭的维系和稳定发展中,发挥着不可替代的作用。一般而言,家学教育中的传家之学,从蒙学到家训,再到门第教育,可谓一脉相承,都是为了以血缘关系为基础的家族或家庭更兴旺,并且延续更长久。

一、儒学《三礼》之教

家学教育中,家传之学突出儒家思想和内容,也包括一些士族传授家学如文学、书法、医学等。在这里,我们将主要从家传儒学教育来观察魏晋南北朝时期家传之学的儒学特色。

贺玚,"晋司空循之玄孙也。世以儒术显……祖道力善《三礼》,有盛名,仕宋为尚书三公郎,建康令。父损亦传家业"[1]。南朝梁会稽山阴人(今浙江绍兴)贺玚,为晋司空贺循的玄孙,贺道力的孙子,贺玚之父亡故"亦传家业",梁天监四年(505)成为"五经"博士。贺玚"所著《礼》《易》《老》《庄》讲疏,朝廷博士议数百篇,《宾礼仪注》一百四十五卷。玚于《礼》尤精,馆中生徒常数百,弟子明经对策至数十人。二子革、季,弟子琛,并传玚业"。贺玚之学后来又传承给其子贺革与贺季,可谓家学传承相继五代以上,皆以儒术为主。南朝司马筠"博通经术,尤明《三礼》……入拜尚书祠部郎"[2],"后为尚书左丞,卒于始兴内史。子寿(司马寿)传父业,明《三礼》,位尚书祠部郎"[3]。司

---

[1] 李延寿:《南史》,卷六十二《贺玚传》,北京:中华书局,1975年,1507页。
[2] 李延寿:《南史》,卷七十一《司马筠传》,北京:中华书局,1975年,1736页。
[3] 李延寿:《南史》,卷七十一《司马筠传》,北京:中华书局,1975年,1738页。

马筠"尤明《三礼》",其子司马寿继承父业,也"明《三礼》",家传之学得到延续。沈文阿"父峻,以儒学闻于梁世……(沈文阿)少习父业,研精章句。祖舅太史叔明、舅王慧兴并通经术,而文阿颇传之。又博采先儒异同,自为义疏。治《三礼》《三传》。察孝廉,为梁临川王国侍郎,累迁兼国子助教、《五经》博士"①。"文阿所撰《仪礼》八十余卷,《经典大义》十八卷,并行于世,诸儒多传其学。"②沈文阿年少时子承父业,研精章句,后传承"祖舅太史叔明、舅王慧兴"的经学,因精通儒学,成为"五经"博士,并且留下著述《仪礼》(八十余卷)、《经典大义》(十八卷)等。他能取得如此成就,很大程度上是受家传经学的影响。顾越"家传儒学,并专门教授"③,因精通儒学,南朝梁时先任"五经"博士,后两任国子博士。

看慈母之教的史载:"昙深(垣昙深)妻郑氏,字献英……文凝(垣昙深之子)年甫四岁,亲教经礼,训以义方,州里称美。"④与南朝齐王俭同时代的垣昙深,因故早逝,其妻郑氏养育一子垣文凝,当其子四岁时,郑氏亲自教授其子学习经学和礼仪,被众人称赞。幼子受慈母之教,传习经学礼仪,母恩德仪传承家学,堪称人间佳话。再看一个受慈母之教的成功案例。南朝陈时孝子谢贞,其"母王氏,授贞(谢贞)《论语》《孝经》,读讫便诵。八岁,尝为《春日闲居》五言诗……年十三,略通《五经》大旨"⑤。谢贞在其母王氏的教授下,学习《论语》《孝经》,十三岁就能略通《五经》大旨,后来在南朝陈后主时被重用。北魏房景先"幼孤贫,无资从师,其母自授《毛诗》《曲礼》"⑥。房景先

---

① 姚思廉:《陈书》,卷三十三《沈文阿传》,北京:中华书局,1972年,434页。
② 姚思廉:《陈书》,卷三十三《沈文阿传》,北京:中华书局,1972年,426页。
③ 李延寿:《南史》,卷七十一《顾越传》,北京:中华书局,1975年,1752页。
④ 李延寿:《南史》,卷二十五,北京:中华书局,1975年,689—690页。
⑤ 姚思廉:《陈书》,卷三十二《谢贞传》,北京:中华书局,1972年,426页。
⑥ 李延寿:《北史》,卷三十九《房景先传》,北京:中华书局,1974年,1423页。

幼时，其母教授他《毛诗》《曲礼》等，为他打下了儒学基础，后任太学博士、尚书郎等职。从上述三段历史记载来看，家传之学并非只是传承父业，也有在慈母的教授下成长为儒士的成功案例，既体现了家传之学的意义，又彰显了家学教育中伟大母亲的功劳与恩德。

家传之学中的儒学内容，似乎与官学和私学有着不谋而合的趋同性。今人从中可以臆断那时儒学不仅是王官之学，而且深入民间和人心。受此影响，无论是在官学受教的达官权贵子弟，还是在私学、家学受教的社会各阶层民众，都离不开阅读儒家经书。因此我们可以说儒学教育影响了时人对"五经"等儒学内容的阅读，阅读儒学人数的增多反过来也促进了教育的儒学中心化。

二、蒙学教材流行

家学教育中有一个特殊的教育阶段，即在子女幼小时期对其进行的启蒙教育，一般古代家庭以家为单位自主进行，称之为蒙学教育。蒙学教育有专门的蒙学教材和内容。魏晋南北朝时期出现了大量蒙学教材和相关内容的著述，堪称家学教育中的一个特色。《千字文》是流传最广泛、最久远的代表作品之一。

古代启蒙教育以识字为主，魏晋南北朝蒙学教材内容也以识字为主，兼及品德教育等内容。我国最早的蒙学教材是周宣王时用来教学童识字的字书《史籀篇》，汉代留下著名的《急就篇》，想必魏晋南北朝时期也有广泛流传。因为后来的《隋书·经籍志》中记载有汉黄门令史游所撰《急就章》一卷为证，并且魏晋南北朝时期有钟繇、皇象、卫夫人、王羲之[①]等书法家的写本流传。此外，还有崔浩、刘芳、颜

[①] 王国维：《校松江本〈急就篇〉序》，见《观堂集林（外二种上）》，石家庄：河北教育出版社，2001年，156页。

之推等人为之作注,说明阅读《急就章》的活动在当时社会上广泛流行。

蒙学类书的编写,在魏晋南北朝时期出现了一个高潮。据《隋书·经籍志》记录,魏晋南北朝时期所编撰的蒙学类教材有数十种,如张揖《埤苍》,樊恭《广苍》,崔浩《急就篇》,陆机《吴章》,王义《小学篇》,蔡邕《劝学》《圣皇篇》《黄初篇》《女史篇》,束皙《发蒙记》,顾恺之《启蒙记》《启疑记》,周兴嗣《千字文》,萧子云《千字文》,张揖《古今字诂》,李彤《字指》,吕忱《字林》,谢康乐《要字苑》,阮孝绪《文字集略》,李登《声类》,沈约《四声》,颜之推《训俗文字略》等,但是这些蒙学书多已亡佚,当今可见的主要有《急就篇》和《千字文》等。南朝梁周兴嗣所编《千字文》流传最为广泛,他从王羲之书法作品中精选一千个字,以四言韵语的形式编纂成文,内容以识字教育为主。《千字文》成为蒙学课本的一种典范。

蒙学教育带动了蒙学教材的流行,也带动了蒙学教材的大量编撰和出版,这都离不开魏晋南北朝时期人们对蒙学阅读需求的增加。《急就章》《千字文》等蒙学教材的广泛流传,可以证明当时社会阅读《急就章》《千字文》等蒙学书的人数之多。由此可以见得当时社会大人们对子女阅读蒙学书的重视,因为蒙学书基本都是大人们为子女们编写的。从这些现象来看,可以说阅读蒙学类书籍是当时社会的一种潮流。

三、家训文化兴盛

家训与蒙学有所区别。首先,家训教育不只针对幼年儿童,也有面向成年人的。其次,家训的内容不限于识字,内容十分广泛,以传家之学为主旨,形成一大特色。

在我国古代历史上，魏晋南北朝时期，出现了一个家训文化发展的高潮，无论是家训数量的迅速增加，还是家训内容及教育思想的丰富成熟，都超迈往世，并引领后世。从文献记载来看，柏艳根据严可均的《全上古三代秦汉三国六朝文》（中华书局1958年版）统计发现，魏晋南北朝时期，家训作者达140位，家训作品共计212篇。[①] 由此可见这一时期家训文化发展之兴盛，主要家训如魏武帝曹操的《戒子植》，曹丕的《诫子》，王肃的《家诫》，嵇康的《家诫》，诸葛亮的《诫子书》和《诫外甥书》，羊祜的《诫子书》，李秉的《家诫》，夏侯湛的《昆弟诰》，陶渊明的《与子俨等书》，颜延之的《庭诰》，王僧虔的《诫子书》，张融的《门律自序》，徐勉的《为书诫子崧》，王筠的《与诸儿书论家世集》，崔光韶的《诫子孙》，杨椿的《诫子孙》，魏收的《枕中篇》，颜之推的《颜氏家训》，王褒的《幼训》等。其中《颜氏家训》流传最为广泛，陈振孙称之为"古今家训，以此为祖"[②]。

魏晋南北朝时期家训内容有什么特点呢？但凡家训，主旨是勉励子孙做人做事的道理，光耀门楣，永葆家族和家庭的长久延续，也就是将传家之学教授给子孙。当然，家训中也包含更广泛的思想内涵和丰富的知识内容。以《颜氏家训》为例，其中包含的教育内容主要有以《教子》《治家》为代表的治家思想教育，以《兄弟》《后娶》为代表的家庭伦理教育，以《风操》《慕贤》为代表的品德礼仪教育，以《勉学》《文章》为代表的读书作文教育，以《养生》《归心》为代表的健康养生教育，以《书证》《音辞》为代表的文字音韵教育，以《杂艺》为代表的书画、音乐等技艺教育，可以说内容广博，体系宏大，在家训方面是集大成之作，是传家之学最有影响力的作品之一。

魏晋南北朝时期，家学教育的发展中家训是一个重要的方面。

---

① 见2010年湖南师范大学柏艳硕士论文《魏晋南北朝家训研究》第35页。
② 陈振孙：《直斋书录解题》，上海：上海古籍出版社，1987年，305页。

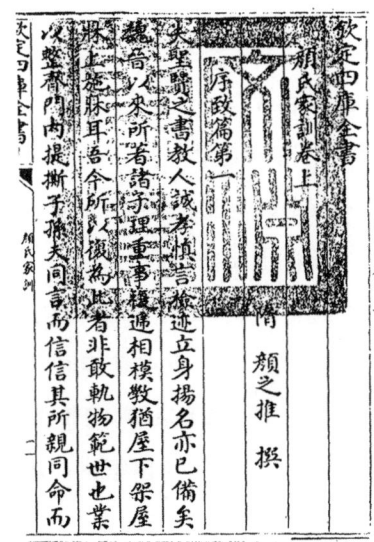

《颜氏家训》

家训数量之多，内容之丰富，既是当时社会人们对阅读家训内容的强烈需要的体现，也是家族门第观念不断深化的体现。在阅读家训中，传家之学得以传承，宗法血缘观念得以形成，从某种意义上说，对家族和谐、家庭和睦与社会稳定有一定的积极影响。家训文化也是中华传统文化的重要组成部分。直到今天，社会上仍广泛流行千百年来传承下来的家训。阅读家训仍是家庭阅读的重要内容，也是家庭文化形成和发展不可或缺的因素。魏晋南北朝时期，家训图书是时代出版物的一种特色现象。在注重家训学习的家学教育中，阅读家训也成为一种特色现象。

四、家风门第教育

魏晋南北朝时期门阀士族的势力和影响不断扩大，门第也逐渐形成并成为门阀士族的命根。因此，门阀士族为了维护并维持其社会地位和影响力、彰显家族门第,非常重视门第教育,因为门第家风离不开教育。就门第家风教育,陈寅恪曾有言:"夫士族之特点既在其门风之优美,不同于凡庶,而优美之门风实基于学业之因袭。故士族家世相传之学业乃与当时之政治社会有极重要之影响。"①今人从中不仅可以看出门第教育对于家风门第传承的重要意义,而且可知门第教育主要是面向门阀世族及其子弟的。

魏晋南北朝门第教育的内容十分丰富,除了儒学、玄学、文学、艺术等教育之外②,重点是传家之学中的家世门风教育。家世门风是家族门第长期形成的共同的价值观体系和风格气质,对这种风格气质的培养十分重要,所以家世门风教育成为门第教育的重要内容。

琅琊王氏王羲之后人、南朝宋画家王微,在给其从弟王僧绰的书信中曰:"且持盈畏满,自是家门旧风,何为一旦落漠至此,当局苦迷,将不然邪!"③他表达了对家世门风的自豪感和自尊心,并训诫和勉励"上不足败俗伤化,下不至毁辱家门"④,即要求时刻维护家世门风,始终保持对门第家风的重视。由此可见士族在书信中也不忘提醒门第家风,并以此教育和训诫家族子弟。

门第家风教育中,孝悌是一项重要的内容,在门第形成、存在和延续过程中,以及在维系宗法血缘关系中,都有着不可或缺的作用。《晋书·孝友》记载:"晋氏始自中朝,逮于江左,虽百六之灾遝及,而君子之道未消,孝悌名流,犹为继踵。王伟元之行己,许季义之立节,夏方、盛彦体至性以驰芬,庾衮、颜含笃友于而宣范,自余群士,咸标

---

① 陈寅恪撰,唐振常导读:《唐代政治史述论稿》,上海:上海古籍出版社,1997年,71页。
② 朱大渭等:《魏晋南北朝社会生活史》,北京:中国社会科学出版社,1998年,462—463页。
③ 沈约:《宋书》,卷六十二《王微传》,北京:中华书局,1974年,1666页。
④ 沈约:《宋书》,卷六十二《王微传》,北京:中华书局,1974年,1667页。

懿德。采其遗绚,足厉浇风,故著《孝友篇》以续前史云耳。"①孝悌成为家风时尚,因而相关事迹被收集整理编纂成《孝友篇》,以广流传。可举一例,许孜年少时,"孝友恭让,敏而好学。年二十,师事豫章太守会稽孔冲,受《诗》《书》《礼》《易》及《孝经》《论语》"②。被时任太守张虞评价为"至性孝友,立节清峻,与物恭让,言行不贰"的许孜,不仅自己学习《孝经》理论,而且身体力行,将其孝行传于子孙。"孜没积年,其子尚在,性行纯悫,今亦家于墓侧……其子生亦有孝行。图孜像于堂,朝夕拜焉。"③

门第家风教育中,家谱学也是重要内容。随着门阀士族和门第形成,家谱学在士族及其门第教育中逐渐发展起来。唐代史学家柳芳有言:魏晋而后,"官有世胄,谱有世官,贾氏、王氏谱学出焉"④。《南齐书·贾渊传》记载:"先是谱学未有名家,渊祖弼之广集百氏谱记,专心治业。"⑤贾氏谱学自东晋贾弼开始,经南朝宋、齐、梁,子孙数代,家传谱学。"晋太元中,散骑常侍河东贾弼撰《姓氏簿状》,十八州百十六郡,合七百一十二篇,甄析士庶无所遗。"⑥"湛为选曹,撰《百家谱》以助铨序,文伤寡省,王俭又广之,王僧孺演益为十八篇,东南诸族自为一篇,不入百家数。弼传子匪之,匪之传子希镜,希镜撰《姓氏要状》十五篇,尤所谙究。希镜传子执,执更作《姓氏英贤》一百篇,又著《百家谱》,广两王所记。执传其孙冠,冠撰《梁国亲皇太子序亲簿》四篇。王氏之学,本于贾氏。"贾弼将谱学传给其子贾匪之,贾匪之再传给其子贾希镜,贾希镜作《姓氏要状》并传给其子贾执,贾执作《姓

---

① 房玄龄:《晋书》,卷八十八,北京:中华书局,1974年,2274页。
② 房玄龄:《晋书》,卷八十八《许孜传》,北京:中华书局,1974年,2279页。
③ 房玄龄:《晋书》,卷八十八《许孜传》,北京:中华书局,1974年,2280页。
④ 欧阳修:《新唐书》,卷一九九《柳冲传》,北京:中华书局,1975年,5677页。
⑤ 萧子显:《南齐书》,卷五十二《贾渊传》,北京:中华书局,1972年,907页。
⑥ 欧阳修:《新唐书》,卷一九九《柳冲传》,北京:中华书局,1975年,5679页。

氏英贤》一百篇和《百家谱》。贾氏、王氏家传谱学,对当时谱学发展和士族的门第观念的形成与发展起到了推动作用。王氏中自王弘(琅琊临沂人)开始撰谱学,后来南朝齐王俭进行扩充;王僧孺在整理《百家谱》基础上,"集《十八州谱》七百一十卷,《百家谱集》十五卷,《东南谱集抄》十卷"①。

魏晋南北朝时期门阀士族十分重视门第教育,并且门第教育内容十分丰富,当时门阀士族子弟在家学教育中,阅读了大量儒学、玄学、文学、艺术和家世门风相关的书籍。其中以《孝经》为代表的孝悌内容,是士族子弟的重点阅读内容。此外,为了传承家风,士族在编撰家谱的同时,会要求士族子弟阅读家谱。据《陈书·孔奂传》记载,会稽孔奂在熟读家谱的基础上,才能做到"鉴识人物,详练百氏,凡所甄拔,衣冠缙绅,莫不悦伏"②。阅读家谱也是当时很多子弟成长过程中和后来为官的重要内容。总之,在门第教育的影响下,阅读内容更加突出了家世门风等内容。

第四节 教育推动阅读

一、教育格局的影响

阅读是教育的重要实践活动,是教育的重要实现方式。在中国人心目中,上学就是读书,教育活动以读书为主。中国人重视教育,同时意味着中国人重视阅读。在教育过程中,阅读目标和教育目标

---

① 姚思廉:《梁书》,卷三十三《王僧孺传》,北京:中华书局,1973年,474页。
② 姚思廉:《陈书》,卷二十一《孔奂传》,北京:中华书局,1972年,286页。

一致,阅读内容和教学内容一致,阅读方式受教学方式影响,教育对象不同,其阅读内容也会有一定差异。总之,教育对教育过程中的阅读产生着直接的影响。

魏晋南北朝时期,形成官学、私学和家学共同存在、共同发展的格局。官学处于衰微状态,时兴时废,但仍然以儒学为中心;私学兴旺发达,促进了教育内容多元化,弥补了官学教育的不足;家学因门阀士族势力扩张成为显学,极大地丰富了传统社会的家族文化和家庭文化。在这样的格局中,官学教育以太学和国子学为主要教育阵地,以士族子弟为主要教育对象,以儒学为主要教育内容,导致阅读群体中士族子弟占绝大多数,阅读内容也主要是儒家经书,阅读状况凸显了官学的单一化和呆板化。私学教育对象不限于士族子弟,也有寒士庶族,扩大了受教育者的范围,教育内容多元化满足了更多读者的阅读兴趣和需求,促进了多学科的发展。家学教育对象主要是士族子弟,教育内容也很丰富,既有传家之学,也有家传之学的教育,传家之学突出了家世门风等内容的教育。无论是官学、私学,还是家学,都绕不开对儒学内容的教育,所以儒学内容的阅读是整个社会阅读格局中的重要内容,整个社会中阅读儒学内容具有普遍性。此外,魏晋南北朝时期,阅读也出现分科分级的细化、专科化、多元化等特征。总而言之,魏晋南北朝教育格局直接影响着当时社会阅读格局的形成。

二、教育内容的影响

教育内容是构成教育的基本要素,教育内容直接决定着教育过程中的阅读内容,即教什么、阅读什么,这一观念在教育中具有普遍性。

1. 私学教育与阅读

教育要坚持以人为本,以教师和学生为本,教学内容才能更切合师生本身的需要,以政治教化为内容的教育终究会被社会所逆反。教育内容在适应以人为本的过程中,师生的阅读内容也会发生根本改变。以魏晋南北朝时期为例,汉代独尊儒术以来的官学教育儒学单一化,已经不能适应社会各种变化,因而私学兴盛,并出现教学内容的多元化格局。我们可以看出,魏晋南北朝时期私学教育内容的多元化,更大范围和更可能地满足了当时求学之士的学习、阅读需求,也因而成就了不同学科的名家和大师。天文学的私学教育,很好地体现了私学教育的自主性和灵活性,也体现了私学教育对激发学生的阅读兴趣和其创造性的影响。如管辂先向老师学天文,后来老师又向他请教天文,可见私学对学生个性和兴趣是极大的支持和释放,不会压抑学生的学习兴趣和阅读兴趣。如果没有私学的这些优势,管辂也许不会成为有创造性的天文学家。再以算学为例,殷绍作为中国历史上第一位算学博士,也受益于私学教育。正因为私学教育内容广泛而多元,适应了更多求学者的学习兴趣和追求,他们才可以在学习专业知识的过程中,自由自主地阅读可见的专业文献。这为他们能够成为取得卓越成就的专门学问家铺就了良好的道路。阅读的本质是需要自主性和兴趣的,私学教育的这种优势更好地满足了求学者的这种需求。可以想见,当时的学生在求学中,阅读兴趣也十分广泛,不限于儒学,而是进入更加深入的专业知识阅读和学习领域。私学教育满足了学习的自主性和兴趣需求,实际上也创造了学生阅读的自主性、个性化,学生可以根据兴趣进行阅读,能极大地帮助他们在专业领域取得丰硕的成果。

2. 家学教育

传家之学的内容以蒙学、家训等内容为主,受家学教育的子弟,更多的是学习和阅读蒙学、家训、家谱族谱、门第规训等内容。阅读这些内容的社会意义是深刻的,因为传家之学传授的主旨是,在宗法血缘思想的指导下,传习如何让家庭和家族能够长久延续的方法。这样的传家之学,在中国古代社会,特别是魏晋南北朝时期的兴旺发达,既说明中华文化里家的思想观念逐步深入人心,也说明家学在这个时期受到社会广泛关注。当然,传家之学因为被广泛传播和传习,对家庭稳定和家族长久传续起到了不可替代的作用。传家之学的重要社会意义,在中国历史的任何时期都十分重要,魏晋南北朝时期以其特殊的方式为当代和后世留下大量蒙学、家训类作品,并且很多堪称经典,长久流传。诸如蒙学类的《千字文》和家训类的《颜氏家训》等,都标志着魏晋南北朝时期传家之学的兴盛和成熟。鉴于此,我们来看看传家之学的阅读。社会对传家之学有这么广泛的需求,社会上也产生并流行这么多传家之学的著述,因此,当时对传家之学的阅读需求是可想而知的。从当代和后代大量著述提及或者评论这一时期的传家之学作品来看,当时人们对传家之学的阅读兴趣很高,而且传家之学作品的影响因阅读而显得十分深刻,这可以从门阀士族的出现到魏晋南北朝时期如何延续和势力迅速膨胀看出。传家之学在当中起到了不可估量的作用,如果没有这么多传家之学的作品,家族士族如何管理和发展壮大。如果没有传家之学在士族发展中的影响力,何以看见"王与马共天下"的历史罕见场面？如果没有对传家之学的阅读,士族子弟中如何集中涌现出大量权贵、大量文学大家、学问大师、科技大师、医学名医、天文大师、算术博士等？

3. 教育自觉和阅读自觉

魏晋南北朝出现了短暂的教育自觉时期,例如官学教育中,受私学教育多元化和官学教育内容不断丰富的影响,教育出现五经课试法的教育内容分级分科化,四馆教育模式更是为了适应专科教育的需求而出现。这是官学教育在自觉地调整和适应社会发展需要,是推动教育改革的进步力量。私学教育中教学内容多元化,主要是为了弥补官学教育单一模式的缺陷,和满足更多人不同的求学需要。私学教育在社会上自觉发展兴盛起来,是社会教育的重要组成,有力地促进了社会教育体系的完善和教育改革与发展。家学是在宗法血缘观念基础上形成的,具有中国特色的教育内容,是中国传统文化的重要组成部分,伴随着门阀士族力量不断膨胀的需要而自觉兴起并迅速发展,留下大量家学教育成果。魏晋南北朝时期,教育的自觉从根本上促进了人的自觉和社会思想文化的快速发展。这一时期出现了许多思想、文化、艺术、科技方面的名师大家,因而产生了大量学术、文学、艺术、科技等方面的辉煌成果,成为中国历史上一个特殊的星光璀璨的历史时期。在教育自觉中,阅读自觉也是一个突出而明显的特征。

第五章　魏晋南北朝的读者发现

魏晋南北朝是中国学术的会通期，玄学以人的本体为研究对象，从学术的角度发现了人的自觉。人的自觉与玄学之间有着内在的一致性，个体独立，主体觉醒，学术活跃，玄学成为主流学术思潮。[①] 学术会通得益于这一时期读书人志在成为通人的追求，因为"通人"是成就魏晋南北朝学术会通的主要知识群体。通人的博览和通达，将学术推向了会通之路，读者的自我发现与通人追求共同成就了学术会通期的形成。从鲁迅的魏晋文学自觉论开始，后人逐渐认识到魏晋南北朝人的自觉特征。魏晋南北朝文学，从文学自觉逐渐迈向超越，上承秦汉，下启隋唐，文学贡献卓著。在人的自觉与文学自觉中，蕴含着文学阅读的自觉。读者在文学阅读方面的独立性和自觉性逐渐形成，阅读什么和需要阅读什么是清醒自觉的，阅读文学作品后的理解与评论是自觉独立的。总而言之，读者不仅发现了自己，而且发现了学术会通之道和文学自觉之道，实现了学术会通与文学自觉的华丽飞跃。

[①] 张立文:《中国学术通史·魏晋南北朝卷·总序》，见向世陵《中国学术通史·魏晋南北朝卷》，北京：人民出版社，2004年，9页。

第一节　学术发展与阅读

马克思曾说:"我们越往前追溯历史、个人,从而也就是进行生产的个人,就越表现为不独立,从属于一个较大的整体。"①就魏晋南北朝而言,个体较前朝人凸显出反叛和逆向思维的意识与自觉性。相对于秦、汉时期,政权高度集权统治和思想受控制,汉末以降到魏晋时代,许多人开始对儒学产生厌倦之情,并在老庄那里寻找到新的解脱之道,于是纷纷倾情玄学。在名教与自然的论争中,很多人在"任自然"的思想内涵中,找到一些释放和自由,也发现个人主体意识,并使得自我开始觉醒。据《世说新语·品藻》记载,桓温问殷浩:"卿何如我?"殷回答:"我与我周旋久,宁作我!"②殷浩的回答"宁作我"是自我觉醒的宣言,标志着对独立人格和个人价值的发现与自我认同。从整个中国社会历史发展来看,这是继春秋战国"百家争鸣"以来第二个思想解放的时代。

秦、汉、唐的一统和务实的主导思想,成就了社会政治的稳定和统治的权威,但是人的本性和个体意识不太受重视,人们更多的是向外的追寻,所以更务实的、更物质的追求成为时代的主脉络。反观春秋战国、魏晋南北朝、清末民初这三个相对异样的时期,集权统治和平衡被击破,在非稳定状态下,人的个体意识和本能得到释放。在控

---

① 马克思、恩格斯:《马克思恩格斯全集》,卷四十六,上册,中共中央马克思恩格斯列宁斯大林著作编译局译,北京:人民出版社,1979年,21页。
② 刘义庆:《世说新语·品藻》,见余嘉锡《世说新语笺疏》,北京:中华书局,1983年,521页。

制与失控的较量下，个体更加自觉。人向外追求和探索的环境越来越不具备，很多人选择向内探索，所以这些时期思考本体论问题是一个突出的内容和特点。思考形而上的问题、思考时代的问题和凝聚时代精神是最主要的思想路径，所以各学术领域取得了很大进步。相对而言，有人称之为以务虚为主导思想的时代。

从鲁迅的魏晋文学自觉论开始，后来陆续有学者论述魏晋南北朝的自觉论。从汤用彤开始，一些学者认为魏晋南北朝时期的主流思潮是魏晋玄学。玄学是思考哲学的抽象的本体论问题，如有无之争、名教与自然之争等议题都直接关切人的内在、关切人本身，人的本体成为研究对象。这标志着人的自我觉醒。由魏晋玄学的内在本体论研究方向演绎出去，推及学术研究如史学的发展和目录学的发展均有超越和创新；推及文学艺术创作诗缘情的诗歌文学和灵性高逸的书法艺术都是人精神世界的表达和灵魂的满足；推及医学发展是对人的生命的尊重和延续；推及算术是对自然科学规律的认识和把握，以及更好地为人类生存服务；推及天文观测和认识是天人合一思想的延续；推及佛教的融入是对人的终极关怀和宗教关怀；推及农学是人对自我生存的现实选择和民以食为天本性的体现和自我觉识。这些学术门类及其演进体现的核心思想是魏晋南北朝人的自我觉醒，不断向内寻求和探索，即使在艰难的环境中也能创造出超越前人的辉煌成就。

魏晋南北朝时期，学术思想和学术文化颇为纷繁，出现了各种学术思想多元并存的格局：玄学、儒学、佛教、道教、文学和历史（含史志）等学术门类并存和发展。在学术多元基础上的学术会通，是魏晋南北朝学术发展的重要特征。除了上述学术思想的兴盛以外，艺术也取得了很大发展，音乐、绘画、书法等方面都涌现出大量杰出人物和优秀作品。

魏晋南北朝学术发展的多元会通特征，一方面，体现着文本解释和学术创新的成果,促进了文本的深阅读和阅读的广博性;另一方面,学术阅读的发展对学术创新和学术发展起着不可或缺的积极作用。

一、学术多元与会通

1. 学术多元

魏晋南北朝时期,虽然社会分裂、动荡不安,但是学术文化在艰难环境中仍然取得进步和发展。"学术尚有传统,人物尚有规仪,在文化大体系上亦多创辟。"① 整体而言,学术领域呈现出一种令人目不暇接的多样性和丰富性。② 据史料记载,玄学、儒学、佛教、道教、文学、艺术、历史和自然科学等学术门类,都取得了一些新成果和新进展,出现了学术多元发展的格局。

魏晋南北朝时期,玄学成为主流学术思潮。"汉魏之际,中国学术起甚大变化。"③ 汤用彤认为:"这个时代我国思想的主潮是'玄学'。"④ 自汤用彤开始,"学界统称魏晋思想为魏晋玄学"⑤。从中国思想史的角度来看,在魏晋南北朝时期学术的发展中,玄学是其最显著的思想特征。玄学从出现到发展以及对后来的影响,都有着深刻的社会思想史意义。"玄学是一种思想文化思潮,它在思想形式上是'清谈'(有时也称'清论''清议'等),在思想内容上是'玄理',即究'玄'。怎么究'玄'呢?就是以《易》《老》《庄》这'三玄'为思想资料,

---

① 钱穆:《略论魏晋南北朝学术文化与当时门第之关系》,见《中国学术思想史论丛》,卷三,合肥:安徽教育出版社,2004年,247页。
② 向世陵:《中国学术通史·魏晋南北朝卷》,北京:人民出版社,2004年,39页。
③ 汤用彤:《魏晋玄学论稿》,上海:上海古籍出版社,2005年,1页。
④ 汤用彤:《魏晋玄学论稿》,上海:上海古籍出版社,2005年,102页。
⑤ 汤一介、孙尚扬:《魏晋玄学论稿·导读》,见汤用彤《魏晋玄学论稿》,上海:上海古籍出版社,2005年,4页。

以'有无''本末'等问题为思想任务,以'寄言出意''忘言得意'等思想方式,来探讨'玄远''玄虚'的'虚胜之道'。"①魏晋玄学的主要代表人物有何晏、王弼、阮籍、嵇康、向秀、郭象等。"魏晋玄学与汉代经学有着迥然不同的理论形式和学术风格,它是魏晋时代的思想潮流和精华,是魏晋人士的精神风貌的表现,已渗透到当时社会生活的方方面面。而且,作为一种时代思潮,它上承两汉经学,下启隋唐佛学及宋明理学,对整个中国思想学说的发展影响深远。"②

(1)玄学的产生。

根据汤用彤的分析,玄学的生成有两个主要因素:"(一)研究《周易》《太玄》等而发展出的一种'天道观';(二)是当代偏于人事政治方面的思想,如现存刘劭《人物志》一类那时所谓'形名'派的理论,并融合三国时流行的各家之学。"③玄学产生后的继续发展,伴随着深刻的思想冲突与融合,伴随着自觉反抗与超越,发生了经学与佛教的辩论、经学与道家的辩论。诸如对名教与自然、有无、本末等主要议题进行辩论,在辩论中发生激烈的思想矛盾和争辩,同时智者们在辩论中找到了大同思想。玄学在辩论中更占上风,消解了之前的矛盾和冲突,因为辩论后一种共担各方意见的思路"将无同"取得了存异求同的效果,其实这也更接近玄学的玄妙高远之意。玄学既是贯穿魏晋南北朝的主要思想潮流,也是魏晋时代最显著的思想特征。

(2)魏晋玄学的特征。

第一,魏晋玄学在思想表达方式上体现出解放与自由的特征。刘大杰称,魏晋时代,无论在学术的研究上、文艺的创作上,人生的伦

---

① 刘学智等:《中国思想学说史·魏晋南北朝卷》,桂林:广西师范大学出版社,2008年,205页。
② 刘学智等:《中国思想学说史·魏晋南北朝卷》,桂林:广西师范大学出版社,2008年,205页。
③ 汤用彤:《魏晋玄学论稿》,上海:上海古籍出版社,2005年,106页。

理道德上,有一个共同的特征,那便是解放与自由。① 第二,魏晋玄学在思想内核和自我认同方面体现出宅心高远、独标远致的特征。1907年,刘师培曾对魏晋玄学做出这样的评价:"两晋六朝之学不滞于拘墟,宅心高远,崇尚自然,独标远致,学贵自得,此其证矣。故一时学士大夫其自视既高,超然有出尘之想,不为浮荣所束,不为尘网所攫,由放旷而为高尚,由厌世而为乐天。朝士既倡其风,民间浸成俗尚,虽曰无益于治国,然学风之善犹有数端,何则? 以高隐为贵则躁进之风衰,以相忘为高则猜忌之心泯,以清言相尚则尘俗之念不生,以游览歌咏相矜则贪残之风自革。故托身虽鄙,立志则高。被以一言,则魏晋六朝之学不域于卑近者也,魏晋六朝之臣不染于污时者也。"②他的论述是对魏晋玄学特征较为全面的总结。第三,魏晋玄学在读书人的生活里,体现出好《老》《庄》《周易》的特征。"吕蒙入吴,吴主劝其学业。蒙乃博览群籍,以《易》为宗。尝在孙策座上酣醉,忽卧,于梦中诵《周易》一部,俄而惊起。众人皆问之。蒙曰:'向梦见伏羲、周公、文王,与我论世祚兴亡之事,日月贞明之道,莫不穷精极妙,未该玄旨,故空诵其文耳。'众座皆云:'吕蒙呓语通《周易》。'"③从中可以看出魏晋时代人们好《周易》。此外,《老》《庄》更是魏晋时代人们的最爱,"魏晋人的读《老》《庄》,正如汉人的读五经"④。第四,魏晋时代人们好玄学。"羊烈,字信卿,太山钜平人也。晋太仆卿琇之八世孙,魏梁州刺史祉之弟子。父灵珍,魏兖州别驾。烈少通敏,自修立,有成人之风。好读书,能言名理,以玄学知名。"⑤

---

① 刘大杰撰,林东海导读:《魏晋思想论》,上海:上海古籍出版社,1998年,19页。
② 刘师培:《论古今学风变迁与政俗之关系》,见李妙根《刘师培论学论政》,上海:复旦大学出版社,1990年,138—139页。
③ 王嘉撰,肖绮录,齐治平校注:《拾遗记》,卷八,北京:中华书局,1981年,188页。
④ 刘大杰撰,林东海导读:《魏晋思想论》,上海:上海古籍出版社,1998年,20页。
⑤ 李百药:《北齐书》,卷四十三《羊烈传》,北京:中华书局,1972年,575页。

(3)儒学的进展。

从学术发展的角度来看,魏晋南北朝儒学发展的主要成就在于,儒士们对儒家经典广泛注疏,产生了一大批注经成果,影响十分深远。在《十三经注疏》中,收录魏晋南北朝学者的注疏就多达六部,其中包括王弼注《易》,何晏集解《论语》,杜预集解《左传》,范宁集解《谷梁》,郭璞注《尔雅》,孔安国传(王素伪托)《尚书》。再往后,唐代孔颖达等编《五经正义》时,疏部分的内容也大多数采自南北朝学人之作。

(4)佛教的发展。

"汉魏、两晋时期,佛教以般若学为中心,实现着与黄老、玄学的互动,建立起般若义理之学;南北朝时期,佛教以佛性论为中心,实现着与儒学的互动,建立起南义与北禅、顿悟与渐修的不同学派,孕育了以后佛教宗派的雏形。"① 魏晋南北朝的佛教传播,开拓了中国人的精神视野,丰富了思想和信仰上的多元化内涵。佛教在魏晋南北朝发达的主要原因如下。其一,魏晋南北朝时期,社会分裂,动荡不堪,人心惶惶,佛教恰恰能给人们带来灵魂上的安慰。其二,引入并大量翻译佛典,促进了佛教文化的传播。其三,法显、支道林等积极传播佛教文化。方立天认为,从佛教的发展势态来看,魏晋南北朝期间总的来说属于吸收印度佛教、消化佛教义理的时期,而和隋唐时代创立佛教宗派有别。② 佛教文化传入,是中国学术发展史上的重大事件之一。佛教经过魏晋南北朝时期的大力传播和发展,不仅自己立足于中国学术舞台,而且丰富了中国学术的内涵。

总体而言,魏晋南北朝时期学术发展的背景因素和原因,宏观上主要包括以下几个方面。其一,魏晋南北朝时期,国家长期分裂,政

---

① 刘学智:《中国思想学说史·魏晋南北朝卷》,桂林:广西师范大学出版社,2008年,439页。
② 方立天:《方立天文集》,卷一《魏晋南北朝佛教》,北京:中国人民大学出版社,2006年,346页。

权更替频繁,社会动荡不安。由于政治控制相对薄弱,人们思想较前活跃,于是学术思想也出现了多元并存、多途发展的新格局。① 其二,统治者的思想倾向对学术发展的影响,如梁武帝弘佛,曹氏尚法尚文学等。其三,士族以尊儒和玄谈为荣耀,因而他们更加积极推动儒学和玄学等的发展。其四,社会政治分裂、政权动荡,对人心世态有着深刻的影响,使得人们自觉开始寻求精神寄托和灵魂的安慰,其间以老庄为思想根基的玄学、外来佛教和本土道教,都成为满足人心所需的重要思想来源和支撑力量。

从魏晋和民国初相似的社会文化环境来看,时局的动荡常带来思想的失控与自由多元。② 基于这样的认识和判断,我们发现,魏晋南北朝时期的学术在中国学术史上,有着明显的学术多元会通特征和理论创新特色。学术门类多元,学校教学内容不独尊儒术也教其他,学者学术兴趣宽泛,学者著述不拘泥于一科。不同学术观点的充分展开,为我们呈现出魏晋南北朝学术发展的多样性和丰富性。"尽管与先秦诸子百家争鸣相比,它的规模不像那样宏大,但它展现的学术空间范围和思想深度却是前所未有的。"③当然,对于魏晋南北朝时期,"学术思想的丰富多样,并不意味着没有发展的主线,正如汉代学术的主线是儒术占统治地位一样,魏晋南北朝学术发展的主线是玄学的兴衰"④。

魏晋南北朝学术发展的影响是深远的。魏晋南北朝在学术多元会通、成果多样的基础上,取得了开创性的学术进步,诸如文学成就是中国文学史绕不开的重要阶段;目录学成果奠定了沿用至今的四

---

① 刘学智:《中国思想学说史·魏晋南北朝卷》,桂林:广西师范大学出版社,2008年,2页。
② 胡海:《王弼玄学的人文智慧》,北京:人民出版社,2007年,5页。
③ 向世陵:《中国学术通史·魏晋南北朝卷》,北京:人民出版社,2004年,738页。
④ 向世陵:《中国学术通史·魏晋南北朝卷》,北京:人民出版社,2004年,738页。

部分类体系基础;史学方面成果显著,是对前朝经学子学发展成果的一种反向超越;佛教文化传播为唐代佛教发展奠定了基础;从长远来看,"宋明理学可以在魏晋玄学那里找到内在的关联和理路"①。

2. 学术会通

"魏晋南北朝是中国学术的会通期,个体价值独立,主体意识觉醒,学术思想活跃,哲学创新涌现,佛道两教兴盛,被边缘化了的名士'清谈',转变为主流的玄学思潮。"②学术会通不是一开始就发生的,也不是一蹴而就的,学术会通是在学术碰撞的基础上逐渐形成的。"魏晋南北朝时期,在学术思想史上经历了一段儒家与道家相互激荡的过程。"③此外,学术思想史还经历了儒家和佛家、佛教和道家等多对矛盾之间相互激荡的过程。

魏晋南北朝学术会通,何谓"通"?"通"有通达、通博、通简、通变四义。此四义是相互关联的,达则入于博,博而返约(简),简约而入于通变。④ 何谓"通人"? 王充《论衡》中曰:"通书千篇以上,万卷以下,弘畅雅闲,审定文读,而以教授为人师者,通人也。"⑤在魏晋南北朝时期,"通人"是指一个具有特定内涵的人物群体,专指那种能够突破儒学独尊、超越师法家法、不达政事、以学术为务的尚通重博之士。⑥ "通人"是成就魏晋南北朝学术会通的主要知识群体。

"通人"成就了学术会通,从儒道会通的一些代表人物来看,他们

---

① 朱汉民:《玄学与理学的学术思想理路研究》,北京:中国社会科学出版社,2012年,275页。
② 张立文:《中国学术通史·魏晋南北朝卷·总序》,见向世陵《中国学术通史·魏晋南北朝卷》,北京:人民出版社,2004年,9页。
③ 卞敏:《魏晋玄学》,南京:南京大学出版社,2009年,74页。
④ 汪文学:《汉晋文化思潮变迁研究:以尚通意趣为中心》,贵阳:贵州人民出版社,2003年,31—33页。
⑤ 黄晖:《论衡校释·附刘盼遂集解》,北京:中华书局,1990年,606页。
⑥ 汪文学:《汉晋文化思潮变迁研究:以尚通意趣为中心》,贵阳:贵州人民出版社,2003年,127页。

身上表现出通人特质及其对学术会通的影响。据《晋书·阮瞻传》记载,阮瞻见司徒王戎,戎问曰:"圣人贵名教,老庄明自然,其旨同异?"瞻曰:"将无同?"戎咨嗟良久,即命辟之。时人谓之"三语掾"。阮瞻以"将无同"这种模棱两可的回答,不做相同或相异的独断论判定,为后人进一步探索留下广阔的思维空间。魏晋南北朝时期,既"尊儒家之教",又"履道家之言"(《三国志·王昶传》),成为一种社会风气。当时玄学家们所推崇的经典有《周易》《老子》《庄子》和《论语》,诸如何晏著有《道德二论》和《论语集解》,王弼著有《周易略例》《周易注》《老子指略》《老子注》和《论语释疑》,郭象著有《庄子注》和《论语体略》等。其中《周易》和《论语》为儒家经典,而《老子》《庄子》则为道家著作之大宗。玄学家们在儒、道思想的对立统一上构筑自己的理论体系。例如:何晏、王弼"以儒合道",向秀、郭象"以道合儒"。① 玄学的主题是自然与名教的关系,道家明自然,儒家贵名教,因而如何处理儒道之间的矛盾使之达于会通也就成为玄学清谈的热门话题。② 王弼的《老子注》是以儒解道,《周易注》是以道解儒。③ 这充分展示了王弼对儒道会通思想的把握与对学术会通的践行,在中国学术史上具有重要的意义。

儒释道通过"玄学",体现出学术多元在冲突中融会连通。"将无同"的思想终结与"殊途同归"思想一脉相承,找到了文化发展的原始轨迹和回归路径。无论是汉代通过政治统治思想教化的干预而"独尊儒术",还是魏晋以降的学术思想多元化发展,最终都回归到中华文化发展的主脉,即"殊途同归"的会通。站在中华文化发展的高度,

---

① 卞敏:《魏晋玄学》,南京:南京大学出版社,2009年,80—81页。
② 余敦康:《魏晋玄学与儒道会通》,见汤一介、胡仲平《魏晋玄学研究》,武汉:湖北教育出版社,2008年,389页。
③ 余敦康:《魏晋玄学与儒道会通》,见汤一介、胡仲平《魏晋玄学研究》,武汉:湖北教育出版社,2008年,396页。

看魏晋南北朝时期学术发展的轨迹,其特征是在多元中寻求会通。会通的成果在隋唐时代文化的大繁荣中得到体现,如唐代经济发展的繁荣、政治体制的开明、思想意识的解放、文学艺术的兴盛等方面,都受到魏晋时期学术思想的影响。

二、通人与学术

魏晋南北朝时期,学术呈现多元会通之特征,无论是玄学、儒学、佛教、道教,还是文学、艺术、科学,都取得了重大进展。学术的多元发展与辉煌成果,离不开学者的努力,也离不开学者在学术创作过程中的阅读活动。因为一部学术史在本质上是一部阅读史,学术发展离不开学者的创新与推动,学者的创新离不开阅读活动。阅读是学术史的内在逻辑,学术史是阅读功能的外在体现。为此,我们通过呈现学术史,让长期埋没在学术研究过程中的阅读活动显现出来,让我们认识到学术研究的必要条件是阅读。学者掌握阅读活动的特征和规律,有助于学者进行学术创新活动。正如宋儒朱熹所说:"为学之道,莫先于穷理;穷理之要,必在于读书。"[1]

学术发展为阅读提供新的阅读内容,阅读会促进学术传播、传承和发展;学术著作因阅读而得到传播,学术著作因阅读而影响学术和文化发展,阅读是学者进行学术研究和创新的必备条件。学术成果是阅读的内容对象,阅读的过程就是获取知识和吸取前人学术成果的过程,阅读的过程就是学术演进道路上的"收割机"。阅读也是学术演进道路上的"抽水泵",只待有学术创见的学者将智慧的甘泉引出地面奉献给人类。一旦人们通过阅读这架"抽水泵",将地下泉水开采出来,为人类再创造提供滋养,那么人类文明的进步将一脉相

---

[1] 程端礼撰,姜汉椿校注:《程氏家塾读书分年日程》,合肥:黄山书社,1992年,11页。

承,源源不断。因此,我们要庆幸人类拥有了阅读这种智能,为人类学术演进、知识传承、文明进步承担了抽水泵式的责任。阅读的过程是学术思想形成的过程,阅读是学术演进道路上的"孵化器"。阅读的过程,特别是学术阅读的过程,旨在求知、穷理和维新。"收割机"完成了求知的基础阶段,"抽水泵"完成了穷理的过程,"孵化器"的功用在于完成学术成果转化生成的过程。广博阅读好比阅读的"收割机",文本解释好比阅读的"抽水泵",学术怀疑和创新好比阅读的"孵化器"。"收割机"是地面作业,是知识表层的阅读活动;"抽水泵"是地下作业,是知识深层挖掘的阅读活动;"孵化器"是一套系统,是转化生成的阅读活动。阅读贯穿于学术活动的每个重要环节,并对学术发展产生着深刻而不可替代的影响。

1. 学术会通与阅读

魏晋南北朝学人追求通达,志在成为通人。魏晋南北朝时期,学术会通成为时代特征。学术会通对阅读提出博涉的要求,广博阅读反过来促进学术发展与会通。广博阅读为学术发展和会通提供了知识储备和思想准备。

葛兆光曾经以魏晋玄学为例,讨论了魏晋学者的知识储备与学术思想发展之间的关系,认为学者们广博的阅读与丰富的知识储备,是魏晋玄学成为时代思潮的前提。他说:有时,知识的储备是思想接受的前提,知识的变动是思想变动的先兆。如在讨论魏晋玄学的时候,人们可以看到,那种表面非常玄虚的哲理讨论的背后,也有相当复杂和深厚的关于知识的历史背景。研究者普遍不曾注意的是,恰恰是东汉博学通儒的知识主义倾向,使得当时知识阶层的知识取径大大拓展,而这种知识取径拓展的直接后果,正好就是瓦解了儒学经典作为知识的唯一性。"性与天道"这种儒家不曾精研的命题顿时成了各种思想入侵的缝隙,各种杂驳的知识就成了人们阅读的热门。正是在这样的情势中,老庄思想才会顺理成章地成为思想的资源,佛教关于佛性的经典才会被如此多的人研读。① 魏晋南北朝学人在知识储备的过程中，逐渐养成一种追求通达之气，努力通过博学多闻以达到通人的地步，彰显自己的才华和通人身份。葛兆光对汉晋之际学人的这种知识追求也有专门论述，他认为"在一个思想没有变为资源与动力的时代，人们很容易把自己的思路引向拓宽见闻，在知识的陌生处寻找过去未曾涉足的领域，在更深广处获取知识开掘的惊喜和乐趣，特别是在经典成为人们必须阅读的唯一文本时，借助经典注释而表现才华与见闻的方式就更加盛行，在诠释中，刺激了历史知识、文字知识、草木鸟兽鱼虫知识的增长，也凸显了知识的意义"②。吉川忠夫在《六朝精神史研究》中认为，六朝人的理想是以对经学以外的一切事物都通晓的人亦即"通人"为目标的。"通人"是担负着这种时代精神的人之典型。③

魏晋南北朝时期，虽然儒不独尊，但是并非不尊儒，而且注疏儒家经典成为魏晋南北朝时期儒学发展的重要形式。因为魏晋南北朝人重博通，所以在注经时，也展示出学人们在学术诠释方面的不拘一格。何晏引老庄注《论语》，王弼的《周易注》是以道解儒④，儒道互解，学术视野开阔，开创了新的学术道路。这种学术视野和学术道路基于通人的目标和广博阅读，才可以成为现实，因为学术会通和文本诠释，是以广博阅读与深入思考为前提的。

魏晋南北朝时期，很多学人继承了汉末博学多通之风。诸如三国蜀汉李撰，博学多知，"五经、诸子，无不该览，加博好技艺，算术、卜

---

① 葛兆光：《中国思想史·第一卷》，上海：复旦大学出版社，1998年，29页。
② 葛兆光：《中国思想史·第一卷》，上海：复旦大学出版社，1998年，427页。
③ 吉川忠夫：《六朝精神史研究》，王启发译，南京：江苏人民出版社，2010年，6页。
④ 余敦康：《魏晋玄学与儒道会通》，见汤一介、胡仲平《魏晋玄学研究》，武汉：湖北教育出版社，2008年，396页。

数、医药、弓弩、机械之巧,皆致思焉"①。晋杜夷,世以儒学称,"博览经籍百家之书"②。晋陈邵,"博通六籍"③。晋刘兆,"博学洽闻"④。劭(何劭)博学,善属文。⑤ 北魏崔鸿,"博综经史"⑥。葛洪的祖父葛系"学无不涉,究测精微"⑦;葛洪的父亲葛悌也是"方册所载,罔不穷览"⑧;葛洪有过之无不及,他自称"年十六,始读《孝经》《论语》《诗》《易》……贪广览,于众书乃无不暗诵精持。曾所披涉,自正经、诸史、百家之言,下至短杂文章,近万卷"⑨。葛洪的广博阅读,为他在《抱朴子外篇》中博引儒、墨、道、法等思想提供了条件。

2. 文本解释与阅读

关于为何要对文献和文本进行解释,王余光在《中国历史文献学》中进行了详细阐述,他认为由于受历史文献原文自身的特点和历史的时间性等因素影响,造成了阅读和理解历史文献原文的困难。这些因素包括内容和表达形式两个方面。在内容方面,如郑樵所说:"古人之言所以难明者,非为书之理意难明也,实为书之事物难明也。"(《通志·艺文略》)历史文献是对某一特定环境、特定阶段的历史过程的记录,随着时间的推移,历史文献所记载的那一特定历史过程的内容对我们来说就变得遥远而陌生了。在历史文献原文表达形式方面,包括无标点所造成的阅读障碍、语义的变化、语音的变化、文字的变化、语法的变化等影响因素。基于此,王余光认为,历史文献

---

① 陈寿撰,裴松之注:《三国志·蜀书》,卷四十二《李撰传》,北京:中华书局,1959年,1026页。
② 房玄龄:《晋书》,卷九十一《杜夷传》,北京:中华书局,1974年,2353页。
③ 房玄龄:《晋书》,卷九十一《陈邵传》,北京:中华书局,1974年,2348页。
④ 房玄龄:《晋书》,卷九十一《刘兆传》,北京:中华书局,1974年,2349—2350页。
⑤ 房玄龄:《晋书》,卷三十三《何劭传》,北京:中华书局,1974年,999页。
⑥ 魏收:《魏书》,卷六十七《崔鸿传》,北京:中华书局,1974年,1501页。
⑦ 杨明照:《抱朴子外篇校笺》,下册,卷五十,北京:中华书局,1991年,648页。
⑧ 杨明照:《抱朴子外篇校笺》,下册,卷五十,北京:中华书局,1991年,649页。
⑨ 杨明照:《抱朴子外篇校笺》,下册,卷五十,北京:中华书局,1991年,655页。

的解释成为一项十分必要的工作,并提出历史文献的解释可以分为三个方面内容,包括断句标点、注释、翻译。① 魏晋南北朝时期,在文本的解释方面,主要采用了注释的方式,其成果突出表现在经注和史注领域。

(1)经注方面。

玄学家们首先是通过诠释儒、道两家经典建立自己的理论体系的,因此许多玄学家同时又是大经学家。当时,《周易》《论语》等哲理性较强的儒家经典,深受玄学家青睐,不仅是清谈的话题,而且他们纷纷为两书作注,形成了与汉学相对的玄学经学,成为魏晋南北朝经学领域最有活力的流派。② 诸如何晏注解《论语》,援道入儒;王弼《周易注》,以道解儒;郭象《庄子注》,以道合儒;王肃《周易注》和《孔子家语注》也体现出援道释儒、儒道兼治的儒经解释理路。

(2)史注方面。

三国吴时韦昭的《国语》注,是我国现存最早的《国语》注。③ 西晋杜预,自称有"《左传》癖"④,他留有《春秋左氏经传集解》存世,是现存最早对《春秋左氏传》的注释。北魏郦道元,"好学,历览奇书。撰注《水经》四十卷"⑤。《水经注》是以作注的形式写成的,实际上它已是一部创造性的著述。⑥ 南朝梁刘孝标为《世说新语》作注,该注在钩稽佚文、校勘旧籍方面具有很高的价值。⑦ 南朝宋裴松之注《三国志》,广采博引,详史实而略训诂,开创了一代史注的新例。⑧

---

① 王余光:《中国历史文献学》,武汉:武汉大学出版社,1988年,257—259页。
② 卞敏:《魏晋玄学》,南京:南京大学出版社,2009年,79页。
③ 王余光:《中国历史文献学》,武汉:武汉大学出版社,1988年,276页。
④ 房玄龄:《晋书》,卷三十四《杜预传》,北京:中华书局,1974年,1032页。
⑤ 魏收:《魏书》,卷八十九《郦道元传》,北京:中华书局,1974年,1926页。
⑥ 王余光:《中国历史文献学》,武汉:武汉大学出版社,1988年,278页。
⑦ 王余光:《中国历史文献学》,武汉:武汉大学出版社,1988年,279页。
⑧ 王余光:《中国历史文献学》,武汉:武汉大学出版社,1988年,279页。

上述经注、史注之成果，通过对文本加以注释，目的是帮助人们阅读和理解原文内容，客观上也促进了文献的流传和文化的传播。可以说，文献的注释和文本的解释，在魏晋南北朝时期，对文献阅读和文化发展产生了深刻的影响。此外，我们发现文本解释即阅读。文本解释既可以说是阅读后的学术活动，也可以说是与阅读活动同时发生的学术活动，还可以说阅读是文本解释后的活动。总之，文本解释与阅读活动形影不离。

3. 阅读与学术创新

我们可以将阅读与学术创新的内在逻辑理解为，从人的自觉到学术意识的自觉，再从阅读的怀疑精神到学术创新和超越的过程。

鲁迅最早提出，魏晋是"文学的自觉时代"[1]一说，此后对于魏晋人的自觉之论就逐渐铺展开来。钱穆在《国学概论》中曰："魏晋南朝三百年学术思想，亦可以一言蔽之，曰'个人自我之觉醒'是已。"[2]这是学者第一次从学术思想的角度，提出魏晋南北朝人的自觉论。李泽厚认为魏晋是人的自我觉醒的时期。"人（我）的自觉成为魏晋思想的独特精神，而对人格做本体建构，正是魏晋玄学的主要成就。"[3]人的自觉是魏晋玄学的思想内核，魏晋玄学反作用也促进了人的自觉。人的自觉表现在学术阅读过程中，就是学术研究人员的怀疑精神。中国自古就有不少先贤提倡，读书学习和做学问要有怀疑精神。孟子言"尽信书不如无书"，对我们敲响警钟，不能盲目迷信书本，读书要有怀疑的精神。程颐告诫"学者先要会疑"。张载也有同样的警言："在可疑而不疑者，不曾学；学则须疑。"可见，读书做学问不能没有怀疑的精神。魏晋南北朝时期，学术多元，为读书人提供了大量真

---

[1] 鲁迅:《魏晋风度及文章与药及酒之关系》，见鲁迅撰、吴中杰导读《魏晋风度及其他》，上海:上海古籍出版社，2000年，188页。
[2] 钱穆:《国学概论》，北京:商务印书馆，1997年，147页。
[3] 李泽厚:《中国思想史论》，合肥:安徽文艺出版社，1999年，197页。

伪难辨的内容,所以怀疑精神显得尤为必要。

学术怀疑批判精神是魏晋学术超越和创新的重要条件,卞敏在《魏晋玄学》中,对此进行了论述。魏晋人思想解放,思维活跃,新颖而深刻的哲学思辨,使思想界犹如回到百家争鸣的春秋战国时代。玄学名士们任性不羁,不拘礼教,标新立异,独树一帜,实质上是外坦荡而内淳至。魏晋人不以流俗习惯为标准,品藻世事源于内在的批判意识。内在的批判意识作为魏晋人的自省方式,通过这种自我反省方式,其外在行为也有了新的向度、新的标准、新的意义。而内在的批判精神和独立人格的生成,是魏晋玄学的创新精神生成的重要条件。玄学冲决一切教条的叛逆性格、深邃而纯粹的哲学思辨、醉意朦胧而又清晰生动的飘逸风度,其魅力令我们心驰神往。从根本上说,魏晋玄学是哲学史上一次打破儒学独尊地位的思想创新。①

曹髦,三国时期曹魏第四任皇帝,魏文帝曹丕之孙,少好学好问,有怀疑精神。陈寿评之曰:"高贵公(曹髦)才慧夙成,好问尚辞。"据史料记载,甘露元年(256)四月,曹髦到太学与诸博士问学论辩,曹髦问诸儒曰:"圣人幽赞神明,仰观俯察,始作八卦,后圣重之为六十四,立爻以极数,凡斯大义,罔有不备,而夏有连山,殷有归藏,周曰周易,易之书,其故何也?"易博士淳于俊对曰:"包羲因燧皇之图而制八卦,神农演之为六十四,黄帝、尧、舜通其变,三代随时,质文各繇其事。故易者,变易也,名曰连山,似山出内气,连天地也;归藏者,万事莫不归藏于其中也。"帝又曰:"若使包羲因燧皇而作易,孔子何以不云燧人氏没包羲氏作乎?"面对这一质疑和反问,俊不能回答。曹髦又问曰:"孔子作彖、象,郑玄作注,虽圣贤不同,其所释经义一也。今彖、象不与经文相连,而注连之,何也?"俊对曰:"郑玄合彖、象于经者,欲使学者寻省易了也。"帝曰:"若郑玄合之,于学诚便,则孔子曷为不合

---

① 卞敏:《魏晋玄学》,南京:南京大学出版社,2009年,266页。

以了学者乎?"俊对曰:"孔子恐其与文王相乱,是以不合,此圣人以不合为谦。"帝曰:"若圣人以不合为谦,则郑玄何独不谦邪?"俊对曰:"古义弘深,圣问奥远,非臣所能详尽。"面对曹髦接二连三的提问,太学博士也无言以对。随后,曹髦又命博士讲《尚书》,并问曰:"郑玄曰'稽古同天,言尧同于天也'。王肃云'尧顺考古道而行之'。二义不同,何者为是?"博士庾峻对曰:"先儒所执,各有乖异,臣不足以定之。然《洪范》称'三人占,从二人之言'。贾、马及肃皆以为'顺考古道'。以《洪范》言之,肃义为长。"帝曰:"仲尼言'唯天为大,唯尧则之'。尧之大美,在乎则天,顺考古道,非其至也。今发篇开义以明圣德,而舍其大,更称其细,岂作者之意邪?"峻对曰:"臣奉遵师说,未喻大义,至于折中,裁之圣思。"后帝又问曰:"夫大人者,与天地合其德,与日月合其明,思无不周,明无不照,今王肃云'尧意不能明鲧,是以试用'。如此,圣人之明有所未尽邪?"峻对曰:"虽圣人之弘,犹有所未尽,故禹曰'知人则哲,惟帝难之',然卒能改授圣贤,缉熙庶绩,亦所以成圣也。"帝曰:"夫有始有卒,其唯圣人。若不能始,何以为圣?其言'惟帝难之',然卒能改授,盖谓知人,圣人所难,非不尽之言也。经云:'知人则哲,能官人。'若尧疑鲧,试之九年,官人失叙,何得谓之圣哲?"①上述对话中,曹髦思考和怀疑的内容包括《周易》《尚书》等,说明曹髦不仅熟读了这些著作,而且在读的过程中不断思考和怀疑一些观点,所以在与诸位太学博士论辩的时候,才能所问直指要害,让太学博士也难以对答。这些提问与回答,将曹髦博学好问的精神和对前人观点持怀疑批判的态度表现得淋漓尽致。一种对学问严谨性的要求和对事实准确性的追求,使他充满了怀疑精神,可以说他集中

---

① 陈寿撰,裴松之注:《三国志·魏书》,卷四《曹髦纪》,北京:中华书局,1959年,135—137页。

体现了魏晋时代的"人性自觉风貌和大胆怀疑精神"①。这种怀疑的精神也许是对汉代独尊儒术以来学术一统和缺乏自由状态的逆反；这种怀疑的精神自魏晋开始，特别是玄学思潮和清谈中，更加体现出追求学术自由的态度。这种怀疑精神和态度为后来学者们的创新奠定了思想解放的基础。

嵇康在《与山巨源绝交书》中公开声称"不涉经学"而酷爱老庄，"每非汤、武而薄周、孔"，是一个从思想倾向和为人行事都怀疑传统，鄙薄圣人偶像的叛逆人物，是最典型的"越名而任自然"的中坚。② 嵇康在《管蔡论》中，表达了对古时管蔡凶逆之论的怀疑，基于阅读案《记》："管、蔡流言，叛戾东都。周公征讨，诛以凶逆。顽恶显著，流名千载。且明父圣兄，曾不鉴凶恶于幼稚，觉无良之子弟；而乃使理乱殷之弊民，显荣爵于藩国；使恶积罪成，终遇祸害。"他发现"于理不通，心所未安"。在怀疑和愿闻其说的推动下，他经过分析认为"推此言之，则管、蔡怀疑，未为不贤"③。对于这个案件的史实，本文不加讨论，只就其怀疑精神和分析思路加以反映。正如鲁迅所说，嵇康的论文"思想新颖，往往与古时旧说反对"④。这种思想的新颖性，也许就是指嵇康的怀疑精神。"孔子说：'学而时习之，不亦说乎？'嵇康做的《难自然好学论》，却道，人是并不好学的。"⑤

朱熹曾说："读书无疑者，须教有疑，有疑者，却要无疑；到这里方

---

① 王定璋：《人性觉醒与怀疑精神》，载《文史杂志》，2003年第5期，38—41页。
② 王定璋：《人性觉醒与怀疑精神》，载《文史杂志》，2003年第5期，38—41页。
③ 嵇康：《管蔡论》，见武秀成《嵇康诗文选译》，成都：巴蜀书社，1991年，220—223页。
④ 鲁迅：《魏晋风度及文章与药及酒之关系》，见鲁迅撰、吴中杰导读《魏晋风度及其他》，上海：上海古籍出版社，2000年，194页。
⑤ 鲁迅：《魏晋风度及文章与药及酒之关系》，见鲁迅撰、吴中杰导读《魏晋风度及其他》，上海：上海古籍出版社，2000年，194页。

是长进。"①梁启超的解释更加清晰,"怀疑之结果,而新理解出焉"②。由怀疑精神而开始的阅读活动,使得阅读和思考更加深刻,一开始就朝着发现问题和寻找创新之路的方向发展。这既是阅读的怀疑精神,也是学术自觉的意识。也就是说,在阅读的过程中先要怀疑,怀疑后参与学术论辩和研究,有助于学术新成果的创造。当然,并不是所有人一开始阅读都有怀疑精神。这种阅读中的怀疑精神,是与读者的个性觉醒、思想解放、自主意识、学术自觉意识等互为表里和互为佐证的。自我觉醒的读者更容易在阅读时自觉地带有怀疑精神,有怀疑精神的读者往往也是自我意识逐渐形成的体现。一般而言,读书和做学问要始于怀疑和批判,但怀疑和批判只是方法,目的应该是创新和超越。

第二节 文学发展与阅读

在中国古代文学史上,魏晋南北朝文学是一个绕不开的重要阶段,作为文学自觉和迈向超越的时代,上承秦汉,下启隋唐,文学贡献呈现出多种新景象。魏晋南北朝文学发展出现一些鲜明的特征:文学作品类型多样化、文学创作者集团化、文学作品集盛行等。其中,各种具体的文学体裁,如诗、赋、骈文、小说、文学批评等,在内容与形式方面都有所创新。伴随着文学的发展,魏晋南北朝文学阅读也从自觉逐渐转向超越。

---

① 朱熹:《朱子语类》,见朱杰人、严佐之、刘永翔《朱子全书》,第十四册,上海:上海古籍出版社;合肥:安徽教育出版社,2002年,343页。
② 梁启超撰,汤志钧导读:《中国历史研究法》,上海:上海古籍出版社,1998年,80页。

一、文学发展

1. 魏晋南北朝文学发展的两次飞跃

高尔基曾说:"文学即人学。"任何时代的文学作品,都是人通过语言来表达对生命的体验,这种体验最直接、敏感、准确地照进并反映生存现实。魏晋南北朝文学,一般而言是指东汉末兴起的建安文学到隋朝统一这个时期的文学。在中国历史上,这是一段分裂动荡时期,在门阀制度影响下,社会出现"上品无寒门,下品无势族"的现象。在中国历史上,这一时期儒不独尊,思想多元,名教与佛教、道教相互冲突与融合,玄学出现并深入社会生活,等等。在这些因素的共同作用下,在社会矛盾与身心疾苦二重交替下,魏晋南北朝文学发展会怎样呢?可以说魏晋南北朝文学发展出现了两次飞跃:第一次飞跃是从人的自我觉醒到文学的自觉,文学的自觉再到更多人的自觉;第二次飞跃是人的自我超越和文学的自我超越。

第一次飞跃是从人的自我觉醒到文学的自觉,文学的自觉再到更多人的自觉。"文学的自觉"是指文学及文学创作主体自觉意识到文学的独立性和价值性,自觉遵循和把握文学的发展规律,促进文学发展。人的自我觉醒影响着文学的自觉,文学的自觉通过文学作品影响更多的人自觉。对于一部分人即作者来说,自觉是一种内在的需求,通过文学作品表达自我,传递意识和思想。对于另一部分人即读者而言,自觉是一种被动需求,他们的意识被文学作品唤醒。第一次飞跃的文学发展特质体现在建安文学中人的觉醒到文学的自觉。

鲁迅曾在《魏晋风度及文章与药及酒之关系》一文中将"曹丕的时代",也就是将曹丕所代表的时代称为"文学的自觉时代"。建安文学代表一种风骨,一种独立的文学观和自主的表达方式,引领和开创一个时代的风气。建安文学的代表人物是"三曹"(曹操、曹丕、曹植)和"建安七子"(孔融、陈琳、王粲、徐干、阮瑀、应玚、刘桢)等,他们首先自我觉醒,勇于表达自我,也善于表达自我,这些自我觉醒通过他们的文学作品表达出来。刘勰曾评论建安文学为"时文,雅好慷慨","梗概而多气"①。在文学作品中,诸如曹操的雄心和抱负:"老骥伏枥,志在千里。烈士暮年,壮心不已。"②"山不厌高,海不厌深。周公吐哺,天下归心。"③如曹植的少年英雄梦想和万丈豪情:"戮力上国,流惠下民,建永世之业,流金石之功"④,"驾言登五岳,然后小陵丘。俯观上路人,势利惟是谋。雠高念皇家,远怀柔九州。抚剑而雷音,猛气纵横浮"⑤。建安文学在这种慷慨多气的风格背景下,也时常闪现出一种对生存现实的悲凄体验,如曹操《蒿里行》:"白骨露于野,千里无鸡鸣"⑥,王粲《七哀诗》其一:"路有饥妇人,抱子弃草间"⑦。悲凄之外还伴随着忧惧,如曹植《薤露行》:"人居一世间,忽若风吹尘。"⑧何晏《言志诗》:"转蓬去其根,流飘从风移。"⑨面对这逃无可逃的悲凄忧惧,慷慨气概如何释放呢?建安文学家在自我觉醒中找到了出路:或者把自己完全沉浸在《洛神赋》那样纯粹的美好想象当中,

---

① 刘勰:《文心雕龙·时序》,见周振甫《文心雕龙今译(附词语简释)》,北京:中华书局,1986年,399页。
② 曹操:《龟虽寿》,见逯钦立《先秦汉魏晋南北朝诗》,北京:中华书局,1988年,354页。
③ 曹操:《短歌行》,见逯钦立《先秦汉魏晋南北朝诗》,北京:中华书局,1988年,349页。
④ 曹植:《与杨德祖书》,见萧统著、李善注《文选》,上海:上海古籍出版社,1986年,1903页。
⑤ 曹植:《鰕䱇篇》,见逯钦立《先秦汉魏晋南北朝诗》,北京:中华书局,1988年,423页。
⑥ 曹操:《蒿里行》,见逯钦立《先秦汉魏晋南北朝诗》,北京:中华书局,1988年,347页。
⑦ 王粲:《七哀诗三首》,见逯钦立《先秦汉魏晋南北朝诗》,北京:中华书局,1988年,365页。
⑧ 曹植:《薤露行》,见逯钦立《先秦汉魏晋南北朝诗》,北京:中华书局,1988年,422页。
⑨ 何晏:《言志诗》,见逯钦立《先秦汉魏晋南北朝诗》,北京:中华书局,1988年,468页。

或者沉思"人生如寄,多忧何为?今我不乐,岁月如驰"①,不如"对酒当歌"②"遨游快心意"③的悲情快意当中。如果说这时候觉醒的文学家和文学还有种朦胧醉意的话,那么他们已经开始在觉醒当中寻求自我超越之路。

正始文学形象地说明了文学家和文学,走在寻求自我超越之路的那种感觉。正始文学的主要代表人物是"竹林七贤"(阮籍、嵇康、

《竹林七贤与荣启期》模印砖画

山涛、王戎、向秀、刘伶、阮咸)。但凡超越,不经历一番炼狱是不可能实现的。这一时期的遭遇更加让人难堪,阮籍的《咏怀诗》表达了"天网弥四野,六翮掩不舒"④的生存体验,"终身履薄冰"⑤的艰难处境,

---

① 曹丕:《善哉行》,见逯钦立《先秦汉魏晋南北朝诗》,北京:中华书局,1988年,391页。
② 曹操:《短歌行》,见逯钦立《先秦汉魏晋南北朝诗》,北京:中华书局,1988年,349页。
③ 曹丕:《芙蓉池作诗》,见逯钦立《先秦汉魏晋南北朝诗》,北京:中华书局,1988年,400页。
④ 阮籍:《咏怀诗八十二首》之四十一,见逯钦立《先秦汉魏晋南北朝诗》,北京:中华书局,1988年,504页。
⑤ 阮籍:《咏怀诗八十二首》之三十三,见逯钦立《先秦汉魏晋南北朝诗》,北京:中华书局,1988年,503页。

"临川羡洪波,同始异支流"①的离别孤独,"凄怆伤我心"②"泪下谁能禁"③和"感慨怀辛酸"④的哀伤感怀。作者在这些压抑中不断挣扎和反抗,寻求自我救赎之路,因而有了"道真信可娱,清洁存精神"⑤的自我解脱。到了嵇康那里,一种超脱后的轻松和淡远已经跃然纸上。"息徒兰圃,秣马华山。流磻平皋,垂纶长川。目送归鸿,手挥五弦。俯仰自得,游心太玄。嘉彼钓叟,得鱼忘筌。郢人逝矣,谁与尽言?"⑥

第二次飞跃是人的自我超越和文学的自我超越。人的自我超越,对于一部分人即作者来说,他们通过文学作品这种自我表达方式,超越了自我,完成了自我觉醒后的第二次飞跃。人的自我超越,对于另一部分人即读者来说,他们的自我意识被唤醒,在经历自觉后,他们也有可能找到自我超越的路径,比如有些读者后来成为作者,并且他们的作品也成为阅读的对象,继续影响着其他人。文学的自我超越和创新延展,主要特征是改变了以往的文学表达方式,形成自己独立的表达和作品形式,主要体现在文学、诗歌辞赋、小说、文论等方面。

西晋时期实现了文学的自我超越,即文心更加宁静清绮。以陆机的《赴洛道中作诗二首》为例,其表现出新时期文学的舒缓清雅:"远游越山川,山川修且广。振策陟崇丘,安辔遵平莽。夕息抱影寐,

---

① 阮籍:《咏怀诗八十二首》之七十七,见逯钦立《先秦汉魏晋南北朝诗》,北京:中华书局,1988年,510页。
② 阮籍:《咏怀诗八十二首》之九,见逯钦立《先秦汉魏晋南北朝诗》,北京:中华书局,1988年,498页。
③ 阮籍:《咏怀诗八十二首》之十一,见逯钦立《先秦汉魏晋南北朝诗》,北京:中华书局,1988年,499页。
④ 阮籍:《咏怀诗八十二首》之十三,见逯钦立《先秦汉魏晋南北朝诗》,北京:中华书局,1988年,499页。
⑤ 阮籍:《咏怀诗八十二首》之七十四,见逯钦立《先秦汉魏晋南北朝诗》,北京:中华书局,1988年,509页。
⑥ 嵇康:《四言赠兄秀才入军诗》之十四,见逯钦立《先秦汉魏晋南北朝诗》,北京:中华书局,1988年,483页。

朝徂衔思往。顿辔倚高岩,侧听悲风响。清露坠素辉,明月一何朗。抚枕不能寐,振衣独长想。"①

　　文学的自我超迈和转变,具体表现在诗歌题材方面,出现了咏怀诗、咏史诗、玄言诗、宫体诗、田园诗、山水诗等;诗体方面,中国古代诗歌的几种基本形式如五律、五绝、七律、七绝等,在这一时期有了雏形;辞藻方面,追求绮丽华美成为风尚。以陶渊明开创田园诗为例,他被称为魏晋南北朝时期成就最高的诗人,他的作品在文学自我超越的路上走得更远,显现出玄学宅心高远的气度,如"不觉知有我,安知物为贵"②"人为三才中,岂不以我故"③"久在樊笼里,复得返自然"④。

　　文学的自我超迈也体现在小说方面,以志怪小说和志人小说为代表,留下的传世经典作品有《搜神记》和《世说新语》等。文学的自我超迈,在文论和文学批评方面的体现,主要以刘勰《文心雕龙》为标志,还有曹丕的《典论·论文》、陆机的《文赋》、钟嵘的《诗品》等著作。这一时期文学总集的出现也说明文学的繁荣和发展以及对前朝文学的超越,如萧统编的《文选》、徐陵编的《玉台新咏》等文学总集的面世。

　　这里讲文学的自觉和文学的超越,旨在为后面分析阅读的自觉和阅读的超越做一些必要的铺垫。如果没有人的自觉及其通过文学作品这种形式传达出自我意识,那么对于读这些文学作品的人来说,也许无法产生主体间性,即创作者和读者之间无法产生共鸣和共通的东西。人们恰恰是在读了那些经过自我觉知的人创作的文学作品

---

① 陆机:《赴洛道中作诗二首》,见逯钦立《先秦汉魏晋南北朝诗》,北京:中华书局,1988年,684页。
② 陶渊明:《饮酒诗》之十四,见逯钦立《先秦汉魏晋南北朝诗》,北京:中华书局,1988年,1000页。
③ 陶渊明:《神释》,见逯钦立《先秦汉魏晋南北朝诗》,北京:中华书局,1988年,990页。
④ 陶渊明:《归园田居(其一)》,见逯钦立《先秦汉魏晋南北朝诗》,北京:中华书局,1988年,991页。

后,更容易产生共鸣和趋向读者的自我觉知。因此在这里我们一起来发现魏晋南北朝时期文学的自觉和文学的超越是怎么回事,这有益于理解后面将要阐述的阅读自觉和阅读超越。

2. 文学创作与阅读

(1)社会反向刺激与反应。

魏晋南北朝总体的社会状态是政治分裂、社会动荡、人心不安,这种社会状态对文人的生存现状和精神自由造成巨大威胁。在巨大的内外冲突和威胁下,文人反而激发出文学创作的动力,用文字抒发这种在苦闷中挣扎而又不失豪迈气概的情绪,因而出现了建安文学的慷慨风骨与凄苦悲壮,这在曹操、曹丕、曹植等人的诗中均有体现。建安之后的正始文学,不仅继续反映当时的社会生存体验,而且开始出现反抗后的平静自守。文学作品表达的是人的心情和思绪,建安文学和正始文学因社会激烈刺激而出现,反映了人的自觉和文学的自觉。这种刺激与反应的另一个具体表现是志怪小说的盛行,面对无法逃避的生存困境,文人试图通过鬼怪故事表达自己的苦闷和想象。

魏晋南北朝时期,门阀制度在九品中正制的推动下更加深入社会现实。世族大家数量不断增多,士族子弟在九品中正制下顺理成章进入仕途,庶族寒士则在九品中正制和重人物品藻的时代被仕途拒之门外。因此,"上品无寒门,下品无势族"成为社会普遍现象。士庶二元分化的现象体现在文学发展中,一方面是受门阀制度影响出现的文学家族、文学集团现象,这一时期的文学家族主要有"三曹"(曹操及其二子曹丕、曹植)、"三张"(张载及其弟张协、张亢)、"二陆"(陆机、陆云兄弟)、"两潘"(潘岳及其从子潘尼)等。世族为了彰显家势和绍续家风,特别重视家族关系,文学作品方面的体现如王粲的《为潘文则作思亲诗》、曹植《责躬》、潘岳《家风诗》。另一方面是寒士通过文学的呐喊来表达不平与反抗,如左思《咏史》其二:"郁郁涧底松,离离山上苗。以彼径寸茎,荫此百尺条。世胄蹑高位,英俊沈下僚。地势使之然,由来非一朝。金张藉旧业,七叶珥汉貂。冯公岂不伟,白首不见招。"①他把士庶之间的高低贵贱差异和下层的反抗,通过文学作品这种形式,隐喻性地表达出来。

(2)社会正向刺激与反应。

魏晋南北朝时期,玄学等社会思想内容正向刺激并融入文学中,出现了玄言诗和田园诗等新的文学体裁。魏晋玄学对文学创作思想和表达方式的影响,主要体现在玄学崇尚虚无、贵自然、辩形神等方面,使得文学创作者思想蕴含自然玄远的神韵。魏晋玄学让文学创作者更加颖悟、旷达、真率,在文学作品方面,直接导致了玄言诗的出现。玄言诗又影响了山水诗、田园诗的出现和兴起,如阮籍的玄言诗高远,嵇康的诗玄远清雅,陶渊明的田园诗纯真自然等。玄言诗及田园诗等新文学体裁的出现,说明其受玄学的正向影响并自觉做出反应,是文学的自觉和自我超越的体现。

(3)文学创作主体的觉醒。

从文学创作的主体来看,魏晋南北朝时期的文人们在人格方面的自我觉醒和自我超越,对文学创作热情和文学表达形式都产生了巨大影响,促进了文学的自觉和文学的内在自我超越。在汉末独尊儒术的单一思维模式遇到挑战和不适应的情况下,特别是佛教思想和道教思想在与名教的冲突融合中,玄学逐渐占据上风。玄学其实可以说是个体自我意识觉醒时选择的一种文学表达方式,玄远超脱。在人格凝练中,学术思想界打破对儒家的独尊局面,出现多元和思想兼容现象。思想多元化与个体自我觉醒同时进行,人们的价值判断和选择发生转换,文学创作热情被唤醒,个体需要对自我生存体验进

---

① 左思:《咏史(其二)》,见逯钦立《先秦汉魏晋南北朝诗》,北京:中华书局,1988年,733页。

行表达，个体自觉意识到文学表达方式在思想传达中的重要意义，所以文学表达方式和风格的独立创新，成为文学创作主体必须思考和面对的问题。在文学创作主体的这种自觉过程中，建安文学的风骨逐渐形成，表达方式显现出慷慨多气的独特风格，留下很多著名诗篇。此外，这个时代的个体自觉不是单一现象，而是集中出现了一大批用新的文学形式表达自我的文学作品，如建安七子、竹林七贤、陆机、陶渊明、谢灵运、刘勰等，都在文学表达形式方面有开创性成就，留下很多经典文学作品。文学即人学，人的自我觉醒带来文学的自我觉醒，人的不断自我超越寻求到文学的新突破和自我超越。总之，文学创作主体在文学的创新和发展中起着核心的决定性作用。

（4）文学创作与阅读热情大增。

纸本书写易传抄，易激发作者更大的创作热情。创作是为了阅读，文学作品被更多人阅读，也激发了作者更大的创作热情。

文学作品的载体和传播方式对文学的发展有着重要的影响。东汉发明并改进造纸术，魏晋南北朝时期纸本书写兴盛。文学作品借助纸本书写的方便途径，更加容易被传抄、被复制、被保存收藏和被许多人阅读。文学创作的本质是为了阅读，进入魏晋南北朝时期，也就是进入纸本书写的时代，文学作品被更多人阅读成为现实。这种情形更加激发了文学创作主体的创作热情，按照"三不朽"之说，相对于立德立功，文人更容易实现"立言"传之后世的愿望，所以，这一时期的文学作品大量涌现。纸本书写导致大量文学作品被传播，阅读文学作品的读者必然大增，受此影响涌现出大量文学创作者，有些还是以文学家族这种以往未曾见过的格局出现，如曹操和曹丕、曹植都是文学创作者，很难说曹丕和曹植没有受其父亲曹操文学作品创作的影响。据统计，钟嵘《诗品》中有六十六位南朝诗人入品，其中陈郡谢氏，共有八人入品（谢混、谢瞻、谢世基、谢灵运、谢惠连、谢朓、谢庄和谢超宗）。南朝梁萧氏一族出了很多文学家，创作了很多文学作品，以"四萧"文学集团著称。整个时代因文学作品大量涌现，阅读文学作品的读者大量出现，文学创作主体大量出现，这些都离不开纸本书写所产生的影响。

3. 文学发展的特征

鲁迅在《魏晋风度及文章与药及酒之关系》一文中，称魏晋是"文学的自觉时代"，又说："这时代的文学的确有点异彩。"从汉乐府到五言古体诗，从建安风骨到田园山水诗，从汉传记文学到志人小说，从个体创作到三曹、竹林七贤等文学集团，从《典论·论文》《文赋》到《文心雕龙》，从单篇作品到《文选》等总集出现，不一而足，在中国文学史上，魏晋南北朝很显然是文学的繁荣发展期。魏晋南北朝文学的主要特征有哪些呢？

(1)文学作品类型多样化。

魏晋南北朝文学之所以在文学史上是一颗耀眼明珠，离不开这一时期文学作品类型出现创新形式和多样化的特征。从文学文本方面来看，魏晋南北朝时期诗歌、辞赋、小说等，在思想内容上和表达形式上出现创新性特征，如陶渊明开创田园诗、谢灵运创作山水诗；五言诗、七言诗、骈体文都逐渐成熟；汉传记文学形式也发生转变，出现志人小说、志怪小说的繁荣景象。总体而言，该时期文学表达形式出现多样化的发展格局。

其一，诗歌在思想内涵和表达形式方面走向成熟。魏晋南北朝诗歌是在继承《诗经》《楚辞》、汉乐府和古诗十九首等传统诗歌成就的基础上不断超越和创新的结果。魏晋南北朝诗歌在思想内容上更加关注社会生存现实，在表达生存体验方面凝聚成建安文学、正始文学等新的风气；在诗歌表达体式方面，古诗从四言到五言乃至七言逐渐过渡，魏晋南北朝五言诗基本成熟并沿用至今不衰；在诗歌表达题材方面，以陶渊明开创田园诗、谢灵运开创山水诗为代表，咏怀、咏史、游仙等丰富多彩的题材也不断涌现；在诗歌创作主体方面，魏晋南北朝的大诗人如井喷般出现,曹操、曹植、嵇康、阮籍、陆机、左思、郭璞、陶渊明、谢灵运等著名诗人不胜枚举。

陶渊明田园诗举例:静念园林好,人间良可辞。①(《庚子岁五月中从都还阻风于规林二首》)久在樊笼里,复得返自然。②

谢灵运山水诗举例:将穷山海迹,永绝赏心悟。(《永初三年七月十六日之郡初发都》)宵济渔浦潭,旦及富春郭。定山缅云雾,赤亭无淹薄。(《富春渚》)石浅水潺湲,日落山照曜。③(《七里濑》)

其二,骈体文的美学追求和成就显现。骈体文是一种文体,起源于汉魏,形成于南北朝,盛行于隋唐。其特征如下:在句式方面,以四句式、六句式为主,两两相对,犹如两马并驾齐驱,故被称为骈体文;在声韵方面,讲究平仄,韵律和谐;在修辞方面,擅长辞藻和用典。总体而言,骈体文非常注重写作形式和表达技巧,文学的艺术和审美性特别强。当然,骈体文作为一种形式,也为表达思想内容服务,如果运用得当,这样的文章不仅思想内涵丰富,而且独具诗的韵味和魅力,将会成为上乘之作。

以庾信的《哀江南赋》为例,在内容方面既描写了自己身世之悲和谴责了梁朝君臣的昏庸,也表达出对故国深深的怀念之情,语言形式优美,平仄协调,用典丰富。唐朝杜甫在《咏怀古迹五首》其一中评论道:"庾信平生最萧瑟,暮年诗赋动江关。"④唐朝张说在《过庾信宅》中评论道:"兰成追宋玉,旧宅偶词人。笔涌江山气,文骄云雨神。"⑤可见骈体文写到这种水平,气势磅礴,足以震动山河。

---

① 陶渊明著,李华选注:《陶渊明诗文选》,北京:人民文学出版社,1987年,5页。
② 陶渊明:《归园田居(其一)》,见逯钦立《先秦汉魏晋南北朝诗》,北京:中华书局,1988年,991页。
③ 陶渊明著,曹明纲标点:《陶渊明全集(附谢灵运集)》,上海:上海古籍出版社,1998年,95页。
④ 杜甫著,龚笃清选注:《杜甫诗精选精注》,桂林:广西师范大学出版社,1996年,182页。
⑤ 周振甫:《唐诗宋词元曲全集·全唐诗》,第2册,合肥:黄山书社,1999年,667页。

其三，志人小说和志怪小说兴盛。在汉代传记小说基础上，魏晋南北朝的小说，在思想、题材和表现手法上都有很大拓展。志人小说和志怪小说的写作手法，反映社会生存体验的苦闷和无奈反抗；志人小说和志怪小说在形式上，优势在于篇幅短小、语言隽永、易于流传，因而志人小说和志怪小说在社会上出现兴盛的局面，对后来小说体裁的发展和成熟产生了重要的影响。

志人小说，又称清谈小说、逸事小说，魏晋南北朝时期的代表作有南朝宋刘义庆编撰的《世说新语》，内容方面专记人物言行和记载历史人物的逸闻轶事。这种风格是在汉末以来注重人物品藻的社会风气影响下形成的。其在写作形式方面，篇幅短小，语言精练，不拖泥带水，形象地刻画出人物的精神面貌，对于我们了解魏晋时代人物的思想和社会生活状态有重要帮助。

《世说新语》

志怪小说，魏晋南北朝时期的代表作有东晋干宝的《搜神记》，内容方面专记神异鬼怪故事、传说等内容。志怪小说的兴盛是受魏晋南北朝时期佛教传播、玄学风气以及神鬼迷信的流行等因素影响而形成的。

《搜神记》

（2）文学创作者集团化。

以往的文学创作一般以个体为主，魏晋南北朝时期，在门阀士族制度影响下，出现文学创作者集团化的鲜明现象。建安时代，以曹操、曹丕、曹植为核心，聚集了一批文学创作者，在文风上有建安文学的基本风格，形成了文学史上第一个文学集团。而后，文学集团越来越多。文学集团似乎更容易体现思想交流和文学作品风格的趋同性，也更容易形成一定的社会声誉和影响力。魏晋南北朝文学史上其他主要的文学集团，魏晋时，以阮籍和嵇康为首的"竹林七贤"，在文学上继承建安文学，但也有不同变化；西晋时，秘书监贾谧周围的文人包括陆机、左思等在内的"二十四友"形成文学集团；东晋时，以王羲之、谢安为主的四十一位达官文人共游会稽山阴，集结各人诗篇而成《兰亭集》，王羲之作序而有著名的《兰亭序》，这些文人群体聚会共游组成文学集团；南朝宋时，临川王刘义庆及其门下的文人鲍照等形成文学集团；南朝齐时，竟陵王萧子良周围聚集了著名的"竟陵八友"，包括沈约、任昉等人组成的文学集团；南朝梁时，昭明太子萧统周围文人众多,特别是以编《文选》为目的形成的文学集团;简文帝萧纲周围也有众多文人,一起组成了文学集团,徐陵、庾信等人也先后加入过该集团,更有人将萧衍、萧统、萧纲、萧绎合称为"四萧"文学集团。

这些文学集团的活动,对当时文学的发展产生了一定影响。文学集团由于人员众多,思想交会,能够产生更加凸显集团风格和特色的文学作品,如建安文学自有其建安风骨的慷慨多气,萧纲文学集团倡导文学史上著名的宫体文学,宫体诗影响久远。文学集团可以凭借其凝聚力,组织完成大型文学作品汇编,如昭明太子萧统聚集众文人编撰成流芳百世的文学总集《文选》。

(3)文学作品集盛行。

魏晋南北朝时期文学编纂中出现一种鲜明的特征,即总集和别集的文学作品形式大量产出,足见文学之繁荣。

总集,指汇集多人的作品而编成的诗文集。《隋书·经籍志》曰:"总集者,以建安之后,辞赋转繁,众家之集,日以滋广,晋代挚虞,苦览者之劳倦,于是采摘孔翠,芟剪繁芜,自诗赋下,各为条贯,合而编之,谓为《流别》。是后文集总钞,作者继轨,属辞之士,以为覃奥,而取则焉。"这里解释了总集出现的主要原因:作者众多,辞赋作品产出量大,为了方便读者阅读,选择诗赋编成了总集。晋代挚虞的《文章流别集》在总集体例上开创了"自诗赋下,各为条贯,合而编之"的编纂方法。关于魏晋南北朝时期总集的编纂情况,《隋书·经籍志》记载:"右一百七部,二千二百一十三卷。通计亡书,合二百四十九部,五千二百二十四卷。"其中现存最早、影响最大的文学总集是昭明太子萧统所编的《文选》。

别集,指个人的诗文汇编。《隋书·经籍志》曰:"别集之名,盖汉东京之所创也。自灵均已降,属文之士众矣,然其志尚不同,风流殊别。后之君子,欲观其体势,而见其心灵,故别聚焉,名之为集。辞人景慕,并自记载,以成书部。"这里解释了别集产生于文士多而诗文迥异的大背景,后人为了能区分各自文体和思想的异同,形成别集以便观览。关于魏晋南北朝时期别集编纂的情况,《隋书·经籍志》有记载:"右四百三十七部,四千三百八十一卷。通计亡书,合八百八十六部,八千一百二十六卷。"如果从编纂者所处时代来统计别集数量,减去隋代的十多部,剩余的四百多部都是魏晋南北朝时人编纂的。

二、读者与文学

在人的自觉和文学自觉的二重唱下,产生了文学阅读的自觉。阅读的独立性和自主意识逐渐形成,阅读什么和需要阅读什么(建安文学到正始文学,到西晋文学玄言诗,到志人小说和志怪小说)是清醒自觉有意识的;阅读文学作品后的理解和认识及评价是自觉的、有意识的、独立的;文学评论、文学批评的成果和理论总结(《典论·论文》《文赋》《文心雕龙》《诗品》等)开始涌现。文学史上的两次飞跃,同时伴随发生着的就是文学作品阅读的两次飞跃。从阅读什么文学作品的原始问题,到发现对文学作品阅读的自觉意识产生,明白需要读什么,实现了第一次飞跃。这是对汉代以来单读儒家和仅限于六经的被动和被限制式阅读的一次逆向而动,是阅读的启蒙和自我觉醒,是一次飞跃。文学作品阅读,不仅仅止步于知道需要读什么文学作品,更进一步是思考和回答如何理解、认识和评价所读文学作品,能否有独立的见解,做出自己的判断。对于这些问题,魏晋南北朝时期给我们做了回答,因为出现了一批文学批评著作,如《典论·论文》《文赋》《文心雕龙》《诗品》等。这些成就可以说明魏晋南北朝时期文学阅读已经从自觉走向了超越,这一切都在那样一个时代里发生了,也是一次漂亮的飞跃,成为文学史上和文学阅读史上一颗明亮的星。

1. 文学阅读的自觉

(1)文学阅读需求多样化。

魏晋南北朝时期,文学阅读的需求出现一些较为明显的特征,即文学阅读需求明确化、文学阅读类型多样化。由于人的自觉,人们自觉意识到需要阅读什么样的文学作品,进而文学创作者敏锐地发现社会的阅读需求,创作出大量文学作品。从建安文学到正始文学,从玄言诗到田园诗和山水诗,从汉传记文学到志人小说和志怪小说,这些不同文学风格和表达形式的文学作品,从不同角度满足了社会不同时期和不同读者的阅读需求。有这么丰富的文学作品种类,在需求多元化的同时,人们的文学阅读类型也呈现多样化。可以说,在中国历史上,魏晋南北朝是文学作品创作和文学作品阅读的繁荣期。

生活在某个时代的文人的生活体验和精神追求,时常会影响这个时代的文学风气和文学作品表达方式。例如:建安文学重风骨,重慷慨之气,当时许多人仍然怀着建功立业和追逐梦想之心,表达阳刚精神和雄心壮志的诗文依然是人们所喜好的,这一点在建安诗文广为流传中表现得淋漓尽致。曹植好像遗传了其父曹操的雄心壮志,立志"戮力上国,流惠下民,建永世之业,流金石之功"①。他在另一首诗《白马篇》中把自己想象成一位骁勇善战的英雄:"羽檄从北来,厉马登高堤。长驱蹈匈奴,左顾陵鲜卑……名编壮士籍,不得中顾私。捐躯赴国难,视死忽如归。"②为此,他期望:"愿得展功勤,输力于明君。怀此王佐才,慷慨独不群。"③不仅曹植有此心念,而且这种理想

---

① 曹植:《与杨德祖书》,见萧统著、李善注《文选》,上海:上海古籍出版社,1986年,1903页。
② 曹植:《白马篇》,见逯钦立《先秦汉魏晋南北朝诗》,北京:中华书局,1988年,432—433页。
③ 曹植:《薤露行》,见逯钦立《先秦汉魏晋南北朝诗》,北京:中华书局,1988年,422页。

也能给阅读的人带去力量和信心,能继续点燃读者心中的英雄之梦。在悲凄面前,人们继续思考如何生存下去,诗人的表达也许在探索中为读者找到一些灵魂的出路。以阮籍、嵇康为代表,在建安文学的基础上寻求超脱,在诗中表达出一种无可奈何的情绪和默默的呼喊。阮籍《咏怀诗八十二首》中,第十七首表达了精神的孤独与苦闷之情。"独坐空堂上,谁可与欢者?出门临永路,不见行车马。登高望九州,悠悠分旷野。孤鸟西北飞,离兽东南下。日暮思亲友,晤言用自写。"①继而他表达了无奈和寻求自我解脱的心绪。"谁言万事艰,逍遥可终生。临堂翳华树,悠悠念无形。彷徨思亲友,倏忽复至冥。寄言东飞鸟,可用慰我情。"②"生命无期度,朝夕有不虞。列仙停修龄,养志在冲虚。飘飖云日间,邈与世路殊。"③面对这些诗,读者将不会苦苦纠结于难圆的梦想与压抑的现实,而是渐渐体会诗人那种无奈中的自觉超脱,毕竟人是要活下去的。

西晋文学和玄言诗的自觉平静与灵魂自守,可以说是面对逃无可逃的苦闷生存状态的一种选择。佛教和道教的思想进入人们的精神世界,人们在宗教的彼岸世界似乎可以得到一些安慰,文学作品也表现出玄远的精神气质,玄言诗因而产生,并得到众多文人墨客的欣赏和追捧。可以说,玄言诗与魏晋玄谈的风气不谋而合,玄言清谈是将玄学思想融入了生活,形成一种生活状态和方式;玄言诗是将玄学思想融入了文学作品,形成一种新的文学表达方式。魏晋南北朝文学的道路继续向前延展,并没有止步于玄言诗,在此基础上,文人们

---

① 阮籍:《咏怀诗八十二首》之十七,见逯钦立《先秦汉魏晋南北朝诗》,北京:中华书局,1988年,500页。
② 阮籍:《咏怀诗八十二首》之三十六,见逯钦立《先秦汉魏晋南北朝诗》,北京:中华书局,1988年,503页。
③ 阮籍:《咏怀诗八十二首》之四十一,见逯钦立《先秦汉魏晋南北朝诗》,北京:中华书局,1988年,504页。

将生活方式与文学表达方式融为一体。以陶渊明为代表的文学家选择了田园生活方式,并开创了田园诗的创作和表达方式;以谢灵运为代表的文学家,选择了寄情山水的生活方式,并开创了山水诗的创作和表达方式。为什么玄言诗、田园诗和山水诗等新的诗风能够流行呢?这不仅反映了当时人们的精神世界发生了转变,而且说明人们真正自觉和明确自己想要什么,而不执迷于什么。社会动荡,战乱不断,政权更替频繁,人心不安,人们已经看到了一切可以看到的,也经历了一切难以忍受的,身心疲惫不堪时,自觉反思人要怎么活下去。英雄梦想已经难以实现,生存现状已经疾苦难堪,孤寂心灵已经面临崩溃,人们需要生活安定和心灵得到安放,需要解脱。当这些观念进入并主宰人的思维时,一种宅心高远的玄言诗出现了,一种向往牧歌的田园诗出现了,一种忘情自然的山水诗出现了。这些文学作品在思想内涵上满足和慰藉了人们的精神需求,在形式上满足了人们在情感表达上轻松和宁静的需要。

魏晋南北朝时期,志人小说和志怪小说也兴盛起来,丰富了当时人们的阅读对象。文学既然是人学,那么文学就不可能一直远离人本身。无论是玄言诗,还是田园诗、山水诗,虽然在一定阶段让人发现了还有其他生存可能和选择,但是当人自觉面对现实生存环境时,最先想到的还是发生在人身上的故事,发生在身边的故事,因为从这些故事中也许可以找到新的活下去的办法。任何一种文学作品都在试图满足一部分人在一定情况下的某种阅读需求,当面对这种需求时,汉传记小说是一种不错的选择吗?当然,人物传记类文学作品会受到读者欢迎。但是,我们也应该看到,在玄学思想成为主流思想的时代,人们阅读的倾向自觉或不自觉地发生着。玄学的精微和玄妙一旦融入人们的思想观念,对于文学作品的阅读和创作而言,能够力透纸背,直达人心,语言隽永。篇幅短小的佳作更会受读者喜爱。志人小说不仅在内容上,而且在语言表达方式上,都极大地满足了人们的阅读需求,通过对人物品藻的评论,即通过对人物的褒扬或贬抑,希望涤荡和重建人们的人格及精神品质。

在志人小说流行的同时,志怪小说也在佛教和道教融入中国的过程中兴盛起来。鲁迅在《中国小说史略》中说:"盖当时以为幽明虽殊途,而人鬼乃皆实有,故其叙述异事,与记载人间常事,自视固无诚妄之别矣。"①志怪小说,可以说是寄寓神灵鬼怪,但以人间事为中心的文学作品,也同样满足着人们通过文学作品的阅读和创作,表达对现实社会中假丑恶的批判和对真善美的向往与追求。干宝在《搜神记序》中称"群言百家,不可胜览;耳目所受,不可胜载。今粗取足以演八略之旨,成其微说而已",希望做到使读者"游心寓目"。② 干宝不仅说明了志怪小说在文学作品表达形式方面,有着语言隽永、篇幅短小的可读性特点,同时,也希望通过这种文学作品,让读者能够游心出入于现实人间和鬼怪幽境,能够摆脱烦恼和苦闷,得到灵魂和精神的愉悦。

(2)文学阅读集团化。

前面已经阐述了魏晋南北朝时期文学创作者的集团化特征,这一时期出现了许多文学集团,并且一些文学集团在文学史上做出了足以称道的贡献。在这些文学集团为了某种文学理想和信念,聚集一批文学家进行文学创作活动时,我们发现,文学集团中的成员,通常有着某种共同的文学阅读倾向,因而文学阅读功能化集团形成。这样的集团化,既是创作集团也是文学作品阅读集团。从建安文学集团说起,曹操、曹丕、曹植三人,均喜欢以诗言志,以诗抒情,留下一些著名诗篇。且看曹操虽身在军旅,但心怀读书的理想:"归乡里,于

---

① 鲁迅撰,郭豫适导读:《中国小说史略》,上海:上海古籍出版社,1998年,24页。
② 干宝:《搜神记序》,见干宝、汪绍楹《搜神记》,北京:中华书局,1979年,2页。

谯东五十里筑精舍,欲秋夏读书,冬春射猎。"①曹操将这种理想延伸到教育后代方面,希望自己的后代能够多读诗书。后来曹丕和曹植不辜负曹操的期望,发奋读书和创作,在文学方面均取得了较高的成就,后人称"曹氏父子笃好斯文",皆因其好读诗书之故。曹丕在《典论自序》中回忆:"上雅好诗书文籍,虽在军旅,手不释卷。……余是以少诵《诗》、论。"②

"竹林七贤"既是竹林交游之士,也是玄学的代表人物。"竹林七贤"以阮籍和嵇康为首喜好老庄之学,倡玄学,有阅读《老子》《庄子》的共同爱好。《晋书》记载阮籍:"博览群籍,尤好老庄,嗜酒能啸,善弹琴,当其得意,忽忘形骸。"《三国志》记载嵇康:"时又有谯郡嵇康,文辞壮丽,好言老、庄。"《晋书》记载山涛:"性好庄老,每隐身自晦。"《晋书·向秀传》记载:"向秀,字子期,河内怀人也。清悟有远识,少为山涛所知,雅好老庄之学。"向秀曾注《庄子》,"发明奇趣,振起玄风"③,《世说新语·文学》中评论道:"妙析奇致,大畅玄风。"刘伶爱好《老子》《庄子》,曾作《酒德颂》,宣扬老庄思想和纵酒放诞之情趣。王戎在魏晋"名教"与"自然"之辩中,支持"将无同"的思想,对老庄之学不无爱好和见地。

萧统文学集团,"从天监十二年(513)到中大通三年(531)昭明太子死,其间十有八年,实际是昭明太子文人集团独擅文坛的历史时期。这个历史时期,作者颇众,创作亦丰,号称'晋宋以来所未之有也'"④。曹道衡在《中古文学史料丛考》中收录了萧统东宫文士三十五人。⑤ 昭明太子喜好读书,而且喜好与文人讨论阅读心得体会。

---

① 陈寿撰,裴松之注:《三国志·魏书》,卷一,北京:中华书局,1959年,32页。
② 陈寿撰,裴松之注:《三国志·魏书》,卷二,北京:中华书局,1959年,90页。
③ 房玄龄:《晋书》,卷四十九《向秀传》,北京:中华书局,1974年,1374页。
④ 刘跃进:《古典文学文献学丛稿》,北京:学苑出版社,1999年,1—2页。
⑤ 曹道衡、沈玉成:《中古文学史料丛考》,北京:中华书局,2003年,581页。

《梁书·昭明太子传》中记载："(萧统)引纳才学之士,赏爱无倦,恒自讨论篇籍,或与学士商榷古今,闲则继以文章著述,率以为常。"①萧统喜欢佛教,这对其所在文学集团产生了很大影响。《梁书·昭明太子传》记载:"太子亦崇信三宝,遍览众经。乃于宫内别立慧义殿,专为法集之所。招引名僧,谈论不绝。"②文学集团中有众多文人也喜好佛典,范缜发表《神灭论》后,高僧释法云曾撰文《难范缜〈神灭论〉》,受梁武帝和文学集团成员的影响,当时出现了数十人阅读《难范缜〈神灭论〉》之后,撰写同名文章《答释法云书〈难范缜神灭论〉》的盛况。这些人包括临川王宏、南平王伟、长沙王渊业、萧景、萧昂③、王志、王揖、王泰、王缉、王珍国、王暕、王彬、王缄、严植之、贺玚、袁昂④、柳憕、谢绰、庾咏、王琳、张缅、陆琏、沈宏、颜缮、孙挹⑤、沈约⑥等,可以说是文学奇观。对于极其重要的文学成果《文选》而言,萧统及其所在文学集团表达的文学观和选录倾向又是如何呢?"这种偏重于典雅而稍欠华丽的创作风格……在他编选《文选》时,也会自觉或不自觉地多收偏于典雅的作品而少收比较华丽的作品,这也很自然。事实上从《文选》所选作品而来,确实是典雅之作多于华靡之作。"⑦从其文学观和选录倾向也可以看出,当时选编《文选》时,编者们大量地阅读甚或偏好阅读典雅类的文学作品。

2. 文学阅读的超越

文学作品阅读是一个不断延伸的过程,并没有止步于知道需要读什么文学作品,而是更进一步思考和回答如何理解、认识以及评价

---

① 姚思廉:《梁书》,北京:中华书局,1973年,167页。
② 姚思廉:《梁书》,北京:中华书局,1973年,166页。
③ 严可均:《全梁文》,上册,北京:商务印书馆,1999年,235—242页。
④ 严可均:《全梁文》,上册,北京:商务印书馆,1999年,503—514页。
⑤ 严可均:《全梁文》,上册,北京:商务印书馆,1999年,644—649页。
⑥ 严可均:《全梁文》,上册,北京:商务印书馆,1999年,308页。
⑦ 曹道衡:《萧统的文学观和〈文选〉》,载《文学遗产》,2004年第4期,23—34页。

所读文学作品,阅读者能否有独立的见解,做出自己的判断。面对这些问题,魏晋南北朝用实践做出了回应,文人中出现了一些专业和非专业的文学批评者,他们撰写了一批文学批评专著或者篇章,比较著名的专著如刘勰《文心雕龙》、钟嵘《诗品》等;比较著名的论文如曹丕《典论·论文》、陆机《文赋》、阮籍《乐论》、嵇康《声无哀乐论》、萧子显《南齐书·文学传论》等;比较著名的序文如左思《三都赋序》、萧统《陶渊明集序》《文选序》、刘孝绰《昭明太子集序》等,还有其他一些散见于不同文人、不同作品中的文学批评性观点和论述。这些成果足以说明魏晋南北朝时期文学阅读已经实现了从自觉到超越的华丽转型和飞跃。

在中国文学史上,魏晋南北朝时期出现了大量文学批评论著,以"体大而虑周"①的《文心雕龙》和"思深而意远"②的《诗品》为代表的文学批评双子星座,成为我国文学批评和文学理论发展的成熟标志。文学批评本身也是文学阅读的产物,体现出读者在阅读文学作品后,对作品有意识地和独立地理解、认识以及评论。从文学阅读的角度来看文学批评的成果,魏晋南北朝时期的文学阅读也逐渐成熟了。

曹丕《典论·论文》是我国现存最早的一篇文学批评专论,该书首先提出"盖文章,经国之大业,不朽之盛事"的观点,肯定了文学的价值。曹丕又提出了"文气说",主张"文以气为主,气之清浊有体,不可力强而致",并依据"文气说"评论徐干和孔融曰:"徐干时有齐气","孔融体气高妙"。曹丕在文中对"建安七子"的文学特点也进行提炼,并评论了各自的长短之处,以评论王粲、徐干的文学特长为例:

---

① 章学诚:《文史通义·诗话》,第二册,上海:上海书店影印商务印书馆本,1988年,75页。
② 章学诚:《文史通义·诗话》,第二册,上海:上海书店影印商务印书馆本,1988年,75页。

"王粲长于辞赋,徐干时有齐气,然粲之匹也。如粲之《初征》《登楼》《槐赋》《征思》,干之《玄猿》《漏卮》《圆扇》《橘赋》,虽张、蔡不过也。然于他文,未能称是。"以《初征》《登楼》等作品为例,指出"王粲长于辞赋";以《玄猿》《漏卮》等作品为例,指出"徐干时有齐气"。曹丕在文学批评方面,有观点有例证,扬长但不避短,言简意赅,直指文心,堪称开文学批评风气之祖。

陆机因阅读文学作品时"游文章之林府,嘉丽藻之彬彬"①,而有感于作者的用心之处,"每观才士之所作,窃有以得其用心",虽然"放言遣辞,良多变矣",但是"妍蚩好恶,可得而言"②。其作品《文赋》,全文以赋体写成,是西晋著名的文学批评专论。文章首次提出文学创作要把握好"意""笔"关系的论点,对文学作品的主要体裁风格进行高度概括,指出不同文体之所长和创作要点。如"诗缘情而绮靡,赋体物而浏亮"③,即陆机认为诗这种体裁长于抒情,要言辞绚丽、感情细腻;赋这种体裁长于描述事物,要条理清晰、畅快明亮。

刘勰的《文心雕龙》是一部文学批评和文艺理论巨著。他在总结南朝梁以前文学创作和文学批评成果的基础上,创立了一套文学理论体系,对以前的许多文学作品进行了阅读后的理解和评论。刘勰在《文心雕龙·明诗》中,对建安文学评论道:"暨建安之初,五言腾踊,文帝陈思,纵辔以骋节,王徐应刘,望路而争驱……慷慨以任气,磊落以使才;造怀指事,不求纤密之巧,驱辞逐貌,唯取昭晰之能:此其所同也。及正始明道,诗杂仙心;何晏之徒,率多浮浅。唯嵇志清峻,阮旨遥深,故能标焉。若乃应璩《百一》,独立不惧,辞谲义贞,亦

---

① 陆机:《文赋》,见萧统著、李善注《文选》,上海:上海古籍出版社,1986年,761页。
② 陆机:《文赋》,见萧统著、李善注《文选》,上海:上海古籍出版社,1986年,763页。
③ 陆机:《文赋》,见萧统著、李善注《文选》,上海:上海古籍出版社,1986年,766页。

魏之遗直也。"①意思是说，建安初期，五言诗流行，曹丕、曹植在文坛上声名很高；王粲、徐干、应玚、刘桢等建安七子也争锋于文坛，建安文人共同的特点是，他们慷慨激昂地宣扬志气，光明磊落地展示才情，抒发情怀描绘事物、不矫揉造作，只求句意清晰明白。对于正始文学而言，刘勰直指何晏等人的作品之浮浅，认为嵇康的诗文表现清峻，阮籍的诗文深奥玄远，但是应璩的《百一诗》，风格独立正直，文辞依然保持着建安风骨。

刘勰在《文心雕龙·才略》中，用相对客观辩证的方法，对先秦至两晋的九十五位文学创作者的成就及其才能进行评论，既扬长又不避短，如"贾谊才颖，陵轶飞兔，议惬而赋清……枚乘之《七发》，邹阳之《上书》，膏润于笔，气形于言矣……相如好书，师范屈宋，洞入夸艳，致名辞宗。然覆取精意，理不胜辞，故扬子以为'文丽用寡者长卿'，诚哉是言也！"②刘勰认为贾谊的文才在同时代文士中脱颖而出，因为他的文章议论合乎情理，辞赋清新简明……对于枚乘的《七发》和邹阳的《狱中上书》而言，笔锋饱满，思想气势尽现于言辞……司马相如好读书，因学习并掌握了屈原、宋玉等夸饰绮丽的文辞表达方式，而成就辞赋中的一大名家，但是，仔细研读他的作品，发现文胜于质，所以刘勰认同扬雄的评价"司马相如的作品文辞华丽而精意不够"。可以看到，刘勰对汉代贾谊、枚乘、邹阳、司马相如等的文学作品发表独立的见解，并且不避讳对司马相如的作品做深入剖析和批判。

刘勰在《文心雕龙·才略》中，对两晋时期一些文人的作品评论道："张华短章，奕奕清畅，其《鹪鹩》寓意，即韩非之《说难》也。左思

---

① 刘勰：《文心雕龙·明诗》，见周振甫《文心雕龙今译（附词语简释）》，北京：中华书局，1986年，60页。
② 刘勰：《文心雕龙·才略》，见周振甫《文心雕龙今译（附词语简释）》，北京：中华书局，1986年，418页。

奇才,业深覃思,尽锐于《三都》,拔萃于《咏史》,无遗力矣……陆机才欲窥深,辞务索广,故思能入巧而不制繁。"①刘勰读了两晋时期的众多文人的作品,发表了一番富有情感的褒扬和言辞恳切的批判。他读了西晋张华的短文,认为文采清新畅快,因《鹪鹩赋》寓意深刻,将之比作韩非的《说难》。同时可以看出,刘勰对左思的才华是极其赞赏的,认为左思有奇才,文思深邃,《三都赋》《咏史》都尽显其才华卓越高逸。刘勰肯定了陆机在辞赋方面表现出的博闻广识之优点,但是也指出其文章流露出繁缛的弊端。

刘勰在《文心雕龙·知音》中提出了阅读知音论、阅读文章时要讲"六观":"一观位体,二观置辞,三观通变,四观奇正,五观事义,六观宫商。"关于阅读知音论,笔者在第八章将会做较详细阐述。

钟嵘的《诗品》是我国现存最早的一部五言诗文学批评名著,分上、中、下三品,对汉至梁一百二十二位诗人的诗赋作品评优劣,定品第。钟嵘提出诗的"滋味"说:"五言居文词之要,是众作之有滋味者也。"诗有三义,即赋、比、兴,钟嵘认为如果能够"宏斯三义,酌而用之,干之以风力,润之以丹彩,使味之者无极,闻之者动心",那将是"诗之至也"。钟嵘觉得张协的诗"调采葱菁,音韵铿锵,使人味之亹亹不倦",魏侍中应璩的诗"华靡可讽味焉",不甚喜欢"永嘉"时玄言诗的"淡乎寡味"。②

钟嵘在《诗品序》中,对他所读数家文人的诗赋文体集中批判:"陆机《文赋》,通而无贬;李充《翰林》,疏而不切;王微《鸿宝》,密而无裁;颜延论文,精而难晓;挚虞《文志》,详而博赡,颇曰知言。观斯数家,皆就谈文体,而不显优劣。"钟嵘认为:"陆机的《文赋》,通达而没

---

① 刘勰:《文心雕龙·才略》,见周振甫《文心雕龙今译(附词语简释)》,北京:中华书局,1986年,423页。
② 钟嵘:《诗品序》,见周振甫《诗品译注》,北京:中华书局,1998年,17页。

有褒贬;李充的《翰林论》,疏漏而不贴切;王微的《鸿宝》,细密而没有裁断;颜延之的论文,精要而难懂;挚虞的《文章志》,详细而丰富,很是知音。"①钟嵘在此只"谈文体",既看到上述作品的可取之处,也指出其中的鄙陋,对于文学批评而言,是可以借鉴的思路和方式。

---

① 钟嵘:《诗品序》,见周振甫《诗品译注》,北京:中华书局,1998年,26页。

第六章 魏晋南北朝的清谈与读书

魏晋南北朝时期,清谈成为一种时代风尚。魏晋清谈与魏晋风度有着内在的一致性,清谈之士将内在人格与外在风仪融于一身,在清谈中"自觉地追求活得更漂亮些"①。虽然清谈很漂亮,但是魏晋时期对清谈之士的要求很高。首先,阅读是清谈的基础,精通三玄和博学多才是清谈的资本。其次,阅读可以让清谈者高人一筹。阅读的主流群体与清谈者群体基本吻合,清谈者基本上是阅读者,阅读者中的主体部分是参与清谈的士人。谁阅读谁才有资格清谈,清谈绕不开阅读,清谈什么内容必然阅读什么内容,阅读什么内容往往成为清谈的重要思想和语料来源。清谈者常常喜好阅读《老子》《庄子》《周易》,他们追求阅读的高逸境界,追求无功利的阅读,阅读三玄、休闲阅读和阅读清谈成为清谈者追求、推崇的时尚阅读风格。此外,我们发现,阅读具有养生和治疗的功能。无论是魏晋清谈与时尚阅读风格,还是阅读的心智提升与养生治疗功能,通过对阅读与清谈的深层次理解和发现,我们将进入对魏晋南北朝读书清谈风尚的神秘向往之旅。

---

① 冯友兰、李泽厚等:《魏晋风度二十讲·编者序》,北京:华夏出版社,2009年,1页。

第一节　魏晋清谈

一、演化与原因

从社会发展的历史来看,魏晋清谈经历了从清议向清谈演进转化的过程。"魏晋教化,导源东汉。"①学界也通常持有魏晋玄谈源于东汉清议的观点。东汉末政治晦暗,士子不平,以人物品藻和评议政治来抒发不满。《后汉书·党锢列传序》有言为证:"逮桓灵之间,主荒政谬,国命委于阉寺,士子羞与为伍,故匹夫抗愤,处士横议,遂乃激扬名声,互相题拂,品核公卿,裁量执政,婞直之风,于斯行矣。"②此后持续到曹魏时代,九品中正制的出现,将人物品藻与统治阶级人才选用相结合,其间从东汉末以谈论政治为主的清议演进转化到曹魏时代以人物评论为主的清谈,在这个过程中,清议和清谈往往互称,区别不是很大。但是随着社会进一步发展,清谈内容和方式逐渐发生了变化,到了晋代,清谈的内容演变为以清谈三玄为主。可以看出,在那样的时代,受社会政治环境和统治力量的压迫,人们谈话的内容,即思想的交流受到了一定程度的扭转。从清议政治到清谈人物品德,基本还是有内容的,但是到了晋代的清谈三玄,基本是将清谈与道家思想结合的产物,基本倾向于虚无,也就是人们从"处士横议"到"三玄"这样一个无奈的转变。这种转变可以理解为是被动的,

---

① 汤用彤:《魏晋玄学论稿·言意之辨》,上海:上海古籍出版社,2005年,19页。
② 范晔:《后汉书》,北京:中华书局,1965年,2185页。

也可以理解为社会人心的一种主动转变和自我逃避；这种转变是当时社会时代特征的一种缩影和反映。

从学术思想的大脉络和轨迹来看，魏晋清谈凸显务虚的思想倾向。西晋陆机曾论述道："夏人尚忠，忠之弊也朴，救朴莫若敬。殷人革而修焉，敬之弊也鬼，救鬼莫若文。周人矫而变焉，文之弊也薄，救薄则又反之于忠。"①依循这样的理路，贺昌群认为："三代相循，如水济火，是知文化思想之盛衰，盖有随时救弊之义焉。周末百家争鸣，至汉而整齐之，以名物训诂之实救其虚，实之弊必流于烦琐，魏晋六朝玄学以虚救之，虚之弊空疏，隋唐义疏乃以实救之，宋明理学复以虚救隋唐之实，清代朴学又以实救宋明之虚。盖利病相乘，因果相兼，而物极必反也。此所举之虚实，但就其大体言之。大抵大一统之世，承平之日多，民康物阜，文化思想易趋于平稳笃实；衰乱之代，荣辱无常，死生如幻，故思之深痛而虑之切迫，于是对宇宙之终始，人生之究竟，死生之意义，人我之关系，心物之离合，哀乐之情感，皆成当前之问题，而思有以解决之，以为安身立命之道。"②可以说，同陆机一样的当时之人从大的思想史轨迹中看到了魏晋清谈所浮现出来的务虚特征，既是对汉代名物之实的补救，也为隋唐再度转向实学留下了缺漏。这种虚实之论，从大的思想学术轨迹上看是可以讲通的，更重要的是揭示出魏晋玄谈避实就虚的概貌。

魏晋清谈之风的形成，有着社会政治、社会思想和人心世态等方面的原因。首先，社会政治方面的原因，主要包括东汉末以来的政治混乱环境和曹魏时代的九品中正制。东汉末，"外戚阉寺及官僚中间，植党争权，搏斗剧烈，所谓儒学清流（主要是在野名流及太学诸生）也牵涉其中，抨击执政，标榜清议，而终于演成党锢之祸；政治腐

---

① 房玄龄：《晋书》，卷六十八《纪瞻传》，北京：中华书局，1974年，1815—1816页。
② 贺昌群：《魏晋清谈思想初论》，北京：商务印书馆，1999年，58—59页。

败,黄巾遂盛"①。在这样的政治环境下,"处士横议"的清议在后来转变演化为清谈。曹魏时代开创了九品中正制,主旨是统治者以人物品评为手段来选用人才,在这种政治统治力量的影响下,社会上形成了以品评人物德操为主的清谈之风。其次,社会思想方面的原因,"因为儒学衰微,玄学兴起,那种重德行轻言语的观念,便失去了力量,加以玄学的哲理,比起儒家所讲的那些平浅的伦理道德来较为玄妙神秘,适合于谈论的资料"②。在儒家名物训诂之实学渐渐淡化的同时,以清谈为主的就虚思想补前朝所缺要害,成为社会思潮的主流。最后,人心世态方面的原因,主要是社会上下,从高人逸士到寒门庶人,面对无法抗拒的社会政治环境,人心世态有所转变,出现避祸自保的倾向和追求谈论享乐的浮华之风。这种风气凝聚成清谈的形式,既能图得一时之乐趣,也能在无奈和委屈中发泄一时之不平。

二、内容与特征

陈寅恪认为:"魏晋清谈可分前后两期。魏末西晋时代为清谈的前期。此时期的清谈为当日政治上的实际问题,与其时士大夫的出处进退关系至为密切……东晋一朝为清谈后期。清谈至东晋只为口中或纸上的玄言,已失去政治上的实际性质,仅止作为名士身份的装饰品。"③虽然前后期内容上有差异,但是总的来看,魏晋清谈的内容体系无外乎以"三玄"为主旨,以"四本论"为中心问题,以"言尽意"三理为争辩的焦点问题,以"名辩"为方法论。

据《南齐书·王僧虔传》记载,王僧虔曾留有名篇《诫子书》:

---

① 杜国庠:《魏晋清谈及其影响》,见《杜国庠文集》,北京:人民出版社,1962年,344页。
② 刘大杰:《魏晋思想论》,上海:上海古籍出版社,1998年,165页。
③ 万绳楠:《陈寅恪魏晋南北朝史讲演录》,合肥:黄山书社,1987年,45页。

往年有意于史,取《三国志》聚置床头,百日许,复从业就玄,自当小差于史,犹未近仿佛。曼倩有云:"谈何容易。"见诸玄,志为之逸,肠为之抽,专一书,转诵数十家注,自少至老,手不释卷,尚未敢轻言。汝开《老子》卷头五尺许,未知辅嗣何所道,平叔何所说,马、郑何所异,《指例》何所明,而便盛于麈尾,自呼谈士,此最险事。设令袁令命汝言《易》,谢中书挑汝言《庄》,张吴兴叩汝言《老》,端可复言未尝看邪? 谈故如射,前人得破,后人应解,不解即输赌矣。且论注百氏,荆州《八帙》,又《才性四本》《声无哀乐》,皆言家口实,如客至之有设也。汝皆未经拂耳瞥目。岂有庖厨不修,而欲延大宾者哉? 就如张衡思侔造化,郭象言类悬河,不自劳苦,何由至此? 汝曾未窥其题目,未辨其指归;六十四卦,未知何名;《庄子》众篇,何者内外;《八帙》所载,凡有几家;《四本》之称,以何为长。而终日欺人,人亦不受汝欺也。①

从王僧虔的《诫子书》中可以看到,魏晋清谈内容的概貌,"以三玄为指归"②,这里的三玄,即指《老子》《庄子》《易》。《晋书》曰:"郭象,字子玄。少有才理,好老、庄,能清言。太尉王衍每云听象语如悬河泻水,注而不竭。"《晋书》又曰:"王衍妙善玄言,唯谈《老》《庄》为事。"把"四本论"作为一个中心问题③,所谓四本者,"言才性同,才性异,才性合,才性离也"④。"三理"是清谈家争辩的一个焦点问题,这里的三理是指"言尽意"。魏晋清谈家讲究争辩的技巧和方法,讲究争辩的高级和清雅,所以以"名辩"为争辩的方法论,依循了"惠施、公

---

① 萧子显:《南齐书》,卷三十三《王僧虔传》,北京:中华书局,1972年,598—599页。
② 杜国庠:《魏晋清谈及其影响》,见《杜国庠文集》,北京:人民出版社,1962年,348页。
③ 杜国庠:《魏晋清谈及其影响》,见《杜国庠文集》,北京:人民出版社,1962年,349页。
④ 刘义庆:《世说新语·文学》刘孝标注引《魏志》,见余嘉锡《世说新语笺疏》,北京:中华书局,1983年,195页。

孙龙的体系"①。

　　魏晋清谈成为风尚,自然有其独具魅力的风格和特征,除了内容上以三玄为指归之外,清谈者在言辞方面讲究高级和漂亮,饰物名器方面常有握麈尾者,且清谈者多博学多通之士,多好诗情酒意,放达不拘泥,外在容止多风雅,并且女子清谈也成为时尚。总之观赏清谈有种审美的意蕴在里面。

　　既然是清谈,那么魏晋清谈在言辞方面必然有所讲究,要么高级漂亮,要么清微简远。总之言辞畅快通透,如饮甘泉。《晋书》曰:"乐广尝与颜清言,欲以理服之,而颜辞论丰博,广笑而不言。时人谓颜为'言谈林薮'。"笑而不言可谓心领神会,妙在其中。《晋书》又曰:"胡母辅之字彦国,与王澄等为友。澄尝与人书曰:'彦国吐佳言如锯木屑,霏霏不绝,诚为后进领袖也。'"言辞能"如锯木屑,霏霏不绝",也就体现了言辞方面具备不一般的功夫,清微简远,如听天籁。《晋书》还曰:"裴遐善言玄理,音辞清畅,泠然若琴瑟。尝与河南郭象谈论,一座嗟服。"②音辞清畅是一种高超的语言技巧,这在魏晋清谈家之间时常可见。《南史·戚衮传》载:"简文在东宫,召衮讲论。又尝置宴集玄儒之士,先命道学互相质难,次令中庶子徐摛驰骋大义,间以剧谈。摛辞辩从横,难以答抗,诸儒慑气。时衮说朝聘义,摛与往复,衮精采自若,领答如流,简文深加叹赏。"③清谈家在争辩中很讲究风度,即使有辩难,也依然"精采自若,领答如流",这是一种很漂亮的风度。

　　清谈者当中,经常见到有握麈尾者。《晋书》记录了王衍清谈间手持麈尾:"王衍妙善玄言,唯谈《老》《庄》为事。每捉玉柄麈尾,与手

---

① 杜国庠:《魏晋清谈及其影响》,见《杜国庠文集》,北京:人民出版社,1962年,351页。
② 李昉等:《太平御览》,卷六一七《学部十一》,北京:中华书局,1966年,2771页。
③ 李延寿:《南史》,卷七十一《戚衮传》,北京:中华书局,1975年,1748页。

同色。义理有所不安,随即改更。世号曰'口中雌黄'。朝野翕然,谓之'一世龙门'矣。"①《宋书》记载了张敷清谈之时手握麈尾。"张敷好读玄言,兼属文论。弱冠,初父邵使与高士南阳宗少文谈系象,往复数番,少文欲屈,握麈尾叹曰:'吾道东矣。'于是名价日重。"②《三国典略》曰:陈袁宪,枢之弟也。幼聪敏好学。梁武帝修建庠序,别开五馆。其一馆在宪宅西,常招弘诸生与之谈论,每有新义,出人意表。国子博士周弘正谓宪父君正曰:"贤子今兹欲策试不?"君正曰:"经义犹浅,未敢令试。"居数日,君正遣门下客岑文豪与宪候弘正,将登讲座,弟子毕集,乃授宪麈尾。时谢岐、何妥在坐,弘正谓曰:"二贤虽穷奥赜,得无惮此后生耶?"何、谢递起义端,宪酬对闲敏,神色自若。弘正因谓文豪曰:"卿还咨袁,吴郡此郎已堪见代为博士矣。"③这个故事发生在梁武帝时代,讲述了陈袁宪因其清谈之时"酬对闲敏,神色自若",被授予麈尾以资奖励的故事,可见麈尾在当时象征着极高的荣誉和特殊的身份地位。

魏晋清谈者,多博学多通之士。《周书·苏绰传》曰:属太祖与公卿往昆明池观渔,行至城西汉故仓地,顾问左右,莫有知者;或曰:"苏绰博物多通,请问之。"太祖乃召绰,具以状对。太祖大悦。因问天地造化之始,历代兴亡之迹,绰既有口辩,应对如流。太祖益喜,乃与绰并马徐至池,竟不设网罟而还。遂留绰至夜,问以治道,太祖卧而听之。绰于是指陈帝王之道,兼述申韩之要。太祖乃起,整衣危坐,不觉膝之前席,语遂达曙不厌。诘朝,谓周惠达曰:"苏绰真奇士也。"④苏绰博学多通,且有辩才,能应对如流,得到太祖的欣赏,与其清谈时也"不觉膝之前席,语遂达曙不厌"。《周书·裴文举传》中又记载:裴

---

① 李昉等:《太平御览》,卷六一七《学部十一》,北京:中华书局,1966年,2771页。
② 李昉等:《太平御览》,卷六一七《学部十一》,北京:中华书局,1966年,2772页。
③ 李昉等:《太平御览》,卷六一七《学部十一》,北京:中华书局,1966年,2772页。
④ 令狐德棻等:《周书》,卷二十三《苏绰传》,北京:中华书局,1971年,381—382页。

文举,少忠谨,涉猎经史。"总管韦孝宽特相钦重,每与谈论,不觉膝前于席。"①裴文举博通经史,韦孝宽与之清谈,也"不觉膝前于席"。

　　清谈者多好诗情酒意,放达不拘泥。据《晋书·顾恺之传》记载,东晋画家顾恺之"博学有才气","尤善丹青,图写特妙","又为吟咏,自谓得先贤风制"。既精于绘画,又好吟诗,"义熙初,为散骑常侍,与谢瞻连省,夜于月下长咏,瞻每遥赞之,恺之弥自力忘倦。瞻将眠,令人代己,恺之不觉有异,遂申旦而止"②。晋大将军王敦,好辞赋,常常酒后咏诗。《世说新语·豪爽》记载:"王大将军(王敦)自目:'高朗疏率,学通《左氏》。'王处仲(王敦)每酒后,辄咏'老骥伏枥,志在千里。烈士暮年,壮心不已'。以如意打唾壶,壶口尽缺。"③此等诗情酒意,尽显魏晋清谈者的风流。

　　清谈者外在容止多风雅。《后周书·苏绰传》记载:"寇隽字祖俊,上谷平昌人也。世宗尚儒重德,特钦赏之。与相见,同席而坐,因顾访洛阳故事。俊容止端详,音韵清朗,帝与之谈,不觉为之前席。"在清谈者中常见如寇隽一般"容止端详,音韵清朗"的,以至于让君王都为其风雅所倾慕,在清谈间不自觉地将自己的座位移近寇隽。《世说新语·容止》记载:"王夷甫容貌整丽,妙于谈玄,恒捉白玉柄麈尾,与手都无分别。潘安仁、夏侯湛并有美容,喜同行,时人谓之'连璧'。"④其中,王夷甫持麈尾善玄谈毫无疑问,另据《晋书》中记载夏侯湛自称也"时而清谈"⑤,可见,王夷甫和夏侯湛都是十分注重容止的清谈者。这一风气在清谈者中广为流传,据明代屠隆于《鸿苞节录》

---

① 令狐德棻等:《周书》,卷三十七《裴文举传》,北京:中华书局,1971年,669页。
② 房玄龄:《晋书》,卷九十二《顾恺之传》,北京:中华书局,1974年,2405页。
③ 刘义庆:《世说新语·豪爽》,见余嘉锡《世说新语笺疏》,北京:中华书局,1983年,597—598页。
④ 刘义庆:《世说新语》,见余嘉锡《世说新语笺疏》,北京:中华书局,1983年,611页。
⑤ 房玄龄:《晋书》,卷五十五《夏侯湛传》,北京:中华书局,1974年,1494页。

卷一记载可知："晋重门第，好容止……肤清神朗，玉色令颜，缙绅公言之朝端，吏部至以此臧否。士大夫手持粉白，口习清言，绰约嫣然，动相夸许，鄙勤朴而尚摆落，晋竟以此云扰。"①

魏晋时出现了一种新现象，女子在那个讲究个性的时代里，清谈不让须眉，如《晋中兴书》中记载："谢弈女道韫，王凝之妻也。凝之弟献之尝与宾客谈议辞理，将屈，道韫遣婢白献之曰：'欲为小郎解围。'乃以青绫步障自蔽，申献之前义，客不能屈。"

魏晋清谈作为一种社会风尚，其对后来社会的影响必定深远。杜国庠认为主要影响有三点："第一，它为佛教准备了温床；第二，它为道学埋下了种子；第三，它助长了后来士大夫的所谓明哲保身的乡愿风习。"②从思想史角度看，魏晋清谈成为魏晋玄学传播的一种重要的思想争鸣方式；从社会生活史角度看，魏晋清谈既标志着人的自我觉醒，也激发和影响着人们自我意识的觉醒；从社会政治史角度看，留下一个备受争议的问题，即"清谈误国"论。

三、清谈与魏晋风度

"魏晋风度"一词最早由鲁迅提出来。1927年7月，应广州市教育局夏期学术讲演会的约请，鲁迅接连做了两个上午的报告，题目是《魏晋风度及文章与药及酒之关系》，后来发表在《民国日报》的副刊上。③鲁迅本意也许是从文学角度谈魏晋士人的风格气度，但是他提出了一个值得在新时代重新估量的问题。此后关于魏晋风度的讨论未曾断绝，时至今日，有一种看法立意更高远，这个时代的士人们在

---

① 屠隆著，汪超宏主编：《屠隆集》，第7册，杭州：浙江古籍出版社，2012年，130页。
② 杜国庠：《魏晋清谈及其影响》，见《杜国庠文集》，北京：人民出版社，1962年，353—354页。
③ 戴燕：《鲁迅的药与酒及魏晋风度》，载《鲁迅研究月刊》，2005年第3期，4—12页。

自觉地追求活得更漂亮些。① 这里的漂亮些,显然不仅仅指外在的仪表容颜,还有内在的精神情韵,包含三层意义②:第一,不可太窘迫。尤其是在突然而至的变故前惶然失措,这说明缺乏坚定的自我认同能力而容易受到外在压力的干扰以致一挤则垮,尊严尽丧,于此当然说不上什么风度了。第二,不可太紧张。美妙的生活姿态应该是自在、舒缓、闲适、雅致、随心、任情而不必刻意自我约束与激励以趋附某种外在价值,尽管后者可能引人崇仰。第三,不可太乏趣。适度的诙谐不但可以化解因生活的过于严肃所造成的拘谨、沉闷和尴尬,还可调动起沉酣中的想象力去呼应学识以做创造性发挥,散发生命的活力。通过这些所谓"漂亮些",基本总结涵盖了魏晋士人"简约云淡,超然绝俗"的特征。一般而言,真正的名士,其人格表现常成为后世追慕敬仰的典范,从发正始之音的何晏、王弼到"竹林七贤",再到江左大家王导、谢安等,都体现出魏晋名士的真风骨、真豪情和清峻通脱的大家风范。

从上述魏晋风度的三层意义,我们发现,凡是魏晋风度的尺度,也都是魏晋清谈需要做到的,其二者内在是一致的,从形式到内容都有着深刻的相通性。魏晋清谈既是说话,那么清谈就要讲得漂亮些。魏晋清谈的内容以三玄为主旨,那么不可太乏趣,因为玄远之学简约云淡,并且《世说新语》中记录了大量风趣幽默的故事。魏晋清谈常伴随诗情酒意和美妙音乐,畅怀于自然山水之间,怡情自在,当然不可太紧张。魏晋清谈讲究名辩之风,既有学术修炼之底气,又兼自觉理性争鸣,因此在突兀面前不可太窘迫。另外,迂阔浮华的清谈之风,可以看作魏晋风度的一种实现方式,放达的魏晋风度可以通过清谈的风雅姿态得以体现出来。清谈的内容越显宅心高远,越体现出

---

① 冯友兰、李泽厚等:《魏晋风度二十讲·编者序》,北京:华夏出版社,2009年,1页。
② 冯友兰、李泽厚等:《魏晋风度二十讲·编者序》,北京:华夏出版社,2009年,1页。

魏晋名士风度。

第二节　清谈与阅读

阅读是清谈的基础。清谈与学问有着密切关系，学问功底深厚是清谈的基本条件和资本。没有学问奠基的清谈是没有底气的，也是不足以称之为真正的清谈的。如果一方没有深厚的学术功底，则对方可能都不屑于与其清谈，最多泛泛而聊。这样的学术功底必须依赖于对典籍的阅读和深刻理解，唯有此道，才能达到"独抒见解"的程度，也才能与真名士进行真正的清谈。《世说新语·文学》中记载：支遁字道林，为晋代高僧。"王长史宿构精理，并撰其才藻，往与支语，不大当对。王叙致作数百语，自谓是名理奇藻。支徐徐谓曰：'身与君别多年，君义言了不长进。'王大惭而退。"①

阅读可以使清谈高人一筹。魏晋名士如果想要在清谈中立于不败之地，甚或胜过他人，那么他就必须勤学读书，增加自身的学术积累，提高自身的学识水平，唯有此道，在清谈中才能高人一筹。《晋书·潘京传》里有如此记录："潘京，字世长……举秀才，到洛。尚书令乐广，京州人也，共谈累日，深叹其才，谓京曰：'君天才过人，恨不学耳。若学，必为一代谈宗。'京感其言，遂勤学不倦。时武陵太守戴昌亦善谈论，与京共谈，京假借之，昌以为不如己，笑而遣之，令过其子若思，京方极其言论。昌窃听之，乃叹服曰：'才不可假。'遂父子俱屈焉。"②

---

① 刘义庆：《世说新语》，见余嘉锡《世说新语笺疏》，北京：中华书局，1983年，228页。
② 房玄龄：《晋书》，卷九十《潘京传》，北京：中华书局，1974年，2335页。

一、阅读的主流群体

魏晋南北朝时期,社会动荡、文化多元融合、士庶阶层分化的社会历史特征,对读书人这一阅读主体产生了深刻影响,导致阅读鸿沟出现,主流阅读群体逐渐形成,并且阅读的群体不断细分。

1. 阅读鸿沟出现

士庶分化的社会阶层结构和基础,影响着魏晋南北朝时期教育、文化的结构和发展,并进而影响着魏晋南北朝时期的阅读文化和士庶之间不同的阅读特征。阅读的士庶之别主要体现在阅读的可能性、阅读的目的、阅读的可持续性等方面。

(1)阅读的可能性。

士族因为拥有丰厚的物质经济资源,所以具备满足文化教育和阅读的基本条件。然而,庶族除非通过克服贫困,得以读书学习之外,很难获得阅读的机会,这与士庶阶层分化的历史特征不无关系。

在历史文献记载中,我们可以看到,一方面是王公士族们读书清谈。士族不仅是豪门地主,而且是有较好文化教育传统的人士。魏晋南北朝时期,士族一般十分重视收藏儒家经典等书籍,士族子弟有读书和接受文化教育的条件,因而出现了一些儒学世家。即使在战乱当中,也只有士族有意愿和有能力保存一部分书籍,例如有的士族修建了坞壁等防御工事,使得一些书籍免遭遗失。战乱之后,士族们仍然可以延续有书读的生活,并且出现了一些清谈人士。另一方面是寒士"头悬梁锥刺股"般的勤学苦读。从历史文献中,我们可以看到魏晋南北朝时期留下大量寒士苦读的记载。其实,因苦读而争取人生命运改变的记载越多,越能说明魏晋南北朝时期很多寒士想要突破各种束缚。然而,在"士庶天隔"的年代,寒士想要找到书籍十分困难,读书学习的可能性较小,因为依附于士族的寒士不仅基本上没有自己的物质基础,而且连年兵荒马乱,庶人更多被征服兵役,从而很难有读书的条件。但在条件如此艰难的情况下,出现诸如"车胤囊萤""孙康映雪"等寒士刻苦读书的场景。我们还发现,庶族所藏书籍很少甚至没有,并且,庶族更难有财力去编撰图书而获得阅读的机会。

(2)阅读的目的。

士庶阶层分化,士族和庶族之间身份、地位完全不同,他们的读书目的也明显不同。可以这样理解,对于士族而言,读书是他们的目的;对于庶族而言,读书是他们的工具,阅读成为他们谋生的手段。

一言以蔽之,士族阅读的主要目的是延续并显示家族的身份、地位和养成清谈的风雅气度。当然,士族读书也具有理想层面的意义,清谈佛道,玄学兴盛,形成虚无清雅理想化的读书风气,诸如有些士族偏好读《老子》《庄子》《周易》等。对于大多数士族而言,阅读的目的是获取知识,充实头脑,提高自己的能力和才干,出仕任官,荣耀门第,维护士族势力和巩固宗族力量,彰显士族身份和地位等。

庶族读书具有更多现实色彩,因为他们意图通过苦读而增长能力,从而通过努力获得一份职务或者官位的晋升,可以说是一种求生之道。庶族里面因此出现了很多因读书而进入仕途或升官的人,如三国王象少时为人放羊,偷空读书,后官至列侯;无独有偶,晋王育少时为人放羊,私去学堂旁听,勤奋用功读书,后官至太傅;出自农民家庭的南朝梁沈峻,刻苦读书终成为"五经"博士。当时很多寒士为了谋生以抄书为业,为了逃离生存的艰难,勤学苦读以改变命运。总之,庶族读书充满了现实生存的意义。生活在这一时代晚期的颜之推将读书视为谋生手段的阅读思想,引人注目。它是儒家"经世致用"读书观的庸俗化发展。虽然这是出于"人生在世,会当有业"和"父兄不可常依,乡国不可常保,一旦流离,无人庇荫"的考虑,且也有积极的一面,但终为后世的利禄读书论开了源头,这一影响则是消极的。①

(3)阅读的可持续性。

从汉代至魏晋南北朝,世家大族一般都重视儒学,注意搜集、保存经籍史书,有一部分还发展成儒学世家、"儒宗"。及至学校沦废,庶人、寒人又无法读书,文化学术、古代统治经验,只在这些世家大族中保存和传习下去,便是很自然的。再则,在战乱或赋役沉重的条件下,也只有世家大族得以保存书籍,传习文化学术。因为他们往往拥有坞壁等防御工事,一般可以拥众自保,使书籍、文化免遭摧残。而等战乱过去,他们又往往成为新朝官吏和权贵,家族享有免役等特权,从而不影响将文化学术和古代统治经验稳定地传习下去。② 基于这样的分析,我们可以发现,士庶在图书保存方面有着天壤之别,因而导致在魏晋南北朝分裂动荡、社会战乱频繁的时期,士庶之间读书的可持续性差异很大。士族在这一时期明显还具备保持读书的条件,并且可以长期延续下去。相较而言,庶族基本不具备这样的条件,因为他们在这一特殊历史时期生命可能都经常岌岌可危、难以自保,更何况保存图书并坚持阅读。

2. 主流阅读群体形成

基于上述士庶阶层分化的分析及士庶阶层分化对阅读可能性影响的分析,可以见得,士庶阶层分化对阅读主体的形成产生着现实性影响。因为士庶之间的分化,最根本的原因是二者对图书文献占有和拥有的不平等。图书文献主要流向了士族,庶族可以拥有的图书越来越少,导致阅读群体分化,形成魏晋南北朝时期以士族为主流阅

---

① 曾祥芹等:《古代阅读论》,郑州:大象出版社,1992年,59页。
② 白寿彝:《中国通史》,第五卷《中古时代·三国两晋南北朝时期》,上册,上海:上海人民出版社,2007年,642页。

读群体的格局。魏晋南北朝时期,私人藏书家多为士族,编写私人藏书目录的也多是士族。他们的世族身份和地位,以及拥有大量图书,给他们阅读提供了最大方便,其中成就了一批杰出人物。他们或者利用藏书编撰图书,或者建立丰功伟业。总之,这一批阅读的士族形成一个群体,并成为魏晋南北朝时期比较突出的有独立特征的群体,因为他们在那样一个分裂动荡的时代里继承着阅读的传统。

士族阅读,不仅仅因为他们拥有图书资源,具备阅读的条件,同时从士族本身的内涵来讲,他们与生俱来需要读书,来标榜门第和维护士族势力。嵇康《难张辽叔自然好学论》中有言"聚族献议,唯学为贵"。田余庆曾说:"非玄非儒而纯以武干居官的家族,罕有被视作士族者。"①"夫士族之特点既在其门风之优美,不同于凡庶,而优美之门风实基于学业之因袭。"②可见,对于士族的门第兴起与地位维系,读书学习是他们不可或缺的条件。从社会阶层划分和资源占有来看,士族占据一定的图书资源,他们接受过不同程度的教育并具备阅读的能力,寒士几乎无法读书。"上品无寒门,下品无势族",也可以说士族有书读,寒士无书读。这样长期积累和形成士族阅读的风气,士族成为那个时代的主流阅读群体。士族阅读离不开其成长的家族背景和家庭环境。史称北魏孝文帝"雅好读书,手不释卷。'五经'之义,览之便讲,学不师受,探其精奥。史传百家,无不该涉。善谈《庄》《老》,尤精释义。才藻富赡,好为文章,诗赋铭颂,任兴而作。有大文笔,马上口授,及其成也,不改一字。自太和十年(486)已后诏册,皆帝之文也。自余文章,百有余篇"③。细究其背后的故事发现,孝文帝拓跋宏从小在冯太后的影响下,不断接受汉文化,能凭借其皇门世族

---

① 田余庆:《东晋门阀政治》,北京:北京大学出版社,1996年,339页。
② 陈寅恪:《唐代政治史述论稿》,上海:上海古籍出版社,1982年,71页。
③ 魏收:《魏书》,卷七下《高祖纪》,北京:中华书局,1974年,187页。

的优越条件"手不释卷",从五经到史传百家,从老、庄到诗赋,可见其阅读的范围之广。《梁书·刘歊传》记载:刘歊,字士光,吁族兄也。祖乘民,宋冀州刺史;父闻慰,齐正员郎。世为二千石,皆有清名。歊幼有识慧,四岁丧父,与群儿同处,独不戏弄。六岁诵《论语》《毛诗》,意所不解,便能问难。十一,读《庄子·逍遥篇》,曰:"此可解耳。"客因问之,随问而答,皆有情理,家人每异之。及长,博学有文才,不娶不仕,与族弟吁并隐居求志,遨游林泽,以山水书籍相娱而已。常欲避人世,以母老不忍违离,每随兄霁、杳从宦。少时好施,务周人之急,人或遗之,亦不距也。久而叹曰:"受人者必报,不则有愧于人。吾固无以报人,岂可常有愧乎?"①刘歊,字士光,平原人(今山东平原东人),他的父亲是刘怀慰(本名闻慰),曾官任齐郡太守,为官清廉。刘歊六岁时就可以诵读《论语》《毛诗》,十一岁时,可以精读《庄子·逍遥篇》,既说明他早慧,也说明他从小在这样的士族家庭成长,能较早读到上述书籍,并且留下博学之名。

　　魏晋南北朝时期,不仅士庶阶层分化导致士族成为阅读主流群体,而且长期分裂动荡促使阅读主体更加集中和凝缩在士族当中。具体表现在如下几个方面。首先,生存危机和颠沛流离的凄惨状况导致人的生命几乎难保,何况图书呢? 相对于寒士,士族权贵们更容易存活下来。"四民流移,托身他方,携白首于山野,弃稚子于沟壑,顾故乡而哀叹,向阡陌而流涕,饥厄困苦,亦已甚矣。"②这句话记录了魏晋南北朝人生活的危机和惨状,很多人处于流离失所的状态,要保证寒士有书可读和坚持读书,几乎是天方夜谭。其次,社会动荡,人们的精神极度痛苦和不安,读书成为奢侈的事情,也许只有士族还能在读书中寻求精神的满足,寒士基本上颠沛流离于痛苦之所和逃遁

---

① 姚思廉:《梁书》,卷五十一《刘歊传》,北京:中华书局,1973年,747—748页。
② 陈寿撰,裴松之注:《三国志·魏书》,卷八《陶谦传》,北京:中华书局,1959年,249页。

到宗教的彼岸世界以求得安慰。魏晋南北朝时期,读书人死于刀下的不知道有多少,如孔融、杨修、丁仪、丁廙死于魏,嵇康、张华、陆机、陆云、潘岳死于晋,这都是令读书人寒心的事。这种悲惨的命运,对读书人心灵上的打击自然是重大的。① 所以一些读书人在精神困顿难堪的时候,选择寄情老庄玄谈和山水田园之中,以求得精神痛苦的解脱。然而大部分寒士,包括农民,没有知识,在那种痛苦时代,精神上找不到一点安慰,既不能读《老》《庄》,又无力量寄情酒色,自然容易走到宗教的路上去。于是张陵的五斗米道,张角的太平道,恰好适应了当代一般民众的要求,成为最流行的宗教了。② 这也是藏书缺席和读书缺位后,心灵深处的激荡与不安,导致人们在特殊时期做出了特殊的选择。最后,图书的收藏和编撰活动主要局限在士族当中。魏晋南北朝时期,除了公藏所满足的对象基本上是皇权贵族或士族以外,私人藏书家大多也是士族出身,诸如蔡邕藏书万卷,曹魏时王弼藏书几将万卷,晋时范蔚藏书七千余卷,南朝沈约藏书两万卷,南朝萧统藏书三万卷,北朝张缅藏书万余卷,北朝张缵藏书两万卷,这些私人藏书为士族及其子弟阅读提供了方便;编撰者大多也出自士族,诸如编纂文学总集《文选》的昭明太子等一批人,撰《周易注》的王弼,撰《春秋左氏经传集解》的杜预,撰《论语集解》的何晏,编撰史书《后汉书》的范晔,撰写《世说新语》的刘义庆等人都有着士族背景。这些士族,边读书边撰写图书,从一定意义上看,他们在分裂动荡的社会中保存了古代文献,传承了中华文化,有着积极的贡献。

3. 阅读群体细分

魏晋南北朝是一个文化多元融合的时代,也是一个思想开放和个体自觉的时代,在阅读方面,不同的读者表现出不同的阅读需求,

---

① 刘大杰撰,林东海导读:《魏晋思想论》,上海:上海古籍出版社,1998年,14页。
② 刘大杰撰,林东海导读:《魏晋思想论》,上海:上海古籍出版社,1998年,15页。

读者的身份特征和阅读需求越来越细分。据此,我们将魏晋南北朝时期的阅读群体主要细分为士族阅读、寒士阅读、皇帝阅读、文学阅读、学者阅读、僧人阅读、少儿阅读、民族文献阅读等。

(1)士族阅读。

上文已经分析了魏晋南北朝时期士族成为主要的阅读群体。据统计,南朝史籍著述,泰半为士族所作,盖彼等藏书较富,见闻又多,资料久集充实,而又有闲暇从事著述,开史家著史之风气焉。① 士族著述历史,必然阅读大量史书,随着魏晋南北朝史学著作的繁复,当时许多士族热衷于阅读史书的现象渐渐显现。而且从魏晋清谈和魏晋玄学的兴盛,今人不难看出当时士族阅读"三玄"的热闹景象。此外,魏晋南北朝士族在维护和巩固士族势力的过程中,导致谱牒学等传家之学快速发展,今人从中可推测士族子弟有阅读谱牒之必要。史学、玄学、谱牒学等的多元化发展,为士族阅读提供了内容准备,同时士族阅读也促进了文化的多元化发展。相对于士族,寒士阅读就显得十分艰难,寒士大多采用借阅、抄读等方式来阅读,他们身上集中体现出了勤学苦读的时代阅读精神。

(2)皇帝阅读。

《皇览》是一部类书,开始主要是为了满足皇帝的阅读需求而产生的。该书"撰集经传","随类相从",所收内容广泛,"综贯群典",便于浏览和查阅相关资料。从文化发展的角度看,《皇览》有利于文化遗产的保存;从阅读的角度看,既是类书之始祖,也开了分门别类浏览和检索阅读的先河。

(3)文学阅读。

魏晋南北朝时期,文学发展的一个显著进步是总集、别集的出现。总集、别集满足了不同读者的阅读需求,《文选》《玉台新咏》等总

---

① 苏绍兴:《两晋南朝的士族》,台北:联经出版事业公司,1987年,14页。

集可以满足那些想读多位作者的作品,但是又不能承受其劳累和选择之困难的读者的需求。《隋书·经籍志四》曰:"以建安之后,辞赋转繁,众家之集,日以滋广,晋代挚虞苦览者之劳倦,于是采摘孔翠,芟剪繁芜,自诗赋下,各为条贯,合而编之。"《阮籍集》《嵇康集》等别集,可以满足那些想专门阅读某一人作品的读者的需求。《隋书·经籍志四》曰:"自灵均已降,属文之士众矣,然其志尚不同,风流殊别。后之君子,欲观其体势,而见其心灵,故别聚焉,名之为集。"

(4)学者阅读。

学术阅读满足学术研究和创作者的需求,从何晏、王弼等人的注疏中看他们的学术思想来源与他们的知识准备,知识结构和体系中的多元性与他们成果中的会通性,展现的是学术阅读与思考的环节和必由之路。

此外,还有僧人阅读、少儿阅读和民族文献阅读等。魏晋南北朝,由于佛教输入,大量翻译佛教典籍,满足了佛门僧人对佛典的阅读需要。魏晋南北朝时期出现了大量蒙学教材,少儿通过阅读蒙学教材,可以达到识字和培养品德等目的。《千字文》是流传最广泛、最久远的代表作品之一,可以说,当时少儿阅读蒙学成为社会教育的一种潮流。魏晋南北朝时期,随着民族的融合,少数民族阅读汉族文献和汉族学习少数民族文化,成为那个时代民族文化融合的重要形式。

二、阅读的时代风尚

阅读"三玄"是魏晋南北朝的一大风尚。前面讲了魏晋清谈以"三玄"为指归,其核心思想内容离不开《老子》《庄子》《周易》。魏晋以清谈为时代风尚,那么,魏晋人士不可能不读"三玄",也不可能不好"三玄"而强读"三玄"。所以从学理上讲,魏晋人士当以读"三玄"

为时代风尚,因为这是支撑他们清谈的基础。当然,我们可以用大量史料记载佐证,那个时代的人们确实以读"三玄"为时尚和乐事。

据《三国志·魏书·管辂传》记载,辂为何晏所请,果共论易九事,九事皆明。晏曰:"君论阴阳,此世无双。"时邓飏与晏共坐,飏言:"君见谓善易,而语初不及易中辞义,何故也?"辂寻声答之曰:"夫善易者不论易也。"晏含笑而赞之:"可谓要言不烦也。"①三国时,管辂有才学,喜好并精通《周易》。一次,吏部尚书何晏宴请管辂,邓飏相陪,均想听他谈《周易》,但是管辂并不开谈《周易》,邓飏就问管辂:"君见谓善易,而语初不及易中辞义,何故也?"管辂回答道:"夫善《易》者不论《易》也。"当时,何晏赞赏地笑道:"可谓要言不烦也。"这里既说明了管辂精通《周易》为时所重,也说明了他善用玄理巧妙作答,并因此得一成语"要言不烦",成为佳话。阮籍,三国魏诗人,竹林七贤之一,好《庄子》《老子》。《晋书·阮籍传》记载:"籍容貌瑰杰,志气宏放,傲然独得,任性不羁,而喜怒不形于色。或闭户视书,累月不出;或登临山水,经日忘归。博览群籍,尤好《庄》《老》。"②孙登,三国吴孙权的长子,好《周易》。《太平御览》记载他:"清静无为,好读《易》、弹琴,颓然自得。观其风神,若游六合之外者。"③郭象,西晋时期玄学家,好《老》《庄》,著有《庄子注》。《晋书》记载曰:郭象字子玄,少有才理,好《老》《庄》,能清言。太尉王衍每云:"听象语,如悬河泻水,注而不竭。"④殷浩,东晋人,好《老》《易》,《晋书》记载:浩识度清远,弱冠有美名,尤善玄言,与叔父融俱好《老》《易》。⑤ 殷仲堪,东晋人,好《老子》,《晋书》

---

① 陈寿撰,裴松之注:《三国志·魏书》,卷二十九《管辂传》,北京:中华书局,1959年,821页。
② 房玄龄:《晋书》,卷四十九《阮籍传》,北京:中华书局,1974年,1359页。
③ 李昉等:《太平御览》,卷五七九《乐部十七》,北京:中华书局,1966年,2613页。
④ 房玄龄:《晋书》,卷五十《郭象传》,北京:中华书局,1974年,1396—1397页。
⑤ 房玄龄:《晋书》,卷七十七《殷浩传》,北京:中华书局,1974年,2043页。

曰:仲堪能清言,善属文,每云三日不读《道德论》,便觉舌本间强。①

魏晋南北朝时期,面对社会动荡的局面,读书人的生存环境十分艰难,很多读书人面对逃无可逃的悲惨世界和自身的凄惨命运,或者"故意装聋卖哑,寄情酒色,或谈《庄》《老》,或隐田园的了"②,其中的读书人,主要倾向于阅读以《老》《庄》《易》为主要内容的玄学,因为读书人在其中可以寻求到精神寄托和安慰,从而得到生存下去的精神力量。例如阮籍,竹林七贤之一,博览群籍,尤好《庄》《老》。③ 孙登,三国吴人,清静无为,好读《易》。④ 王衍,唯谈《老》《庄》为事。⑤ 殷仲堪,每云三日不读《道德论》,便觉舌本间强。⑥

魏晋南北朝时期的阅读有其的广博性。继汉代以来,魏晋南北朝读书人追求博学多通,有着通人的理想。受此影响,魏晋南北朝时期文化多元融合特征更加明显和有根基;反过来,文化多元融合既给读书人提供了丰富的阅读材料,也要求读书人阅读范围更广博,阅读之后要会通。魏晋南北朝时期,很多学人身上有着博学多通之风,例如晋杜夷,"博览经籍百家之书"⑦。晋陈邵"博通六籍"⑧。北魏崔鸿,"博综经史"⑨。葛洪自称"年十六,始读《孝经》《论语》《诗》《易》……贪广览,于众书乃无不暗诵精持"⑩。魏晋南北朝时期在儒家经典注疏方面取得显著成果,也离不开文化多元融合观念的流行。受此影响,魏晋南北朝的学人在注疏儒经时表现出开阔的学术视野,如

---

① 房玄龄:《晋书》,卷八十四《殷仲堪传》,北京:中华书局,1974年,2192页。
② 刘大杰撰,林东海导读:《魏晋思想论》,上海:上海古籍出版社,1998年,14页。
③ 房玄龄:《晋书》,卷四十九《阮籍传》,北京:中华书局,1974年,1359页。
④ 李昉等:《太平御览》,卷五七九《乐部十七》,北京:中华书局,1966年,2613页。
⑤ 房玄龄:《晋书》,卷四十三《王衍传》,北京:中华书局,1974年,1236页。
⑥ 房玄龄:《晋书》,卷八十四《殷仲堪传》,北京:中华书局,1974年,2192页。
⑦ 房玄龄:《晋书》,卷九十一《杜夷传》,北京:中华书局,1974年,2353页。
⑧ 房玄龄:《晋书》,卷九十一《陈邵传》,北京:中华书局,1974年,2348页。
⑨ 魏收:《魏书》,卷六十七《崔鸿传》,北京:中华书局,1974年,1501页。
⑩ 杨明照:《抱朴子外篇校笺》,下册,卷五十,北京:中华书局,1991年,655页。

何晏注《论语》，王弼注《周易》，都采取了以道解儒的会通道路。读书人身上表现出的博学多闻和融会贯通精神，既是对时代文化多元融合特征的迎合，也是实现自我觉醒与追求思想文化创新的体现。

休闲阅读成为时尚。休闲既包含解除身体上的疲劳，也包含获得精神上的放松和慰藉。休闲阅读，是以阅读的方式达到让人们获得身心放松和愉悦的休闲目的。魏晋南北朝时期，人们苦于战乱，身心不安，心灵需要得到平衡和慰藉，在生活中不免会寻求休闲和放松的机会，时人多有选择休闲阅读方式。

魏晋南北朝时期，文学成就非凡，其中建安文人以"直抒胸臆、质朴刚健的抒情风格，形成了建安诗歌所特有的梗概多气、慷慨悲凉的风貌"，后称之为"建安风骨"。从"白骨露于野，千里无鸡鸣"[1]的人间疾苦、慷慨悲歌，到"日月之行，若出其中。星汉灿烂，若出其里"[2]的博大胸襟、吐纳通透，再到"老骥伏枥，志在千里。烈士暮年，壮心不已"[3]的激越高亢、积极进取精神，既印证了那个时代的人心世态，也激励和影响着那个时代及后来的人们，使得人们在文学作品中休而不闲，灵魂得到放逐，但是心智依然高亢。另外，志怪小说和志人小说也是文学史上的一大成就，以"各种灵怪奇异的浪漫主义手法，折射当时的思想、文化和社会风习；或用精悍短小的篇幅，清新隽永的语言，从各个方面生动反映当时的社会生活和士大夫阶层的言行风貌"[4]。以干宝《搜神记》为代表的志怪小说，神秘玄幻，使人读来尽得"游心寓目"的赏玩乐趣；以刘义庆《世说新语》为代表的志人小说，故事来自真人真事，切近现实，且语言简洁质朴、言约旨丰，让人读来如

---

[1] 曹操：《蒿里行》，见逯钦立《先秦汉魏晋南北朝诗》，北京：中华书局，1988年，347页。
[2] 曹操：《观沧海》，见逯钦立《先秦汉魏晋南北朝诗》，北京：中华书局，1988年，353页。
[3] 曹操：《龟虽寿》，见逯钦立《先秦汉魏晋南北朝诗》，北京：中华书局，1988年，354页。
[4] 朱大渭主编，景蜀慧、孔毅著：《插图本中国古代思想史·魏晋南北朝卷》，南京：广西人民出版社，2006年，351页。

饮甘泉般酣畅淋漓。这些文学成果都成为当时人们阅读的重要对象,阅读这些文学作品,无所谓功利,但求休闲放松和愉悦。

休闲阅读是一种身体放松、心灵宁静的雅致状态。魏晋南北朝时期最为人称道的休闲阅读,要数陶渊明读《山海经》了,且看陶渊明为之写下的《读山海经十三首》其一:

> 孟夏草木长,绕屋树扶疏。
> 众鸟欣有托,吾亦爱吾庐。
> 既耕亦已种,时还读我书。
> 穷巷隔深辙,颇回故人车。
> 欢然酌春酒,摘我园中蔬。
> 微雨从东来,好风与之俱。
> 泛览《周王传》,流观《山海图》。
> 俯仰终宇宙,不乐复何如?①

陶渊明像

---

① 陶渊明:《读山海经十三首(其一)》,见陶渊明著、曹明纲标点《陶渊明全集(附谢灵运集)》,上海:上海古籍出版社,1998年,27页。

唐人颜真卿在《咏陶渊明》中,对陶渊明休闲的阅读状态进行了很好的描画:"手持《山海经》,头戴漉酒巾。兴逐孤云外,心随还鸟泯。"①陶渊明阅读时安雅清闲、怡然自得、乐在其中的愉悦,使人油然心向往之。

阅读清谈是时人所尚。《三国志·魏书·管辂传》记载:管辂字公明,平原人也。容貌粗丑,无威仪而嗜酒,饮食言戏,不择非类,故人多爱之而不敬也。《辂别传》曰:……时年十五,来至官舍读书。始读《诗》《论语》及《易》本,便开渊布笔,辞义斐然。于时黉上有远方及国内诸生四百余人,皆服其才也。琅邪太守单子春雅有材度,闻辂一黉之俊,欲得见,辂父即遣辂造之。大会宾客百余人,坐上有能言之士,辂问子春:"府君名士,加有雄贵之姿,辂既年少,胆未坚刚,若欲相观,惧失精神,请先饮三升清酒,然后言之。"子春大喜,便酌三升清酒,独使饮之。酒尽之后,问子春:"今欲与辂为对者,若府君四坐之士邪?"子春曰:"吾欲自与卿旗鼓相当。"辂言:"始读《诗》《论》《易》本,学问微浅,未能上引圣人之道,陈秦、汉之事,但欲论金木水火土鬼神之情耳。"子春言:"此最难者,而卿以为易邪?"于是唱大论之端,遂经于阴阳,文采葩流,枝叶横生,少引圣籍,多发天然。子春及众士互共攻劫,论难锋起,而辂人人答对,言皆有余。至日向暮,酒食不行。子春语众人曰:"此年少盛有才器,听其言论,正似司马犬子游猎之赋,何其磊落雄壮,英神以茂,必能明天文地理变化之数,不徒有言也。"于是发声徐州,号之神童。② 管辂是三国时魏国的著名术士,被后世奉为卜卦观相的祖师,一生著述不少,主要有《周易通灵诀》《周易通灵要诀》《破躁经》《占箕》。他十五岁时,开始读《诗经》《论语》及

---

① 颜真卿:《咏陶渊明》,见常华《唐诗密码》,南京:江苏文艺出版社,2009年,27页。
② 陈寿撰,裴松之注:《三国志·魏书》,卷二十九《管辂传》,北京:中华书局,1959年,811—812页。

《周易》等书,初露其才,得人赏识,便有了一场规格不低的公开辩论。在"大会宾客百余人,坐上有能言之士"的大舞台上,管辂与琅琊太守单子春开始了一场辩难之争,最后结果是单子春在众人面前盛赞管辂之才:"此年少盛有才器,听其言论,正似司马犬子游猎之赋,何其磊落雄壮,英神以茂,必能明天文地理变化之数,不徒有言也。"由此可以看出,清谈不分年龄,但是仅仅十五岁的管辂能与"雅有材度"的琅琊太守单子春公开辩论,且得到赞赏,除了一般认为的管辂似乎有天赋之才以外,我们不得不看到管辂是下了读书之功夫的。我们也不得不承认,即使管辂是士族子弟,如果他不读书,那么难以想象他后来会如何。但正是因为他的阅读之功,才使得看似不可能的事情在他十五岁时就发生了。阅读以长才,长才以清谈,清谈显才以服人。

奇文共赏是阅读,直言不讳是清谈,"奇文共赏,直言不讳"是阅读与清谈的协奏。这一思想来源陶渊明的诗《移居二首》(其一):

> 昔欲居南村,非为卜其宅。
> 闻多素心人,乐与数晨夕。
> 怀此颇有年,今日从兹役。
> 弊庐何必广,取足蔽床席。
> 邻曲时时来,抗言谈在昔。
> 奇文共欣赏,疑义相与析。①

诗文描绘了陶渊明与南村邻人交往过从之乐,其中后四句重点叙述了邻人之间时常往来清谈,有美文共同阅读欣赏,清谈间能直言不讳的融洽与欢乐场景。如诗人陶渊明般细致观察生活,并对阅读清谈画面的描述如此要言不烦,"奇文共赏,直言不讳"足以成为阅读

---

① 陶渊明:《移居二首(其一)》,见陶渊明著、曹明纲标点《陶渊明全集(附谢灵运集)》,上海:上海古籍出版社,1998年,10页。

清谈的经典范式。

三、阅读养生及治疗

魏晋南北朝时期政权分裂、社会动荡、人心难安,为人们选择玄学和清谈提供了现实环境。从逃避社会痛苦和治愈心灵的角度来说,经学与佛家、道家思想结合而成的玄学,可以说对那个时代的人心健康有一定助益。从民间社会的角度来看,宗教是彼岸世界的安慰,佛教和道教的发展发挥了它们本身特有的作用,其存在有其合理之处。魏晋清谈和玄学思想从出现到成为社会时尚,说明那个时代需要这样的学问和思想,需要这样的生活方式和观念,需要得到一些慰藉和心理的平衡,否则人们在万般痛苦和无奈中很难想象会如何活着、如何活下去,当时人们不得不默认逃避也是一种自我保护的方式。魏晋清谈和玄学,成为平衡内在世界与外在世界矛盾冲突的良药和安慰剂,也是治愈整个时代人心不安的良药。由此看来,从养生学意义上讲,清谈在一个特殊的时代环境中,发挥了超出其本身含义的价值。

伴随清谈者对玄学的学习与理解,魏晋清谈后来发展为玄谈。玄谈的基本内容围绕"三玄",方法尽显其宅心玄远。王波认为:"学玄研玄的过程就是要不抱任何功利目的去阅读内容清虚简远的图籍,营造超然脱俗的心境,忘掉现实生活的纷扰。"[1]从这个角度来看,阅读养生在玄谈的过程中发生着,在每个被当时社会生活所困扰的人当中,玄谈和阅读养生并生并存,成为他们潜在的生活方式并发挥着作用。

---

[1] 王波、张慧君:《魏晋南北朝的阅读疗法思想和医案》,载《图书与情报》,2004年第1期,42—51页。

阅读疗法是指读者通过阅读的方式调节身心,达到养生保健和预防以及辅助治疗疾病的目的。① 由上文可知,在理念上,魏晋玄谈有着内在的阅读养生功能,这种养生功能体现在治病救人方面,亦可称之为阅读疗法。当然,阅读疗法是否发挥过疗效,我们需要观察一些案例。

1. 谢灵运斋中读书解心病

在古代文献中,我们很难看到阅读疗法的案例记载,特别是遥远的魏晋南北朝时期,但是我们得感谢一位诗人,他用诗歌的形式记录了一个发生在自己身上的真切案例,见于谢灵运《斋中读书》中:

> 昔余游京华,未尝废丘壑。
> 矧乃归山川,心迹双寂寞。
> 虚馆绝诤讼,空庭来鸟雀。
> 卧疾丰暇豫,翰墨时间作。
> 怀抱观古今,寝食展戏谑。
> 既笑沮溺苦,又哂子云阁。
> 执戟亦以疲,耕稼岂云乐。
> 万事难并欢,达生幸可托。②

南朝宋武帝永初三年(422),谢灵运由京官太子左卫率被贬为永嘉太守,他自认为"才能宜参权要",但深感仕途不顺,"在郡一周",终于"称疾去职"③,开始了他的归隐生活。《斋中读书》作于谢灵运被贬后的永嘉太守任上,叙述了他仕途转折前后的变化,从"游京华"到

---

① 王波、张慧君:《魏晋南北朝的阅读疗法思想和医案》,载《图书与情报》,2004年第1期,42—51页。
② 谢灵运:《斋中读书》,见陶渊明著、曹明纲标点《陶渊明全集(附谢灵运集)》,上海:上海古籍出版社,1998年,98页。
③ 沈约:《宋书》,卷六十七《谢灵运传》,北京:中华书局,1974年,1754页。

"归山川"、从"未尝废丘壑"到"心迹双寂寞",第五句和第六句进一步渲染了读书时的心情状态和环境气氛,"虚馆绝诤讼,空庭来鸟雀"。全诗从第七句转入正题"斋中读书","卧疾"时常常无聊遐想,为此选择了"怀抱观古今",以读书来排解烦闷心情。最后四句叙述了他在读书论书基础上寻觅自己的出路,细看"执戟"做官和"耕稼"躬耕,得出的结论是"万事难并欢",经过几番周折,诗人的心绪渐趋平静,寄意于"达生幸可托",即归隐的心灵解脱之道。可以看出,《斋中读书》详细描绘了诗人在人生低迷"心迹双寂寞"之时的心理状态和思想活动过程,其中重点突出叙述了他在斋中读书时思考和追问,并最终得到"幸可托"的解药,可谓一场心理活动短剧,生动地刻画了人物阅读自疗的过程。

2. 曹操读檄文而治头痛

《典略》曰:琳作诸书及檄,草成呈太祖。太祖先苦头风,是日疾发,卧读琳所作,翕然而起曰:"此愈我病。"数加厚赐。[1] 这里讲述了一个三国时期的故事。陈琳以文才出众,擅长作檄文,一日将檄文递呈给曹操,当日曹操头痛病正好发作,读了陈琳的檄文,突然精神大振,盛夸"此愈我病"。如果从社会心理学的角度来看,"曹操是个富于心计、城府很深的人,他是不是果真因为读了陈琳的文章而治好了头痛病,恐怕只有他自己清楚,不能排除他为了笼络人心,习惯性地玩弄政治手腕,故作夸大之态以赚取陈琳等文人忠心的嫌疑"[2]。如果从心理刺激到生理反应的逻辑来看,似乎陈琳的檄文恰似一种强烈刺激,在曹操神经性头痛发作之时,如当头一棒,把神经性头痛"以毒攻毒"[3]般击溃了。具体在曹操读檄文治头痛的案例中,这两种因素可能都存在并发挥了作用。当然,历史故事在其虚实难辨中,还是

---

[1] 陈寿撰,裴松之注:《三国志·魏书》,卷二十一《陈琳传》,北京:中华书局,1959年,601页。
[2] 王波、张慧君:《魏晋南北朝的阅读疗法思想和医案》,载《图书与情报》,2004年第1期,42—51页。
[3] 王波、张慧君:《魏晋南北朝的阅读疗法思想和医案》,载《图书与情报》,2004年第1期,42—51页。

给我们带来了一些思考的余地,那就是,阅读在治疗方面是否可以发挥功效? 它又是如何发挥功效的? 我们寄希望于更深入的研究能够回答这些问题。

3. 徐份诵《孝经》而父病愈

据《南史·徐份传》记载,南朝徐陵之子徐份,"性孝弟,陵尝疾笃,份烧香泣涕,跪诵《孝经》,日夜不息,如是者三日,陵疾豁然而愈"①。这里讲述了一个孝子诵读《孝经》后,其父突然病愈的故事。徐陵是南朝梁、陈间的诗人、文学家,选编有诗歌总集《玉台新咏》传世。有一次,徐陵突然病重,其子徐份就连续三天跪诵《孝经》,徐陵的病竟然神奇般好了。王波认为:"对这则医案,一方面我们要承认其中具有偶然性和巧合性,不可依此片面夸大阅读疗法的作用。另一方面,我们也要从中充分认识到阅读疗法的力量,不能简单地以'愚孝'二字就抹煞掉其中的阅读疗法的作用。"②无论如何,作为一个历史记载,其中所发生的故事印证了阅读疗法的作用,这一点我们还是要承认的。

总之,任何一种疗法,能治病看疗效,如果有效果,那么值得肯定。在上述案例中,阅读养生和阅读疗法都取得了一定的成效,这是毋庸置疑的。但是,治标不治本也许是上述疗法所共存的漏洞,解心病还需能推而广之、在人人身上能应验的妙法。神奇疗效还需科学的解释和判断并具有可推广性,如果上述质疑得到解答,那么我们将期待阅读养生和阅读疗法发挥真正的广泛效用。

---

① 李延寿:《南史》,卷六十二《徐份传》,北京:中华书局,1975 年,1526 页。
② 王波、张慧君:《魏晋南北朝的阅读疗法思想和医案》,载《图书与情报》,2004 年第 1 期,42—51 页。

第七章　魏晋南北朝的读书典故与阅读精神

在文献记载中，魏晋南北朝时期留下了大量精彩的阅读典故和佳话。即使在今天，这些典故读来仍然饶有乐趣，并且能激发人的阅读兴趣，特别是这些记载渗透着魏晋南北朝人可贵的读书精神，是中华阅读传统和精神形成过程中非常重要的部分。因此，本章特集魏晋南北朝书林典故于此，分为书香门第、读书典故、阅读嗜好、女性阅读、阅读精神几个部分，意图使阅读之光和阅读精神得以继续弘扬和传颂。

第一节　书香门第

魏晋南北朝时期，士族势力不断丰盈，很多士族在世袭权贵的同时，非常注重家学读书传统，因而出现了不少书香门第，诸如三国曹氏、陈郡谢氏、琅琊王氏、南梁陶氏、南梁萧氏、北魏拓跋氏等。从书香门第中可以发现，士族因重视读书获益，人才辈出，门第长青。

一、三国曹氏

据文献记载,曹操一生颇爱读书,并且经常教育后代多读书。早期曹操因为对当时社会的混乱现象十分不满,所以"拜议郎,常托疾病,辄告归乡里。筑室城外,春夏习读书传,秋冬弋猎,以自娱乐"①。他看到"权臣专朝,贵戚横恣",便假托患有疾病回归乡里,在住所里过起安逸的生活,一年四季以读书和狩猎为乐,可见曹操在寻找放松和休闲的生活时,看重读书的乐趣。后来长期行走在军旅,曹操仍然"手不释卷"。曹丕《典论·自叙》说:"上雅好诗书文籍,虽在军旅,手不释卷。每每定省从容,常言人少好学则思专,长则善忘。长大而能勤学者,唯吾与袁伯业耳。"②并且曹操的阅读范围十分广泛,如"昼则讲武策,夜则思经传,登高必赋。及造新诗,被之管弦,皆成乐章"(《三国志·魏书·武帝纪》)。从文献记载和曹操的军旅生涯来看,兵书是曹操的偏爱。《魏书·武帝纪》裴注引孙盛《异同杂语》云:"太祖……博览群书,特好兵法,抄集诸家兵法,名曰《接要》,又注《孙武》十三篇,皆传于世。"他不仅阅读兵书,而且结合实战,"自作兵书十万余言,诸将征伐,皆以新书从事"③。可以说曹操把阅读、实践和创新进行了完美的结合。曹操不仅自己喜爱读书,而且带动其子孙广读诗书。曹丕和曹植等受曹操的影响,也喜好文学,并且和曹操一样,创作了大量文学作品,形成了独具特色的建安文学。魏文帝曹丕,"好文学,以著述为务,自所勒成垂百篇。又使诸儒撰集经传,随类相

---

① 陈寿撰,裴松之注:《三国志·魏书》,卷一《武帝纪》,北京:中华书局,1959年,4页。
② 魏宏灿:《曹丕集校注》,合肥:安徽大学出版社,2009年,302页。
③ 陈寿撰,裴松之注:《三国志·魏书》,卷一《武帝纪》,北京:中华书局,1959年,54页。

从,凡千余篇,号曰《皇览》"①。曹植更是留下佳作《洛神赋》和"七步成诗"的美名。曹操之子中山恭王曹衮,在这样一个书香世家的影响下,性乐读书,并且不图虚名,"少好学,年十余岁能属文。每读书,文学左右常恐以精力为病,数谏止之,然性所乐,不能废也……每兄弟游娱,衮独覃思经典。文学防辅相与言曰:'受诏察公举错,有过当奏,及有善,亦宜以闻,不可匿其美也。'遂共表称陈衮美。衮闻之,大惊惧,责让文学曰:'修身自守,常人之行耳,而诸君乃以上闻,是适所以增其负累也。且如有善,何患不闻?而遽共如是,是非益我者。'其戒慎如此"②。我们从中可知,曹衮深知读书之乐和读书的本质,在大臣的溢美之词面前,不为所动并表明自身对读书本质的看法,认为读书是个人的事,是平常不过的"修身自守"之事,因之获得美誉反倒对读书不是什么好事。

二、陈郡谢氏

淝水之战让陈郡谢氏以主角的身份站上了历史舞台,谢氏家族自此成为与琅琊王氏并肩的名门望族,上演了一段华丽家族史,历史上出现了"王谢"并称的年代。唐羊士谔作诗《忆江南旧游二首》赞曰:"山阴道上桂花初,王谢风流满晋书。"③陈郡谢氏中出了很多功勋卓越的人物,其中在文学艺术领域的杰出人物主要有谢尚、谢奕、谢安、谢石、谢玄、谢道韫、谢琰、谢灵运、谢朓、谢庄等。在长期的历史发展过程中,谢氏家族杰出人物众多、贡献巨大、影响深远,令人钦慕。其背后的原因是很多人关注的话题,从人才培养和成长的角度

---

① 陈寿撰,裴松之注:《三国志·魏书》,卷二《文帝纪》,北京:中华书局,1959年,88页。
② 陈寿撰,裴松之注:《三国志·魏书》,卷二十《曹衮传》,北京:中华书局,1959年,583页。
③ 周振甫:《唐诗宋词元曲全集·全唐诗》,第6册,合肥:黄山书社,1999年,2432页。

来看,一门之中出现众多杰出人物与其世家读书风气不无关系。历史上陈郡谢氏是有名的书香门第。陈郡谢氏数代相传,好读书成为一脉相承的优良家风,谢安的曾祖父谢缵,魏末晋初任典农中郎将;谢安的祖父谢衡,太康年间先后任国子博士、国子祭酒、太子少傅等职,能担任这些职务,与他的才学和他对儒学的精通是分不开的。谢安的伯父谢鲲"少知名,通简有高识,不修威仪,好《老》《易》,能歌善鼓琴"①,可见谢鲲的学养才识很高,时人王衍和嵇绍都为之感到惊奇。谢安的父亲谢裒,官至太常卿、吏部尚书,也是好学之士。谢安童年时"神识沉敏,风宇条畅,善行书"②,时人王导非常赏识。谢安问学于阮裕的故事成为一段读书问学的佳话。《世说新语·文学》记载:"谢安年少时,请阮光禄道《白马论》,为论以示谢。于时谢不即解阮语,重相咨尽。阮乃叹曰:'非但能言人不可得,正索解人亦不可得!'"谢安年幼时,曾请光禄大夫阮裕讲解《白马论》,阮裕撰文一篇让谢安看,当时谢安未能理解阮裕的文章,于是不断追问,阮裕感叹道:"不仅能将之解释清楚的人很难得,而且善于求学问解的人也很难得!"年幼的谢安因为好学多问,在读书学习中善于钻研,不仅得到了光禄大夫阮裕的赞赏,而且为他后来在淝水大战中的卓越表现和成为一代名相打下了基础。如果谢安没有年少时的读书好学精神,没有善于思考的品质,那么很难想象他后来会取得非凡成就。

  谢安不仅自己好读书,而且经常将后生晚辈聚在一起,读书讲学。据《世说新语·德行》记载,有一次谢安夫人问谢安:"那得初不见君教儿?"谢安答曰:"我经常用自身言行教导儿女。"根据《世说新语·文学》记载,有一次,谢安和子弟们在一起论学,问道:"毛诗何句最佳?"侄谢玄说:"昔我往矣,杨柳依依。今我来思,雨雪霏霏。"谢安

---

① 房玄龄:《晋书》,卷四十九《谢鲲传》,北京:中华书局,1974年,2516页。
② 房玄龄:《晋书》,卷四十九《谢鲲传》,北京:中华书局,1974年,2072页。

虽不以为然,但也没直接否定,而是说:"'讦谟定命,远猷辰告。'这句话'偏有雅人深致'。"谢安如是教子弟们读书如何立意更高远,更体现诗言志的深意。另据《晋书·谢道韫传》记载,对于谢安的这个提问,其侄女谢道韫答曰:"吉甫作颂,穆如清风。仲山甫永怀,以慰其心。"①谢安夸赞谢道韫有"雅人深致"。谢安通过这种提问与回答,培养子弟们树立"雅人深致"的读书观念和学会如何选择与评论诗书。从中可以看到,陈郡谢氏十分注重子弟的文化教育,在读书论学中提高修养和增长才智。谢氏家族人才辈出,如晋代大诗人谢灵运、南朝齐大诗人谢朓等的成就,都与谢氏家族好读书和善于读书有着密切的关系。

三、琅琊王氏

琅琊王氏是王姓显贵的代表,西晋永嘉之乱后,以王导为首的一些士族坚持辅佐司马睿,建立了东晋。司马睿称琅琊王氏为"第一望族",并且相传司马睿一度欲与之平分天下,民间流传"王与马,共天下"。南朝著名文学家、史学家沈约感叹道:"自开辟以来,未有爵位蝉联、文才相继如王氏之盛也。"琅琊王氏出了许多杰出人才,主要有王戎、王衍、王澄、王敦、王导等。王戎属于"竹林七贤"之一,王衍、王澄属于"中朝名士",王敦、王导属于"江左名士"。南朝时的王俭为一代儒学宗师,好读书,"专心笃学,手不释卷"②,后在目录学方面做出了重要贡献,"依《七略》撰《七志》四十卷,上表献之,表辞甚典。又撰定《元徽四部书目》"③。南朝梁时的王融、王籍、王褒、王肃等人都是

---

① 房玄龄:《晋书》,卷九十六《谢道韫传》,北京:中华书局,1974年,1377页。
② 萧子显:《南齐书》,卷二十三《王俭传》,北京:中华书局,1972年,433页。
③ 萧子显:《南齐书》,卷二十三《王俭传》,北京:中华书局,1972年,433页。

当时知名的诗人。"(王融)母临川太守谢惠宣女,性敦敏,教融书学。"王融在其母的教导下,"博涉有文才"①。王籍"七岁能属文。及长好学,博涉有才气,乐安任昉见而称之"②。王褒"美风仪,善谈笑,博览史传,尤工属文"③。王肃"少而聪辩,涉猎经史,颇有大志"④。琅琊王氏人才辈出,与其书香门第和好读书的传统分不开。

四、南梁陶氏

南朝梁陶弘景,生于江东名门,祖父陶隆好读书,参军有功,封晋安侯。其父陶贞宝,深解药术,博涉子史,官至江夏孝昌令。《南史·陶弘景传》记载:"(陶弘景)幼有异操,年四五岁,恒以荻为笔,画灰中学书。至十岁,得葛洪《神仙传》,昼夜研寻,便有养生之志……读书万余卷,一事不知,以为深耻。善琴棋,工草隶。"⑤他好著述,十五岁作《寻山志》,尝曰:"我读外书未满万卷,以内书兼之,乃当小出耳。"⑥陶弘景被后世称为著名的医药家、炼丹家、文学家,作品有《本草经集注》《集金丹黄白方》《二牛图》等。从陶弘景的祖父陶隆到其父陶贞宝,相承而来,都好读书,到陶弘景更是博通经史,读书万余卷。他如果发现有什么不懂的,就会深感惭愧甚至以之为耻,这是读书人求知若渴、钻研探索精神的很好体现。

---

① 李延寿:《南史》,卷二十一《王融传》,北京:中华书局,1975年,575页。
② 姚思廉:《梁书》,卷五十《王籍传》,北京:中华书局,1973年,713页。
③ 令狐德棻等:《周书》,卷四十一《王褒传》,北京:中华书局,1971年,729页。
④ 魏收:《魏书》,卷六十三《王肃传》,北京:中华书局,1974年,1407页。
⑤ 李延寿:《南史》,卷七十六《陶弘景传》,北京:中华书局,1975年,1897页。
⑥ 阳松玠:《谈薮》,北京:中华书局,1996年,35页。

五、南梁萧氏

南梁萧氏,一大书香门第,相对于"三曹",南朝梁萧衍、萧统、萧纲、萧绎父子组成了"四萧"文学群体。据历史记载,"四萧"皆好读书。梁武帝萧衍是一位博学多才的帝王,"少而笃学,洞达儒玄"①,"少时习周孔,弱冠穷六经",年轻时"博学多通,好筹略,有文武才干,时流名辈咸推许焉"。后来,萧衍"虽万机多务,犹卷不辍手,燃烛侧光,常至戊夜"②。一生好读书,是他取得治学成果和治国功勋的重要条件。在治学方面,梁武帝萧衍命人"造《制旨孝经义》《周易讲疏》,及六十四卦、二《系》《文言》《序卦》等义,《乐社义》《毛诗答问》《春秋答问》《尚书大义》《中庸讲疏》《孔子正言》《老子讲疏》,凡二百余卷,并正先儒之迷,开古圣之旨"③。在治国方面梁武帝萧衍建立南梁,清廉勤政,功绩卓著,以至于王夫之在《读通鉴论》中称赞:"梁氏享国五十年,天下且小康焉。"

梁武帝萧衍的子孙中也多有好读书者,并且人才众多。长子昭明太子萧统,好读书是出了名的。他命人建造多处读书台,聚集名流读书论学,并组织编纂了影响久远的诗歌总集《文选》。三子梁简文帝萧纲,"幼而聪睿",喜好写诗,"读书十行俱下,辞藻艳发,博综群言,善谈玄理"④,并与一批文学家共同力推宫体诗,留下不少名篇佳作。七子梁元帝萧绎"好学,博总群书,下笔成章,出言为论,才辩敏速,冠绝一时"⑤。关于梁元帝刻苦读书的故事被文献记录下来,《澹

---

① 姚思廉:《梁书》,卷三《梁武帝传》,北京:中华书局,1973年,96页。
② 姚思廉:《梁书》,卷三《梁武帝传》,北京:中华书局,1973年,96页。
③ 姚思廉:《梁书》,卷三《梁武帝传》,北京:中华书局,1973年,96页。
④ 李延寿:《南史》,卷四十三《萧纲传》,北京:中华书局,1975年,232页。
⑤ 姚思廉:《梁书》,卷五《梁元帝传》,北京:中华书局,1973年,135页。

生堂藏书约·读书训》记载:"梁元帝在会稽,年始十二,便知好学。时又患疥,手不得拳,膝不得屈。闭斋张葛帱避蝇,独坐;贮山阴甜酒,时复进之,以自宽痛。率意自读史书,一日二十卷,既未师授。或不识一字,或不鲜一语,要自重之,不知厌倦。"①还有一个故事:梁元帝"性爱书籍,既患目,多不自执卷,置读书左右,番次上直,昼夜为常,略无休已,虽睡,卷犹不释。五人各伺一更,恒致达晓。常眠熟大鼾,左右有睡,读失次第,或偷卷度纸。帝必惊觉,更令追读,加以楚楚。"梁元帝爱读书,睡觉时也手不释卷,如果侍者偷懒,他必会发觉并命令其继续读书。后来,梁元帝"虽戎略殷凑,机务繁多,军书羽檄,文章诏诰,点毫便就,殆不游手"②。但就是这位爱读书的梁元帝,在承圣三年(554)西魏攻破江陵城时,"焚古今图书十四万卷。或问之,答曰:'读书万卷,犹有今日,故焚之'"③。王夫之为此撰文《论梁元帝读书》,简述了这段历史并进行讨论,批判了梁元帝的错误读书观念,论述了人们应该树立正确的读书观念,明确为什么读书,不要为了读书而读书,以免像梁元帝那样焚烧十四万卷书籍,给中华文化传承造成巨大损失。

六、北魏拓跋氏

北魏孝文帝拓跋宏,从小在冯太后的影响下成长,后来接受并推广汉族文化。《魏书·孝文帝纪》记载:"雅好读书,手不释卷。'五经'之义,览之便讲,学不师受,探其精奥。史传百家,无不该涉。善谈《庄》《老》,尤精释义。才藻富赡,好为文章,诗赋铭颂,任兴而作。

---

① 祁承㸁:《澹生堂藏书约·藏书记要》,上海:上海古典文学出版社,1957,8页。
② 李延寿:《南史》,卷八《萧绎传》,北京:中华书局,1975年,233页。
③ 刘盼遂、郭预衡:《中国历代散文选》,下册,北京:北京出版社,1980年,570页。

有大文笔,马上口授,及其成也,不改一字。自太和十年(486)已后诏册,皆帝之文也。自余文章,百有余篇。"①这段史料不仅记载了北魏孝文帝爱读书的特质,而且表明了北魏孝文帝读书广泛,既有"五经"之学,又有"史传百家",还能"善谈《庄》《老》",可谓博学通识。此外,北魏孝文帝不仅好读书,而且善于撰写文章和诗赋等文学作品,口授成文而不需要修改,写出来的都是大文笔。虽然这里难免有史臣的溢美之词,但是,孝文帝汉学修养相当深厚是可信的,因为这离不开冯太后的教育和他自身好读书的习惯。孝文帝如果没有"好读书,手不释卷"的读书经历,那么后来也难以落笔成文和写出大量作品。

第二节　读书典故

管宁、华歆"割席分坐"。南朝宋刘义庆《世说新语·德行》载:"(管宁和华歆)尝同席读书,有乘轩冕过门者,宁读如故,歆废书出看。宁割席分坐曰:'子非吾友也。'"有一次,管宁和华歆同坐在一张席上读书,有人乘坐华丽的车从门前经过,管宁仍旧读书,华歆却放下书本,出去观望。管宁就把席子割开,和华歆分席而坐,并对华歆说:"你不是我的朋友。""割席分坐"的读书故事,告诉我们管宁读书专心致志,华歆却意乱神迷。

美髯公关羽捋须读《左传》。关羽在中国老百姓的心目中,一生仁义忠勇,英雄盖世,被奉为与"文圣"孔子齐名的"武圣"。但是,人们很难想象到,关羽也有另外一种形象,即捋须读《左传》的美髯公读

---

① 魏收:《魏书》,卷七下《高祖纪》,北京:中华书局,1974年,187页。

书形象。《三国志》本传没有关羽读书的记载，裴松之在作注时引用了《江表传》语："羽好《左氏传》，讽诵略皆上口。"这段珍贵史料，为我们保留下美髯公读书时的真实写照。后来文学名著《三国演义》中也描写了关羽读书的情形。《三国演义》第二十六回中，关羽给刘备的书信中说："窃闻义不负心，忠不顾死。羽自幼读书，粗知礼义，观羊角哀、左伯桃之事，未尝不三叹而流涕也。"[①]关羽说自己读到羊角哀、左伯桃之事，被他们的义举深深感动，羊角哀、左伯桃之事记载于《春秋左传》中，说明关羽读过《春秋左传》。《三国演义》里的叙述和《三国志》裴松之引用《江表传》语的记载，保持了关公读书和读什么书的叙事一致性。

  吕蒙"士别三日当刮目相看"。《三国志·吴书》引《江表传》注曰：初，权（孙权）谓蒙（吕蒙）及蒋钦曰："卿今并当涂掌事，宜学问以自开益。"蒙曰："在军中常苦多务，恐不容复读书。"权曰："孤岂欲卿治经为博士邪？但当令涉猎见往事耳。卿言多务，孰若孤，孤少时历《诗》《书》《礼记》《左传》《国语》，惟不读《易》。至统事以来，省三史、诸家兵书，自以为大有所益。如卿二人，意性朗悟，学必得之，宁当不为乎？宜急读《孙子》《六韬》《左传》《国语》及三史。孔子言'终日不食，终夜不寝以思，无益，不如学也'。光武当兵马之务，手不释卷。孟德亦自谓老而好学。卿何独不自勉勖邪？"蒙始就学，笃志不倦，其所览见，旧儒不胜。后鲁肃上代周瑜，过蒙言议，常欲受屈。肃拊蒙背曰："吾谓大弟但有武略耳，至于今者，学识英博，非复吴下阿蒙。"蒙曰："士别三日，即更刮目相待"……权常叹曰："人长而进益，如吕蒙、蒋钦，盖不可及也。富贵荣显，更能折节好学，耽悦书传，轻财尚

---

① 罗贯中：《三国演义》，北京：人民文学出版社，1973年，223—224页。

义,所行可迹,并作国士,不亦休乎。"①吕蒙当时已经是三国东吴的大将,一次,孙权对大将吕蒙等人说:"你如今身居要职,手握重权,最好读书学习增益才智!"吕蒙想以军务繁忙为由不去读书。孙权动之以情,晓之以理,以自己为例劝说读书之重要性。吕蒙于是发奋学习,笃志不倦。后来东吴名将鲁肃再遇吕蒙,共商国是,吕蒙的见解让鲁肃感到惊讶,鲁肃说他学识渊博,已经不是以前那个吕阿蒙了。吕蒙说:"士别三日,当刮目相看。"后来孙权评论道:"人在盛年之后能发奋读书,并取得如此进步的,吕蒙可以作为典范。人在富贵荣显时能转而好学,乐于读书,轻财尚义,所行可迹,来做有担当的国家栋梁,太好不过了。"吕蒙盛年发奋读书,后来才能大增,得到鲁肃、孙权等人的称赞,可见读书对人的影响。作为深有体会的吕蒙,自己也发出感慨:"士别三日,当刮目相看。"这句感慨和吕蒙发奋读书的故事因此世代相传。

"孙康映雪"。《孙氏世录》曰:孙康家贫,常映雪读书,清介交游不杂。② 晋代京兆人孙康,幼时勤奋好学,用功读书,想利用夜晚时间读书,但是家境困难,没钱买灯油,所以,在冬天的夜晚,他就利用窗外的雪光来读书。功夫不负有心人,孙康后来成为一位有名望的学者,并且官至御史大夫。

皇甫谧"浪子回头,年二十始勤学"。西晋皇甫谧,在医学史和文学史上都负有盛名。"年二十,不好学,游荡无度,或以为痴。尝得瓜果,辄进所后叔母任氏。任氏曰:《孝经》云:'三牲之养,犹为不孝。'汝今年余二十,目不存教,心不入道,无以慰我。因叹曰:'昔孟母三徙以成仁,曾父烹豕以存教,岂我居不卜邻,教有所阙,何尔鲁钝之甚

---

① 陈寿撰,裴松之注:《三国志·吴书》,卷五十四《吕蒙传》,北京:中华书局,1959年,1274—1275页。
② 萧统著,李善注:《文选》,上海:上海古籍出版社,1986年,1745页。

也！修身笃学,自汝得之,于我何有！'因对之流涕。谧乃感激,就乡人席坦受书,勤力不怠。居贫,躬自稼穑,带经而农,遂博综典籍百家之言。沈静寡欲,始有高尚之志,以著述为务,自号玄晏先生。著《礼乐》《圣真》之论。后得风痹疾,犹手不辍卷。"①皇甫谧二十岁时,仍然不爱读书学习,游荡无度,有人就认为他不懂事。有一次,他的后母任氏,引用《孝经》上的言论和孟母三迁的故事,向他讲明道理,边说边流泪,皇甫谧被感动,并开始勤奋读书学习。由于家庭贫寒,他甚至利用务农的空闲时间来读经书,遂博综典籍百家之言,后来能自己著书,写有《礼乐》《圣真》等论著。皇甫谧从一个不好学的青年,到二十岁开始转变,用功读书并博通百家之学,最后甚至写下了不少论著,成为历史上"浪子回头"的成功范例。

"车胤囊萤"。无独有偶,前有孙康映雪,后有车胤囊萤。车胤是东晋人,曾任国子监博士和吏部尚书等职。据《晋书·车胤传》记载,车胤刻苦学习,曾在夏天的夜晚用萤光照明以读书。"胤恭勤不倦,博学多通。家贫不常得油,夏月则练囊盛数十萤火以照书,以夜继日焉。"②车胤用《囊萤诗》描述了自己借萤光读书的情形,同时借诗以言志。

　　　　宵烛出腐草,微质含晶荧。
　　　　收拾练囊中,资我照遗经。
　　　　熠耀既不灭,吾呻宁暂停？
　　　　毕竟齐显地,声名炳丹青。③

今人从文献中发现,车胤另有一篇《读书萤》:

---

① 房玄龄:《晋书》,卷五十一《皇甫谧传》,北京:中华书局,1974年,1409页。
② 房玄龄:《晋书》,卷八十三《车胤传》,北京:中华书局,1974年,2177页。
③ 曾祥芹、刘苏义:《历代读书诗》,北京:中国文联出版社,2001年,7页。

学问勤中得,萤窗万卷书。

三冬今足用,谁笑腹空虚?①

  车胤在诗中表达了读书做学问要有勤奋刻苦的精神。车胤囊萤读书的故事在民间传为佳话,被列入《三字经》,成为蒙学的内容,"如囊萤,如映雪,家虽贫,学不辍",使车胤勤学读书的精神不断激励莘莘学子。车胤囊萤读书的精神,后来被人们广为传颂,选几首诗以为证:"穷巷悄然车马绝,案头干死读书萤"(杜甫)"一生徒羡鱼,四十犹聚萤"(高适)"好向书生窗畔种,免教辛苦更囊萤"(李商隐)。为了弘扬车胤囊萤读书的精神,后人在车胤家乡(今湖南津市新洲)建有"囊萤台",先后有多名文化人为此留下诗赋做证。南宋王齐舆写有《儒生墓》诗曰:"儒生骨朽名犹在,高冢相望已乱真。只认夜深萤聚处,便应泉下读书人。"清王贻贞在《劝复车武子碑小引》中记载:"……即当日车武子读书旧址。从前立石道左,上勒'晋吏部尚书车胤囊萤读书之故里'十四字。"

  顾欢"燃糠照读"。顾欢是南朝齐著名学者,《南齐书·顾欢传》记载:"家贫,父使驱田中雀,欢作《黄雀赋》而归,雀食过半,父怒,欲挞之,见赋乃止……八岁,诵《孝经》《诗》《论》。及长,笃志好学。"②因无法上学读书,于是,顾欢就在乡中学校的教室外旁听,把听到的都记下来,晚上回家,点燃松枝或者稻糠照明读书。《南史·顾欢传》将这段故事记载下来:"乡中有学舍,欢贫无以受业,于舍壁后倚听,无遗忘者。夕则然松节读书,或然糠自照。"③这里讲了两个关于顾欢的故事,首先是"顾欢驱雀"的故事,虽然顾欢耽误了赶麻雀,但那是因其专心读书而致。其父最终谅解了顾欢。其次是顾欢"燃糠照读"的

---

① 曾祥芹、刘苏义:《历代读书诗》,北京:中国文联出版社,2001年,8页。
② 萧子显:《南齐书》,卷五十四《顾欢传》,北京:中华书局,1972年,929页。
③ 李延寿:《南史》,卷七十五《顾欢传》,北京:中华书局,1975年,1874页。

故事,这个故事因为对学子们有激励意义而被广泛流传。顾欢勤奋好学、刻苦读书,后来预被招为太学博士,无奈推辞了,但是他"于剡天台山开馆聚徒,受业者常近百人"①。此外他还撰有《王弼易二系注》《尚书百问》《毛诗集解叙义》《老子义纲》等书,在历史上是位颇具影响的文化人。类似顾欢燃糠照读,南朝梁刘绮也有"燃荻读书"的佳话流传。

江泌"追月夜读"。江泌是南朝齐济阳考城(今河南省兰考县)人,因家中贫寒,白天劳动营生,晚上刻苦读书。《南齐书·江泌传》记载:"泌(江泌)少贫,昼日斫屟,夜读书,随月光握卷升屋。"②由于白天忙于劳作,江泌利用晚上的时间,坐在窗下借月光读书,但是月亮在移动,他就追随着月亮更换位置,以借光读书。也许他人难以效仿江泌追月夜读,但是江泌克服困难用心读书的精神,是值得后学敬佩和学习的。

王瞻专心读书。王瞻是南朝梁琅琊临沂人,是琅琊王氏后人,出自书香门第。瞻年数岁,尝从师受业,时有伎经其门,同学皆出观,瞻独不视,习诵如初。③ 王瞻年少时,曾拜师学习,有一次,一支杂艺表演队伍从门前经过,他的同学们都跑出去观看,唯独王瞻不为所动,继续读他的书。他的伯父王僧达(时任尚书仆射)听说后,向王瞻的父亲夸赞王瞻,说他必成大才。后来王瞻在梁武帝时升任吏部尚书,可以说为琅琊王氏增光添彩,光耀门楣。"王瞻专心读书"的故事也久为流传,是读书人学习的榜样。

陆倕"起茅屋读书"。南朝梁陆倕,从小勤学好读。《梁书·陆倕传》记载:"倕(陆倕)少勤学,善属文。于宅内起两间茅屋,杜绝往来,

---

① 萧子显:《南齐书》,卷五十四《顾欢传》,北京:中华书局,1972年,928页。
② 萧子显:《南齐书》,卷五十五《江泌传》,北京:中华书局,1972年,965页。
③ 姚思廉:《梁书》,卷二十一《王瞻传》,北京:中华书局,1973年,317页。

昼夜读书，如此者数载。所读一遍，必诵于口。尝借人《汉书》，失《五行志》四卷，乃暗写还之，略无遗脱。"①这个故事是讲，由于陆倕身处官宦之家，往来人员络绎不绝，他为了能专心读书，在宅院里建了两间茅草屋，专门作为读书室。他住进茅屋后，杜绝外界干扰，昼夜读书，这样数年之后，读了大量书，并且能熟练背诵。有一次，他借别人的《汉书》，归还时发现《五行志》四卷丢失了，他就凭借记忆诵写下来，才把《汉书》完整归还。今人从中可见陆倕读书意志坚定，读书专心、用功。他经过多年积累，达到读书成诵的境界，堪称后世学子效仿的楷模。他十七岁时，就成为本州的秀才。梁天监初（约502年），陆倕成为右军安成王的主簿，梁武帝爱其才，后又请他做太子中舍人。

"祖莹藏火"。祖莹，北魏人，自幼喜欢读书，八岁就能背诵《诗》《书》，十二岁就能背诵《尚书》，因才能非凡，曾被魏高祖召见。祖莹刻苦读书的故事和祖莹藏火夜读，也成为一段书林佳话。《魏书·祖莹传》记载："好学耽书，以昼继夜，父母恐其成疾，禁之不能止，常密于灰中藏火，驱逐僮仆，父母寝睡之后，燃火读书，以衣被蔽塞窗户，恐漏光明，为家人所觉。由是声誉甚盛，内外亲属呼为'圣小儿'。尤好属文，中书监高允每叹曰：'此子才器，非诸生所及，终当远至。'"②这个故事是说，祖莹迷恋读书，他的父母怕他过于刻苦而不利于身体健康，禁止他夜晚读书。祖莹就经常等到父母入睡后，点燃烛火照明读书，用衣物遮住窗户，以免漏光而被家里人发现，但最后还是被家里人发现了。祖莹被时人称为"神童"，中书监高允也大加称赞他。后来，祖莹藏火夜读的故事广为传播，蒙学读物《三字经》也把祖莹列为学习典范以激励后人学习祖莹勤奋读书的精神："莹八岁，能咏诗；泌七岁，能赋棋。彼颖悟，人称奇，尔幼学，当效之。"

---

① 姚思廉：《梁书》，卷二十七《陆倕传》，北京：中华书局，1973年，401页。
② 魏收：《魏书》，卷八十二《祖莹传》，北京：中华书局，1974年，1798—1799页。

从孙康映雪、车胤囊萤、顾欢燃糠照读、江泌追月读书、陆倕茅屋读书和祖莹藏火夜读等古代读书典故中，我们可以看到，一方面，古代读书人非常勤奋刻苦，克服各种困难来读书学习；另一方面，古代读书人经常会利用夜晚在家的时间读书，这一现象可以说是中国人长期的一种读书习惯和阅读心理倾向。长期以来，中国人似乎更倾向于在安静的环境中读书，正所谓宁静以致远，所以中国人常常选择夜晚在家中读书。

第三节　阅读嗜好

　　书痴及称号。魏晋南北朝时期，有许多读书人有"阅读癖好"，他们因为特殊的读书经历，被冠以"书痴"等其他称号。西晋皇甫谧和南朝梁刘峻被称为"书淫"。西晋皇甫谧，"耽玩典籍，忘寝与食，时人谓之'书淫'"①。南朝梁刘峻，"自谓所见不博，更求异书，闻京师有者，必往祈借，清河崔慰祖谓之'书淫'"②。西晋王衍，清谈家，"妙善玄言，唯谈《老》《庄》为事……义理有所不安，随即改更，世号'口中雌黄'。朝野翕然，谓之'一世龙门'矣"③。晋杜预自称有《左传》癖。"时王济解相马，又甚爱之，而和峤颇聚敛，预（杜预）常称'济有马癖，峤有钱癖'。武帝闻之，谓预曰：'卿有何癖？'对曰：'臣有《左传》癖。'"④东晋刘柳只好读《老子》，读书好博览而不求甚解的傅迪常常

---

① 房玄龄：《晋书》，卷五十一《皇甫谧传》，北京：中华书局，1974年，1410页。
② 姚思廉：《梁书》，卷第五十《刘峻传》，北京：中华书局，1973年，701页。
③ 房玄龄：《晋书》，卷四十三《王衍传》，北京：中华书局，1974年，1236页。
④ 房玄龄：《晋书》，卷三十四《杜预传》，北京：中华书局，1974年，1032页。

轻蔑他，刘柳就说："卿读书虽多，而无所解，可谓书簏矣。"①书簏，常用来讥讽读书多而不解书义或不善运用书义的人。因此，时人称傅迪为"书簏"。南朝刘显博学多通，号称"学府"②，任昉被唐虞世南称为"五经笥"。"任昉尝得一篇缺简书，文字零落，历示诸人，莫能识者，显云是《古文尚书》所删逸篇，昉检《周书》，果如其说，昉因大相赏异。"③唐虞世南说："昔任彦升（任昉）美谈经籍，梁代称为五经笥。"④南朝齐陆澄学问渊博，被王俭称为"书厨"。"澄当世称为硕学，读《易》三年不解文义，欲撰《宋书》竟不成。王俭戏之曰：'陆公，书厨也。'"⑤南朝梁刘孝绰之子刘谅，好学，并精熟近代故事，号称"皮里《晋书》"。"（刘谅）少好学，有文才，尤博悉晋代故事，时人号曰'皮里晋书'。"⑥梁许懋号称"经史笥"，笃志好学，曾任国子博士，"仆射江祏甚推重之，号为经史笥"⑦。南朝齐沈驎士号称"织帘先生"，博通经史，因"居贫织帘诵书，口手不息，乡里号为织帘先生"⑧。时人各种阅读嗜好，皆因读书而得名。

好读之士。据《三国志·吉茂传》记载，三国藏书家吉茂，"好书，不耻恶衣恶食，而耻一物之不知"⑨。汉末曹魏田畴"好读书"⑩，足智多谋，其言行显豪侠正义之气，可以说是内修而外王。读书对一个人的心智和才能养成起着重要作用。晋张怖，年幼时放牛，间歇时间抄

---

① 房玄龄：《晋书》，卷六十一《刘柳传》，北京：中华书局，1974年，1676页。
② 姚思廉：《陈书》，卷二十一《孔奂传》，北京：中华书局，1972年，283页。
③ 姚思廉：《梁书》，卷四十《刘显传》，北京：中华书局，1973年，570页。
④ 刘昫等：《旧唐书》，卷七十二，北京：中华书局，1975年，2584页。
⑤ 萧子显：《南齐书》，卷三十九《陆澄传》，北京：中华书局，1972年，685页。
⑥ 姚思廉：《梁书》，卷三十三《刘孝绰传》，北京：中华书局，1973年，484页。
⑦ 李延寿：《南史》，卷六十《许懋传》，北京：中华书局，1975年，1487页。
⑧ 李延寿：《南史》，卷七十六《沈驎士传》，北京：中华书局，1975年，1890页。
⑨ 陈寿撰，裴松之注：《三国志·魏书》，卷二十三《吉茂传》，北京：中华书局，1959年，660页。
⑩ 陈寿撰，裴松之注：《三国志·魏书》，卷十一《田畴传》，北京：中华书局，1959年，340页。

书,晚上读所抄之书。"怖少孤贫,随母长于舅氏,令其牧牛。怖幼而好学,事母以孝闻,每日必于牧暇,采樵二束、菜二本,一以供母,一以雇人书,昼则折木叶学书,夜则诵所书者。"①东晋纪瞻,"性静默,少交游,好读书,或手自抄写,凡所著述,诗赋笺表数十篇"②。纪瞻好读书且亲手抄写,为他后来著述奠定了基础。南朝宋文学家颜延之,年少时家庭贫寒,但是"好读书,无所不览,文章之美,冠绝当时"③。颜延之后来与谢灵运并称"颜谢"。南朝宋大将沈攸之,"晚好读书,手不释卷,《史》《汉》事多所谙忆,常叹曰:'早知穷达有命,恨不十年读书。'"④南朝宋孔觊,"少骨梗有风力,以是非为己任。口吃,好读书,早知名。初举扬州秀才,补主簿"⑤,后因好读书有才华,历任黄门侍郎、临海太守等职。南朝梁宗懔,"少聪敏,好读书,昼夜不倦。语辄引古事,乡里呼为小儿学士"⑥。南朝陈著名大臣、文学家江总,幼聪敏,"及长,笃学有辞采,家传赐书数千卷,总昼夜寻读,未尝辍手"⑦。陈后主时,江总官至尚书令,世称"江令"。北魏崔子愍,"后为青州司马,贼围城二百日,长谦(崔子愍字)读书不废,凡手抄八千余纸,天文、律历、医方、卜相、风角、鸟言,靡不闲解"。崔子愍被围城时,依然读书不废,虽难效仿,但也算是一种读书的姿态和临难不弃读书的书生精神。"(刘逖)远离乡家,倦于羁旅,发愤自励,专精读书。晋阳都会之所,霸朝人士攸集,咸务于宴集。逖在游宴之中,卷不离手,值有文籍所未见者,则终日讽诵,或通夜不归,其好学如此。"⑧北齐刘逖

---

① 李昉等:《太平御览》,卷六一一《学部五》,北京:中华书局,1966年,2749页。
② 房玄龄:《晋书》,卷六十八《纪瞻传》,北京:中华书局,1974年,1824页。
③ 沈约:《宋书》,卷七十三《颜延之传》,北京:中华书局,1974年,1891页。
④ 沈约:《宋书》,卷七十四《沈攸之传》,北京:中华书局,1974年,1941页。
⑤ 沈约:《宋书》,卷八十四《孔觊传》,北京:中华书局,1974年,2153页。
⑥ 令狐德棻等:《周书》,卷四十二《宗懔传》,北京:中华书局,1971年,759页。
⑦ 姚思廉:《陈书》,卷二十七《江总传》,北京:中华书局,1972年,343页。
⑧ 李百药:《北齐书》,卷四十五《刘逖传》,北京:中华书局,1972年,615页。

"游宴持书",可见其读书专心和用功。"(田鹏鸾)年十四五,初为阉寺,便知好学,怀袖握书,晓夕讽诵。所居卑末,使役苦辛,时伺间隙,周章询请。每至文林馆,气喘汗流,问书之外,不暇他语。"①因此,北齐田鹏鸾"怀袖握书"的故事也不断被人们传为美谈。

有好学的人,就有不好学的人,这是自然现象。为了客观地反映魏晋南北朝阅读史,根据文献记载,录写几则废学的故事。曹彰好武废学,据《金楼子》记载,曹子文少善射御,力格猛兽,不避险阻。数从征伐,志意慷慨,魏武常抑之,曰:"汝不念读书而好乘马击剑,此一夫之用,何足贵也?"曹彰,字子文,是魏武帝曹操之子,魏文帝曹丕之弟、曹植之兄。曹彰武艺过人,其胡须黄色,被曹操称为"黄须儿"。曹操担心曹彰好武而废学,所以经常鞭策他读书。南朝梁柳津不喜聚书,还强词夺理。《南史·柳津传》记载:"津字元举,虽乏风华,性甚强直。人或劝之聚书,津曰:'吾常请道士上章驱鬼,安用此鬼名邪。'"②北齐许惇不好读书,被人轻视。"(许惇)虽久处朝行,历官清显,与邢邵、魏收、阳休之、崔劼、徐之才之徒比肩同列,诸人或谈说经史,或吟咏诗赋,更相嘲戏,欣笑满堂,惇不解剧谈,又无学术,或竟坐杜口,或隐几而睡,深为胜流所轻。"③北齐许惇,不好读书,当与邢劭、魏收等聚会时,其他人都在谈说经史等内容,他却独自酣睡,因此被文人们轻视。

---

① 颜之推:《颜氏家训·勉学第八》,见王利器《颜氏家训集解》,北京:中华书局,1993年,202页。
② 李延寿:《南史》,卷三十八《柳津传》,北京:中华书局,1975年,992页。
③ 李百药:《北齐书》,卷四十三《许惇传》,北京:中华书局,1972年,575页。

第四节　女性阅读

自汉代独尊儒术以来,儒教三纲五常等规制影响到社会家庭成员的生活角色和方式,使得女性逐渐被束缚起来,女性要想读书是件非常困难的事情。然而,在魏晋南北朝,教育单一化格局被打破,思想多元化,许多人的思想较为开放,一些开明的人支持并培养自己的女儿们读书学习。因此,这一时期出现了一些从小就有着良好的阅读习惯和阅读经历的女性,这些女性后来大多取得了较为显著的成就:或者是在文学等方面取得成就,或者是依靠自己阅读所获取的知识培养出杰出的后代。所以,本章将女性阅读作为单独的一个小节来阐述,让我们看到阅读的女性更美丽。

文昭甄皇后,即甄宓,三国时期魏文帝曹丕的皇后,魏明帝曹叡的母亲。《三国志·后妃》记载:"……(文昭甄皇后)年八岁,外有立骑马戏者,家人诸姊皆上阁观之,后独不行。诸姊怪问之,后答言:'此岂女人之所观邪?'年九岁,喜书,视字辄识,数用诸兄笔砚,兄谓后言:'汝当习女工。用书为学,当作女博士邪?'后答言:'闻古者贤女,未有不学前世成败以为己诫。不知书,何由见之?'"[1]要做女贤者的甄宓,九岁时,有如此志向和说辞,可谓传奇少女。

蔡文姬,名琰,是东汉大名鼎鼎的文学家蔡邕的女儿、中国历史

---

[1] 陈寿撰,裴松之注:《三国志·魏书》,卷五《文昭甄皇后传》,北京:中华书局,1959年,159页。

上著名的才女和文学家,"博学有才辩,又妙于音律"①,流传至今的代表作品有《胡笳十八拍》《悲愤诗》等。有一次,曹操问蔡文姬:"闻夫人家先多坟籍,犹能忆识之不?"文姬曰:"昔亡父赐书四千许卷,流离涂炭,罔有存者。今所诵忆,裁四百余篇耳。"②本来蔡邕就通经史,善辞赋,加之藏书上万卷,所以其女蔡文姬在成长过程中有读书的可能和条件。再从蔡文姬回答曹操的提问来看,蔡文姬曾得到其父的遗赠图书四千多卷,并且她能够背诵的就有四百余篇。可见,蔡文姬有着良好的读书条件和丰富的阅读经历,并且阅读数量相当大,这为她创作文学作品并成为一代文学家奠定了基础。

文明皇后王元姬,晋文帝司马昭的妻子、晋武帝司马炎与晋齐王司马攸的亲生母亲,谥号"文明皇后"。王元姬生于书香门第,祖父王朗、父王肃都是三国时期著名的经学家。"后年八岁,诵《诗》《论》,尤善丧服;苟有文义,目所一见,必贯于心。"③

左芬,晋武帝司马炎的妃嫔,西晋著名文学家左思的妹妹,西晋文学家,我国较早的女诗人之一,流传至今的代表作有《啄木诗》《离思赋》《感离诗》等。"芬少好学,善缀文,名亚于思,武帝闻而纳之。"④

谢道韫,东晋著名才女,安西将军谢奕之女,东晋名将谢安的侄女,大书法家王羲之的儿子左将军王凝之的妻子。谢道韫出自这样的书香门第,从小喜读书,才情非凡,主要代表作品有《泰山吟》《拟嵇中散咏松》《论语赞》等。有一次雪天,谢安和家人围炉而聚,谈书论文,雪越下越大,谢安就问:"白雪纷纷何所似?"其侄儿答道:"撒盐空

---

① 范晔:《后汉书》,卷八十四《蔡文姬传》,北京:中华书局,1965 年,2800 页。
② 范晔:《后汉书》,卷八十四《蔡文姬传》,北京:中华书局,1965 年,2801 页。
③ 房玄龄:《晋书》,卷三十一《文明王皇后传》,北京:中华书局,1974 年,950 页。
④ 房玄龄:《晋书》,卷三十一《左贵嫔传》,北京:中华书局,1974 年,957 页。

中差可拟。"谢道韫却说:"未若柳絮因风起。"①谢安欢心大笑以示欣赏。谢道韫一句"柳絮因风起",便流芳百世,后世称"咏絮才""柳絮才",都是用来赞赏女子的才华。

刘聪是十六国时汉国(后被改称为赵,史称前赵)国君。"刘聪妻刘氏,名娥,字丽华,伪太保殷女也。幼而聪慧,昼营女工,夜诵书籍,傅母恒止之,娥敦习弥厉。每与诸兄论经义,理趣超远,诸兄深以叹伏。"②刘娥从小爱读书,白天做女工,晚上勤奋读书,父母经常劝止,她更加读书用功,她与兄长们论书讲义时,由于理解和见识高远,兄长们常常赞叹不已。因此,刘聪妻刘娥,当属一代才女。

宣文君宋氏,前秦女经学家,名失传,太常韦逞之母。宣文君出自儒学世家,父亲给她传授《周官》音义,并嘱咐她:"吾家世学《周官》,传业相继……吾今无男可传,汝可受之,勿令经世。"她谨记父亲的嘱托,当时天下丧乱,宋氏讽诵不辍。"逞(其子韦逞)时年小,宋氏昼则樵采,夜则教逞,然纺绩无废……逞遂学成名立,仕苻坚为太常。"③有一天,前秦国君苻坚视察太学,博士卢壹说:"废学既久,书传零落,此年缀撰,正经粗集,唯《周官礼注》未有其师。窃见太常韦逞母宋氏世学家女,传其父业,得《周官》音义,今年八十,视听无阙,自非此母无可以传授后生。"④苻坚听后,请韦逞母宋氏在家里设讲堂,"置生员百二十人,隔绛纱幔而受业,号宋氏为宣文君,赐侍婢十人。《周官》学复行于世,时称韦氏宋母焉"⑤。宣文君宋氏奉旨讲授《周官》,成为中国古代历史上有文献记载的第一位《周官》女博士。

---

① 刘义庆:《世说新语·言语》,见余嘉锡《世说新语笺疏》,北京:中华书局,1983年,131页。
② 房玄龄:《晋书》,卷九十六《刘聪妻刘氏传》,北京:中华书局,1974年,2519页。
③ 房玄龄:《晋书》,卷九十六《韦逞母宋氏传》,北京:中华书局,1974年,2521—2522页。
④ 房玄龄:《晋书》,卷九十六《韦逞母宋氏传》,北京:中华书局,1974年,2522页。
⑤ 房玄龄:《晋书》,卷九十六《韦逞母宋氏传》,北京:中华书局,1974年,2522页。

韩兰英，南朝齐女作家，"有文辞，宋孝武时献《中兴赋》，被赏入宫。宋明帝时用为宫中职僚。及武帝以为博士，教六宫书学。以其年老多识，呼为韩公"①。韩兰英在齐武帝时为博士，教六宫书学。钟嵘在《诗品》中称赞道："兰英（韩兰英）绮密，甚有名篇。"根据《隋书·经籍志》著录，韩兰英原有《后宫司仪韩兰英集》四卷，可惜佚失。韩兰英早年读书，后来善于文辞，能作诗赋；入宫后，成为博士，教皇后等后宫女性读书学习和书法，被尊称为"韩公"。

郗徽，南朝梁高祖德皇后，出身于书香门第，其祖父郗绍曾任国子祭酒，其父亲郗烨，曾为太子舍人，其母寻阳公主为南朝宋文帝刘义隆的女儿。郗徽"幼而明慧，善隶书，读史传"②。梁高祖德皇后郗徽虽然是女儿身，但是从小受家庭环境的熏陶，善隶书，读史传，可见其家学教育是比较开放的，没有限制她读书和学习。

章要儿，高祖宣皇后，"后善书计，能诵《诗》及《楚辞》"③。章要儿少时精通文墨，能阅读和诵咏《诗经》及《楚辞》，可见有文才。后来她成为陈武帝陈霸先的妻子，并被立为皇后。

沈婺华，南朝陈后主陈叔宝之妻，"性端静，寡嗜欲，聪敏强记，涉猎经史，工书翰……居处俭约，衣服无锦绣之饰，左右近侍才百许人，唯寻阅图史、诵佛经为事"④。沈皇后曾博览群书，涉及经史，有文才。据《隋书·经籍志》著录，沈皇后有《沈后集》十卷，可惜散佚。

崔氏，清河房爱亲之妻，崔元孙之女，"性严明，有高节，历览书传，多所闻知。亲授子景伯、景光《九经》义，学行修明，并当世名士"⑤。房爱亲妻崔氏，曾经博览书籍，收获很多知识，后来亲自教授

---

① 李延寿：《南史》，卷十一《韩兰英传》，北京：中华书局，1975年，320页。
② 姚思廉：《梁书》，卷十二《高祖郗皇后传》，北京：中华书局，1973年，157页。
③ 姚思廉：《陈书》，卷七《高祖宣皇后传》，北京：中华书局，1972年，126页。
④ 姚思廉：《陈书》，卷七《后主沈皇后传》，北京：中华书局，1972年，130页。
⑤ 李延寿：《北史》，卷九十一《列女传》，北京：中华书局，1974年，2997页。

其子房景伯和房景光《九经》之义。

元务光母卢氏,范阳人,"少好读书,造次必以礼。盛年寡居,诸子幼弱,家贫不能就学,卢氏每亲自教授,勖以义方"①。

第五节　阅读精神

一、笃志好学

邴原,在曹操为司空时,被任命为东阁祭酒,建安十五年(210),为丞相征事,为曹操所器重。曹操对其评价道:"邴原名高德大,清规邈世,魁然而峙。"从文献记载看,有两则邴原志于学的故事。一则是邴原童年时,家贫无钱读书,经过学校教室而感伤流泪,老师就问他:"童子何泣?"邴原说:"凡得学者,有亲也。一则愿其不孤,二则羡其得学,中心感伤,故泣耳。"老师说:"苟欲学,不须资也。"②于是邴原入学读书。邴原虽然家贫,但是有志于读书学习,为老师所欣赏,入学后刻苦用功,不负老师的厚爱,一个冬天,就能够背诵《孝经》《论语》了。另一则是邴原戒酒志学。邴原从前很能喝酒,自从远行游学之后,八九年间,滴酒不沾,独自徒步背负着沉重的书箱,不畏苦力,遍访各师,师从陈留韩子助、颍川陈仲弓、汝南范孟博、涿郡卢子干等人。离别的时候,师友以为邴原不饮酒,用米饭肉食来为他送行。邴原说:"本能饮酒,但以荒思废业,故断之耳。今当远别,因见贶饯,可一饮宴。"邴原笃志好学,为了完成自己读书学习的志愿,他八九年间

---

① 李延寿:《北史》,卷九十一《列女传》,北京:中华书局,1974年,3012页。
② 李贽:《初潭集》,卷十二,北京:中华书局,1974年,150页。

滴酒不沾,负笈苦行,终成正果,后来被曹操重用。

宋繇,十六国时期西凉、北凉的著名学者,幼时父母早亡。"繇少而有志尚,喟然谓妹夫张彦曰:'门户倾覆,负荷在繇,不衔胆自厉,何以继承先业!'"①可见宋繇从小志于学,有远大理想和抱负,后来跟随张彦到酒泉,"追师就学,闭室诵书,昼夜不倦,博通经史,诸子群言,靡不览综"②。宋繇学成后,投奔李暠,并辅佐他建立了西凉。后来宋繇名重当世,死后被尊为"清水恭公"。

韦爱,南朝宋、齐、梁的将领,少时喜清静,不妄交游,但是"笃志好学,每虚室独坐,游心坟素,而埃尘满席,寂若无人。年十二,尝游京师,值天子出游南苑,邑里喧哗,老幼争观,爱独端坐读书,手不释卷,宗族见者,莫不异焉。及长,博学有文才,尤善《周易》及《春秋左氏》义"③。韦爱年少时笃志好学,勤奋用功,专心致志于读书。有一次,天子出游经过当地,人们都跑去观望,韦爱不为所动,继续端坐读书,为长辈们所赞赏。多年积累后,韦爱博学有文才,被聘为主簿,萧衍建梁即帝位后,他被封为辅国将军。

沈约,南朝史学家、文学家,出身于士族,但是其父淮南太守沈璞,在沈约十三岁时被诛。因故,"(沈约)流寓孤贫,笃志好学,昼夜不释卷。母恐其以劳生疾,常遣减油灭火。而昼之所读,夜辄诵之,遂博通群籍,善属文"。济阳蔡兴宗闻其才,非常赏识他,后引荐沈约为安西外兵参军,兼任记室。蔡兴宗时常对他的儿子们说:"沈约为人堪称师表,你们要好好向他学习。"④

刘勰,"早孤,笃志好学。家贫不婚娶,依沙门僧祐,与之居处,积

---

① 魏收:《魏书》,卷八十九《郦道元传》,北京:中华书局,1974年,1152页。
② 魏收:《魏书》,卷五十二《宋繇传》,北京:中华书局,1974年,1152页。
③ 姚思廉:《梁书》,卷十二《韦爱传》,北京:中华书局,1973年,226页。
④ 李延寿:《南史》,卷五十七《沈约传》,北京:中华书局,1975年,1410页。

十余年,遂博通经论,因区别部类,录而序之"①。刘勰早年丧父,但他笃志好学,跟从南朝僧人僧祐在寺庙里读书达十年之久,终成为中国历史上著名的文学理论家。

萧义理,安乐侯,南朝梁南康简王萧绩第六子。萧义理,性慷慨,慕立功名,读书时常常思慕"忠臣烈士",鞭策自己立志成为英雄豪杰之士,并扬言"一生之内,当无愧古人"。他博览多识,有文才,尝祭孔文举墓,并为立碑,制文甚美。②

沈峻,南朝梁时"五经"博士。沈峻出身于农民家庭,但是他很好学,跟从教育家沈驎士读书学习,"昼夜自课,时或睡寐,辄以杖自击,其笃志如此",后来"博通'五经',尤长《三礼》。初为王国中尉,稍迁侍郎,并兼国子助教……于馆讲授,听者常数百人。出为华容令,还除员外散骑侍郎,复兼'五经'博士"③。沈峻虽然家庭贫寒,但是笃志好学,常常夜晚读书,如果打盹,便"以杖自击",可见其读书意志坚定,用功刻苦。后来沈峻成为博学多通的"五经"博士。

王肃,琅琊王导后人,其父王奂曾任尚书左仆射。"肃少而聪辩,涉猎经史,颇有大志"④,历任著作郎、太子舍人、司徒主簿、秘书丞等职。

二、勤学苦读

家贫好学读书不辍。晋人刘世智,"少贫窭,每负薪自给,读书不辍,竟以僑行称"⑤。王歆,"家贫好学,尝三日绝粮,执书不辍。父母

---

① 姚思廉:《梁书》,卷五十《刘勰传》,北京:中华书局,1973年,710页。
② 姚思廉:《梁书》,卷二十九《萧义理传》,北京:中华书局,1973年,430页。
③ 姚思廉:《梁书》,卷四十八《沈峻传》,北京:中华书局,1973年,578—579页。
④ 魏收:《魏书》,卷六十三《王肃传》,北京:中华书局,1974年,1407页。
⑤ 李昉等:《太平御览》,卷二五九《职官部五十七》,北京:中华书局,1966年,1215页。

家人或谓之曰：'困穷如此，何不耕农为求活乎？'歆答曰：'我当以典籍自耕耳。'武帝以其博学有文才，累迁中书侍郎、扬州牧"①。李铉，"家贫，苦学，春夏务农，秋冬入学。三冬不畜枕，每至睡时，假寐而已"②。李道固，"家寒，少孤，有大志，好学不倦"③。

闭门家中专心读书。许多读书人为了专心读书，常常不外出游玩，闭门家中以读书。据《七贤传》记载，阮籍"有奇才异质，或闭户读书连月不出"④。据嵇康《高士传》记载，李劼公"尝为杜陵门下掾，终身不窥长安城，但闭门读书，未尝问政"⑤。东晋徐邈，"姿性端雅，勤行励学，博涉多闻，以慎密自居。少与乡人臧寿齐名，下帷读书，不游城邑"⑥。晋郑鲜之，"下帷读书，绝交游之务"⑦。徐邈、郑鲜之好读书，且贵在不贪恋游玩，以免浪费读书时间，这是读书人"勤行励学"读书精神和意志力的体现。《隋书》曰："（卢思道）年十六，遇中山刘松为人作碑，以示思道，读之多所不解。于是感激，闭户读书，师事河间邢子才"⑧。刘炫，"少以聪敏见称，与信都刘焯闭户读书，十年不出"⑨。刘昼，"少孤贫，爱学，伏膺无倦。常闭户读书"，后博学有文才，著《六和赋》《高才不遇传》《金箱璧言》等作品，成为北齐文学家。

劳作间隙孜孜以求。王象，三国魏目录学家、藏书家，为曹丕重用，以秘书监身份参与编撰《皇览》，号称儒宗。王象年少时，孤贫，"为人仆隶，年十七八，见使牧羊而私读书，因被箠楚。俊嘉其才质，

---

① 李昉等：《太平御览》，卷六一一《学部五》，北京：中华书局，1966年，2749页。
② 李昉等：《太平御览》，卷六一一《学部五》，北京：中华书局，1966年，2749页。
③ 李昉等：《太平御览》，卷六一一《学部五》，北京：中华书局，1966年，2750页。
④ 李昉等：《太平御览》，卷六一一《学部五》，北京：中华书局，1966年，2751页。
⑤ 李昉等：《太平御览》，卷六一一《学部五》，北京：中华书局，1966年，2751页。
⑥ 房玄龄：《晋书》，卷九十一《徐邈传》，北京：中华书局，1974年，2356页。
⑦ 李昉等：《太平御览》，卷六一一《学部五》，北京：中华书局，1966年，2749页。
⑧ 李昉等：《太平御览》，卷六一一《学部五》，北京：中华书局，1966年，2750页。
⑨ 李昉等：《太平御览》，卷六一一《学部五》，北京：中华书局，1966年，2750页。

即赎象著家"①。王象放羊时,偷空读书,被主人发现而遭鞭杖之罚,时人杨俊发现王象好读书有才质,为他赎身。后来王象苦读成才,官至列侯。《魏略》曰:"常林少单贫,为诸生。耕带经锄,其妻自担饷馈之,相敬如宾。"②虞溥《江表传》曰:"(张纮)居贫,躬耕稼,带经而锄,孜孜汲汲,以夜继日,至于弱冠,无不穷览。"③晋人王育,"少孤贫,为人佣,牧羊豕。近学堂。育常有暇拾薪,以雇书手抄书,合截蒲以学书,日夜不止"。王育因放羊时私去学堂旁听,丢了羊,主家责罚他,许子章听说后对王育好学颇为嘉奖,替他还了损失,并让王育和他的儿子一起读书学习。后来,王育博通经史,官至太傅。④

深夜苦读以烛继昼。孙皓,三国东吴末代皇帝,孙权之孙。孙皓小时候,师从李肃,"读书夙夜不懈"。李肃说:"卿宰相器也。"⑤前秦姜宇头悬梁刻苦读书,《前秦录》曰:"(姜宇)少孤贫,为河北陈不识家牧羊,年十五……每夜专读书,睡则悬头于屋梁,达旦而止。"后来,姜宇历任京兆尹、御史中丞等职。⑥ 姜宇深夜读书之刻苦精神,当为学子们效仿。江革,南朝宋齐间人,"早有才思,六岁便解属文"。后来江革与其弟江观同为太学国子生。有一天晚上下大雪,吏部谢朓值守保卫时发现,"革(江革)弊絮单席,而耽学不倦,嗟叹久之,乃脱所着襦,并手割半毡与革充卧具而去"。江革在雪夜,克服寒冷和被褥单薄的艰难,用功学习不止,被司徒竟陵王等人赏识⑦,后来成为一代名流。南朝陈陆琼,幼时被称为神童,后来"勤苦读书,昼夜无怠,遂

---

① 陈寿撰,裴松之注:《三国志·魏书》,卷二十三《杨俊传》,北京:中华书局,1959年,663页。
② 李昉等:《太平御览》,卷六一一《学部五》,北京:中华书局,1966年,2749页。
③ 李昉等:《太平御览》,卷六一一《学部五》,北京:中华书局,1966年,2749页。
④ 李昉等:《太平御览》,卷六一一《学部五》,北京:中华书局,1966年,2749页。
⑤ 陈寿撰,裴松之注:《三国志·吴书》,卷四十八《孙皓传》,北京:中华书局,1959年,1169页。
⑥ 李昉等:《太平御览》,卷四四四《人事部八十五》,北京:中华书局,1966年,2043页。
⑦ 姚思廉:《梁书》,卷三十六《江革传》,北京:中华书局,1973年,523页。

博学,善属文"①。南朝陈陆瑜昼夜读书,"幼长读书,昼夜不废,聪敏强记,一览无复遗失"②。

身居军政不忘读书。三国周瑜和鲁肃,虽在军旅,读书不止。"瑜(周瑜)好乐坟典,虽在戎旅,诵声不绝。"③"(鲁肃)虽在军陈,手不释卷。又善谈论,能属文辞,思度弘远,有过人之明。周瑜之后,肃为之冠。"④西魏吕思礼好学,有文才,"虽务兼军国,而手不释卷。昼理政事,夜则读书。令苍头执烛,烛烬夜有数升"⑤。吕思礼,好读书,但是能处理好政事与读书的关系,得到太祖宇文泰的褒奖。北齐杜弼,"性好名理,探味玄宗。自在军旅,带经从役"⑥。

三、博学多闻

三国蜀汉李撰,博学多知,既传其父业,"又从默(同县人尹默)讲论义理,五经、诸子,无不该览,加博好技艺,算术、卜数、医药、弓弩、机械之巧,皆致思焉"⑦。三国蜀汉谯周,研精六经,儒学大师,《三国志》的作者陈寿是其学生。史载:"(谯周)既长,耽古笃学,家贫未尝问产业,诵读典籍,欣然独笑,以忘寝食。研精六经,尤善书札。颇晓天文,而不以留意;诸子文章非心所存,不悉遍视也。"⑧建兴中,丞相

---

① 姚思廉:《陈书》,卷三十《陆琼传》,北京:中华书局,1972年,396页。
② 姚思廉:《陈书》,卷三十四《陆瑜传》,北京:中华书局,1972年,463页。
③ 陈寿撰,裴松之注:《三国志·吴书》,卷五十一《周瑜传》,北京:中华书局,1959年,1206页。
④ 陈寿撰,裴松之注:《三国志·吴书》,卷五十四《鲁肃传》,北京:中华书局,1959年,1273页。
⑤ 令狐德棻等:《周书》,卷三十八《吕思礼传》,北京:中华书局,1971年,682页。
⑥ 李昉等:《太平御览》,卷六一一《学部五》,北京:中华书局,1966年,2749页。
⑦ 陈寿撰,裴松之注:《三国志·蜀书》,卷四十二《李撰传》,北京:中华书局,1959年,1026页。
⑧ 陈寿撰,裴松之注:《三国志·蜀书》,卷四十二《谯周传》,北京:中华书局,1959年,1027页。

诸葛亮领益州牧,命谯周为劝学从事。晋杜夷,世以儒学称,学问渊博,生徒千人。他"博览经籍百家之书,算历图纬靡不毕究"①。晋陈邵,博通六籍的儒学家,曾撰有《周礼评》。泰始年间(265—274),晋武帝司马炎下诏曰:"燕王师陈邵清贞洁静,行著邦族,笃志好古,博通六籍,耽悦典诰,老而不倦,宜在左右以笃儒教。可为给事中。"②晋刘兆,"博学洽闻,温笃善诱,从受业者数千人。武帝时五辟公府,三征博士,皆不就。安贫乐道,潜心著述,不出门庭数十年"③。晋范宣,"年十岁,能诵《诗》《书》……少尚隐遁,加以好学,手不释卷,以夜继日,遂博综众书,尤善《三礼》。"④"劭(何劭)博学,善属文,陈说近代事,若指诸掌。"晋惠帝即位之初,盛选六位太子傅教导年幼的太子,以何劭为太子太师,通省尚书事。⑤北魏李琰之,年少时聪明机警,善言谈,经史百家无所不览,自称:"崔(崔光)博而不精,刘(刘芳)精而不博,我既精且博,学兼二子。"他休闲的时候,常常闭门读书。他还告诉人们喜读书是他的天性:"吾所以好读书,不求身后之名,但异见异闻,心之所愿,是以孜孜搜讨,欲罢不能。岂为声名劳七尺也?此乃天性,非为力强。"⑥北魏崔鸿,著名史学家,"少好读书,博综经史"⑦。北齐末崔儦,"少与范阳卢思道、陇西辛德源同志友善。每以读书为务,负恃才地,大署其户曰:'不读五千卷书者,无得入此室'"⑧。崔儦博览群书,多所通涉,初举秀才,后历任尚书郎。

---

① 房玄龄:《晋书》,卷九十一《杜夷传》,北京:中华书局,1974年,2353页。
② 房玄龄:《晋书》,卷九十一《陈邵传》,北京:中华书局,1974年,2348页。
③ 房玄龄:《晋书》,卷九十一《刘兆传》,北京:中华书局,1974年,2349—2350页。
④ 房玄龄:《晋书》,卷九十一《范宣传》,北京:中华书局,1974年,2360页。
⑤ 房玄龄:《晋书》,卷三十三《何劭传》,北京:中华书局,1974年,999页。
⑥ 魏收:《魏书》,卷八十二《李琰之传》,北京:中华书局,1974年,1798页。
⑦ 魏收:《魏书》,卷六十七《崔鸿传》,北京:中华书局,1974年,1501页。
⑧ 李延寿:《北史》,卷二十四《崔儦传》,北京:中华书局,1974年,877页。

四、终身阅读

　　刘寔,西晋重臣,官至太傅、太尉。《晋中兴书》曰:"刘寔,长不满七尺,精学不倦,虽居官职,至于皓首,手不释卷。"①孙盛,晋代著名史学家,出身于仕宦家庭,从小好学,"笃学不倦,自少至老,手不释卷。著《魏氏春秋》《晋阳秋》,并造诗赋论难复数十篇。《晋阳秋》词直而理正,咸称良史焉"②。孙盛终身好阅读,自少至老,手不释卷。徐广,官至东晋秘书监,曾主持编撰的《晋义熙四年秘阁四部目录》为当时的国家图书总目,可惜已佚。据文献记载,徐广"性好读书,老犹不倦。年七十四,卒于家。广《答礼问》行于世"③。徐广终身读书,老犹不倦,精神可嘉。沈驎士,南朝齐教育家,号称"织帘先生","无所营求,以笃学为务……守操终老,读书不倦。遭火烧书数千卷,年过八十,耳目犹聪明,以反故抄写,火下细书,复成二三千卷,满数十箧"④。沈驎士虽老,但读书不辍。有一次,其数千卷藏书被火烧毁,但是书毁志不毁,面对如此打击,年过八旬的他,仍然坚持抄书、读书,最后又聚成了二三千卷图书。其精神真正可嘉,为后学之楷模。樊深,是北朝儒学家。《周书》曰:"(樊深)博物,性好学,老而不怠。朝暮还往,常据鞍读书,至马惊坠地,折损支体,终亦不改。后除国子博士。"⑤

---

① 李昉等:《太平御览》,卷六一一《学部五》,北京:中华书局,1966年,2749页。
② 房玄龄:《晋书》,卷八十二《孙盛传》,北京:中华书局,1974年,2148页。
③ 房玄龄:《晋书》,卷八十二《徐广传》,北京:中华书局,1974年,2159页。
④ 李延寿:《南史》,卷七十六《沈驎士传》,北京:中华书局,1975年,1892页。
⑤ 李昉等:《太平御览》,卷六一一《学部五》,北京:中华书局,1966年,2750页。

第八章 魏晋南北朝的阅读理论与方法

魏晋南北朝时期,阅读理论与方法虽初见端倪,却占据了历史性高度。刘勰的代表作《文心雕龙·知音篇》,系统地阐释了阅读知音论,堪称我国早期较成熟的阅读学的专门理论,在中国阅读史上开创了阅读学理论的先河,为阅读学理论的发展奠定了良好的基础。后来钟嵘的阅读滋味说和颜之推等人的阅读功能论,以及一些具有时代特色的读书方法,使魏晋南北朝成为中国阅读史上一个起步非凡的时期。

第一节 阅读知音论

刘勰,南北朝人,著名的文学理论家,其代表作《文心雕龙》,不仅在中国文学史上和文学批评史上占有重要的地位,而且在阅读史上也有着不容忽视的地位。周振甫曾认为,在《文心雕龙·知音》中,

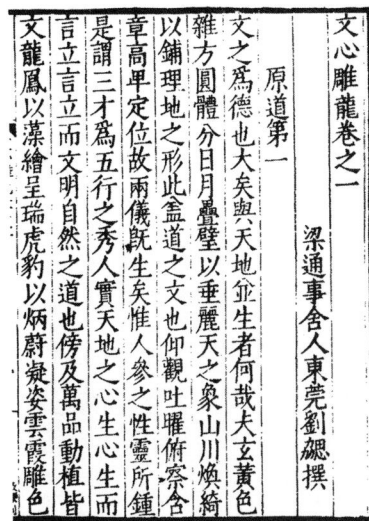

《文心雕龙》

"刘勰比较全面地讲到阅读理论"①。曾祥芹认为:"魏晋南北朝时期伟大的阅读学家是刘勰,最杰出的阅读学著作是《文心雕龙》,特别是其中的《知音》,可以说是我国历史上最早、最完整、最严密的阅读学专论。"②

从文学的角度看,《文心雕龙·知音》主要是讲文学鉴赏;从阅读的角度看,《文心雕龙·知音》系统而完整地阐释了阅读理解的知音论。刘勰借用知音来形容阅读理解文章之意,理解即是知音。首先,刘勰在《文心雕龙·知音》开篇,借用知音之难来表达阅读理解文章之难。"知音其难哉!音实难知,知实难逢,逢其知音,千载其一乎!"③

其次,刘勰分析了阅读理解文章之难的原因。从阅读主体的普遍性,从曹丕的"文人相轻"说,到文人常自觉或不自觉表现出"贵古

---

① 周振甫:《引言》,见曾祥芹等《古代阅读论》,郑州:河南教育出版社,1992年,2页。
② 曾祥芹等:《古代阅读论》,郑州:河南教育出版社,1992年,58—59页。
③ 刘勰:《文心雕龙·知音》,见周振甫《文心雕龙今译(附词语简释)》,北京:中华书局,1986年,429页。

贱今""崇己抑人""信伪迷真"等问题①,刘勰发现古人在阅读时难以真正理解作者及其文章的意义,并举例进行了说明。从阅读主体的特殊性看,个人的爱好多有所偏,不能做到周全地理解文章。刘勰发现人们对容易查验的有形器物都经常出现谬误;反观人们对"篇章杂沓,质文交加"的文章,在阅读时更是"文情难鉴"②。刘勰认为其主要原因在于阅读主体的个人差异和特殊性。刘勰曰:"知多偏好,人莫圆该。慷慨者逆声而击节,酝藉者见密而高蹈;浮慧者观绮而跃心,爱奇者闻诡而惊听。会己则嗟讽,异我则沮弃。"③可见,阅读者不同,其个人偏好会导致他们对文章理解的角度不同,"各执一隅之解,欲拟万端之变,所谓东向而望,不见西墙也"④。

最后,刘勰对阅读如何知音做出了回应。其一,"务先博观"。"凡操千曲而后晓声,观千剑而后识器;故圆照之象,务先博观。"⑤意思是说,先演练千支曲子而后能通晓音乐,先观赏千把剑器而后能识别宝剑,所以阅读理解文章,务必先博览群书。其二,要去除偏见。因为"无私于轻重,不偏于憎爱,然后能平理若衡,照辞如镜矣"⑥。好比照镜子,阅读者对文章不抱私心和偏见,阅读时才能清晰地看到文章的样子,准确地理解文章本意。其三,阅读六观。在前面先解决阅读者本身的一些问题之后,进入阅读文章情理和内涵的阶段,刘勰提

---

① 刘勰:《文心雕龙·知音》,见周振甫《文心雕龙今译(附词语简释)》,北京:中华书局,1986年,429页。
② 刘勰:《文心雕龙·知音》,见周振甫《文心雕龙今译(附词语简释)》,北京:中华书局,1986年,431页。
③ 刘勰:《文心雕龙·知音》,见周振甫《文心雕龙今译(附词语简释)》,北京:中华书局,1986年,431页。
④ 刘勰:《文心雕龙·知音》,见周振甫《文心雕龙今译(附词语简释)》,北京:中华书局,1986年,431页。
⑤ 刘勰:《文心雕龙·知音》,见周振甫《文心雕龙今译(附词语简释)》,北京:中华书局,1986年,432页。
⑥ 刘勰:《文心雕龙·知音》,见周振甫《文心雕龙今译(附词语简释)》,北京:中华书局,1986年,432页。

出了一套仔细阅读文本的操作方法,即"将阅文情,先标六观:一观位体,二观置辞,三观通变,四观奇正,五观事义,六观宫商"①。所谓"阅读六观":一观文体是否合适,二观文辞运用的情况如何,三观文学的继承与革新方面做得怎样,四观奇正等表达手法运用得如何,五观运用事类如何,六观文章在声律方面表现出的可读性怎样。运用这些方法之后,读者一般就可以对文章的优劣有所把握了。其四,"披文以入情,沿波讨源"②。阅读者通过六观了解文章的情理,就像沿着水波去探寻作者思想感情的源头一样。"虽幽必显。世远莫见其面,觇文辄见其心。"③其五,废浅入深。刘勰认为,读者不能知音,常常不是因为文章太深奥,而是因为自己阅读鉴赏的能力太浅薄了。"夫志在山水,琴表其情,况形之笔端,理将焉匿?"④俞伯牙意在高山流水,用琴音就表达了他的思想感情,何况用文字表达出来的东西,感情怎能隐藏得住呢?"故心之照理,譬目之照形,目瞭则形无不分,心敏则理无不达。"因此"俗监之迷者,深废浅售"⑤是不可取的,阅读时要废浅入深。其六,会欣赏才能知音。因为只有具备较高的认识能力,学会如何欣赏和阅读文章,才能看到文章奥妙的地方,才能感受到知音时的内心愉悦。这就像"春台之熙众人,乐饵之止过客"。"盖闻兰为国香,服媚弥芬"⑥,文章著作也是国之文明精华,会欣赏才能看到它的

---

① 刘勰:《文心雕龙·知音》,见周振甫《文心雕龙今译(附词语简释)》,北京:中华书局,1986年,432页。
② 刘勰:《文心雕龙·知音》,见周振甫《文心雕龙今译(附词语简释)》,北京:中华书局,1986年,432页。
③ 刘勰:《文心雕龙·知音》,见周振甫《文心雕龙今译(附词语简释)》,北京:中华书局,1986年,433页。
④ 刘勰:《文心雕龙·知音》,见周振甫《文心雕龙今译(附词语简释)》,北京:中华书局,1986年,433页。
⑤ 刘勰:《文心雕龙·知音》,见周振甫《文心雕龙今译(附词语简释)》,北京:中华书局,1986年,433页。
⑥ 刘勰:《文心雕龙·知音》,见周振甫《文心雕龙今译(附词语简释)》,北京:中华书局,1986年,433页。

美丽所在,才能知音,才能真正理解并与作者共鸣。因此,刘勰最后勉励道,"知音君子,其垂意焉"①。

综上所述,刘勰的阅读知音论,是一步步由浅入深的阅读理解过程。他先提出阅读知音之难的问题,并分析了原因,最后重点论述了阅读如何知音的问题。对于阅读如何知音的问题,刘勰由浅入深地阐述了阅读理解的过程。阅读之前,先解决阅读主体自身的一些问题,"务先博观",再去除偏见。接着进入阅读文本阶段,刘勰提出"阅读六观"这样一套可操作的方法,帮助阅读者鉴别优劣;"披文入情,沿波讨源"和"废浅入深",帮助阅读者把握文章情思义理。最后,刘勰提出会欣赏文章,才能做到阅读知音。这样一套逻辑思路,从理论的角度看,已经是比较完整和成熟的阅读理论了。所以说刘勰是中国阅读学理论的开山鼻祖,其代表作《文心雕龙·知音篇》堪称我国早期较成熟的阅读学的专门理论,在中国阅读史上开创了阅读学理论的雏形,为后来阅读学理论发展奠定了良好的基础。

第二节　阅读滋味说

钟嵘,南朝文学批评家,其著作《诗品》流传至今。在《诗品·序》中,钟嵘从读者的角度来鉴赏、品评诗歌,提出滋味说,这是我国最早的诗歌阅读理论。

《诗品·序》中评曰:四言诗"文约意广"②,即文辞的形式简约但制

---

① 刘勰:《文心雕龙·知音》,见周振甫《文心雕龙今译(附词语简释)》,北京:中华书局,1986年,433页。
② 钟嵘:《诗品·序》,见钟嵘著、周振甫译注《诗品译注》,北京:中华书局,1998年,19页。

《诗品》

约了宽广的内容；骚体诗"文繁而意少"①，即文辞的形式繁芜但影响了所表达的内容。在与上述诗歌比较的基础上，钟嵘提出"五言居文词之要，是众作之有滋味者也"②。五言诗是"有滋味者"，值得玩味品赏。

钟嵘认为诗有滋味，要符合两个标准。一个标准是"指事造形，穷情写物，最为详切者"③。在文辞形式的基础上，突出"情"字，《诗品·序》中，钟嵘在十二处用到"情"字，表达他对诗歌的认识和对一些诗作的品评。"摇荡性情，形诸舞咏。"④"感荡心灵……非长歌何以骋其情？"⑤可见，诗被用于"吟咏情性"⑥。用此标准，他认为读西晋永嘉时期的诗篇"理过其辞，淡乎寡味"⑦。另一个标准是"调采葱蒨，

---

① 钟嵘：《诗品·序》，见钟嵘著、周振甫译注《诗品译注》，北京：中华书局，1998年，19页。
② 钟嵘：《诗品·序》，见钟嵘著、周振甫译注《诗品译注》，北京：中华书局，1998年，19页。
③ 钟嵘：《诗品·序》，见钟嵘著、周振甫译注《诗品译注》，北京：中华书局，1998年，19页。
④ 钟嵘：《诗品·序》，见钟嵘著、周振甫译注《诗品译注》，北京：中华书局，1998年，15页。
⑤ 钟嵘：《诗品·序》，见钟嵘著、周振甫译注《诗品译注》，北京：中华书局，1998年，21页。
⑥ 钟嵘：《诗品·序》，见钟嵘著、周振甫译注《诗品译注》，北京：中华书局，1998年，24页。
⑦ 钟嵘：《诗品·序》，见钟嵘著、周振甫译注《诗品译注》，北京：中华书局，1998年，17页。

音韵铿锵"①。从诗词文采方面,"词采华茂"②"调采葱蒨,音韵铿锵",突出文辞表达的形式美。读这样的诗歌,"使人味之亹亹不倦"③。

钟嵘进一步升华并总结道:"故诗有三义焉:一曰兴,二曰比,三曰赋。文已尽而意有余,兴也;因物喻志,比也;直书其事,寓言写物,赋也。宏斯三义,酌而用之,干之以风力,润之以丹彩,使味之者无极,闻之者动心,是诗之至也。"④从读者的角度看,如果诗歌本身协调好了兴、比、赋三者的关系,并且有"风力"和"丹彩",那么读者可以称之为"诗之至"。读这样的诗歌,滋味是"无极"的,读者心灵会为之感荡。

钟嵘在品评诗歌时,抓住的一条线索就是滋味说。首先是有无滋味,他认为五言诗有滋味。其次是怎样的诗有滋味,内涵美上讲"穷情",形式美上讲"调采葱蒨,音韵铿锵"。最后是品诗的境界高低,诗的最高境界即"诗之至",对应的滋味是"无极"。由此,我们从读者阅读诗歌、品评诗歌的角度来看钟嵘的《诗品》及其《诗品·序》,其书名中的"品"字本身就蕴含着品味滋味的意义,其"滋味说"可以说为读者提供了一种阅读诗歌的理论和方法。

第三节　阅读功能论

魏晋南北朝时期,有一些名人从阅读的功能角度来谈论读书的意义,诸如孙权的读书以自开益说、陆机的读书以颐情志说、束皙的

---

① 钟嵘:《诗品·序》,见钟嵘著、周振甫译注《诗品译注》,北京:中华书局,1998年,47页。
② 钟嵘:《诗品·序》,见钟嵘著、周振甫译注《诗品译注》,北京:中华书局,1998年,37页。
③ 钟嵘:《诗品·序》,见钟嵘著、周振甫译注《诗品译注》,北京:中华书局,1998年,47页。
④ 钟嵘:《诗品·序》,见钟嵘著、周振甫译注《诗品译注》,北京:中华书局,1998年,19页。

读书藻练精神说、颜之推的阅读功能说。我们将这些观点统称为阅读功能论。孙权、颜之推主要从现实利益的角度来看阅读的功能,陆机和束皙主要是从精神的角度来看阅读的功能。

一、孙权读书以自开益说

吕蒙是三国孙吴著名大将,曾被封为虎威将军。孙权爱惜其才,有一次就当面劝告吕蒙读书:"卿今并当涂掌事,宜学问以自开益。"①虽然吕蒙开始以军务繁忙为由想推辞,但是在孙权动之以情、晓之以理的劝说下,吕蒙"始就学,笃志不倦"②,从而有了后来"士别三日,即更刮目相待"③的自诩。从中我们可以看到孙权对读书功能的一种态度,他认为像吕蒙这样的掌事者,应该读书以不断提高自己的修养和能力。

二、陆机读书以颐情志说

陆机,西晋文学家,"少有异才,文章冠世"④,代表作有《文赋》《君子行》等。刘勰《文心雕龙·才略》评其诗文曰:"陆机才欲窥深,辞务索广,故思能入巧而不制繁。"⑤陆机《文赋》论曰:"伫中区以玄览,颐

---

① 陈寿撰,裴松之注:《三国志·吴书》,卷五十四《吕蒙传》,北京:中华书局,1959年,1274页。
② 陈寿撰,裴松之注:《三国志·吴书》,卷五十四《吕蒙传》,北京:中华书局,1959年,1275页。
③ 陈寿撰,裴松之注:《三国志·吴书》,卷五十四《吕蒙传》,北京:中华书局,1959年,1275页。
④ 房玄龄:《晋书》,卷五十四《陆机传》,北京:中华书局,1974年,1467页。
⑤ 刘勰:《文心雕龙·才略》,见周振甫《文心雕龙今译(附词语简释)》,北京:中华书局,1986年,423页。

情志于典坟。"①关于阅读的功能,陆机认为"颐情志于典坟",即阅读三坟五典,可以陶冶自己的情志。

三、束皙读书藻练精神说

束皙,西晋学者、文学家,著有《五经通论》《发蒙记》《补亡诗》等,其赋文笔质朴,有《读书赋》《贫家赋》《近游赋》《劝农赋》《饼赋》等。其中《读书赋》是关于阅读的,现抄录一段于此:

> 耽道先生,澹泊闲居。藻练精神,呼吸清虚;抗志云表,戢形陋庐。垂帷帐以隐几,被纨素而读书。抑扬嘈囋,或疾或徐,优游蕴藉,亦卷亦舒。颂《卷耳》则忠臣喜,咏《蓼莪》则孝子悲,称《硕鼠》则贪民去,唱《白驹》而贤士归。是故重华咏诗以终已,仲尼读《易》于身中,原宪潜吟而忘贱,颜回精勤以轻贫,倪宽口诵而芸耨,买臣行吟而负薪。贤圣其犹孳孳,况中才与小人。②

束皙在《读书赋》中塑造了一个好读书的耽道先生形象。他认为阅读有"藻练精神"、修身养性、劝善戒恶的功能,并举例说明:"颂《卷耳》则忠臣喜,咏《蓼莪》则孝子悲,称《硕鼠》则贪民去,唱《白驹》而贤士归。"

四、颜之推阅读功利说

颜之推,生活在南北朝至隋朝期间,其著作《颜氏家训》在家庭教

---

① 陆机:《文赋》,见萧统著、李善注《文选》,上海:上海古籍出版社,1986年,762页。
② 束皙:《读书赋》,见郁沅、张明高《魏晋南北朝文论选》,北京:人民文学出版社,1996年,143页。

育发展史上有着重要的影响,后世称此书为"家教规范"。颜之推在《颜氏家训》中劝诫子弟读书时,阐述了他对读书功能的认识。

第一,读书以增益德行,行道以利世。《颜氏家训·勉学》曰:读书"增益德行,敦厉风俗"①,"修身利行","行道以利世也"②。

第二,读书以"开心明目,利于行耳"。《颜氏家训·勉学》曰:"夫所以读书学问,本欲开心明目,利于行耳。未知养亲者,欲其观古人之先意承颜,怡声下气,不惮劬劳,以致甘腝,惕然惭惧,起而行之也;未知事君者,欲其观古人之守职无侵,见危授命,不忘诚谏,以利社稷,恻然自念,思欲效之也;素骄奢者,欲其观古人之恭俭节用,卑以自牧,礼为教本,敬者身基,瞿然自失,敛容抑志也;素鄙吝者,欲其观古人之贵义轻财,少私寡欲,忌盈恶满,赒穷恤匮,赧然悔耻,积而能散也;素暴悍者,欲其观古人之小心黜己,齿弊舌存,含垢藏疾,尊贤容众,茶然沮丧,若不胜衣也;素怯懦者,欲其观古人之达生委命,强毅正直,立言必信,求福不回,勃然奋厉,不可恐慑也:历兹以往,百行皆然。纵不能淳,去泰去甚。学之所知,施无不达。"③颜之推认为,读书可以使人增长知识,开阔眼界,有益于行为处事。除此之外,对于未知养亲者、未知事君者、素骄奢者、素鄙吝者、素暴悍者、素怯懦者等不同的人而言,他们可以通过阅读相应的图书,以晓明人伦事理,并转变行为态度和方式。因此,不能不说读书有"开心明目,利于行"的功能。

第三,读书"犹为一艺,得以自资"。《颜氏家训·勉学》曰:明《六

---

① 颜之推:《颜氏家训·勉学第八》,见王利器《颜氏家训集解》,北京:中华书局,1993年,157页。
② 颜之推:《颜氏家训·勉学第八》,见王利器《颜氏家训集解》,北京:中华书局,1993年,171页。
③ 颜之推:《颜氏家训·勉学第八》,见王利器《颜氏家训集解》,北京:中华书局,1993年,166页。

经》之指，涉百家之书……犹为一艺，得以自资。父兄不可常依，乡国不可常保，一旦流离，无人庇荫，当自求诸身耳。谚曰："积财千万，不如薄伎在身。"伎之易习而可贵者，无过读书也。① 颜之推把读书当作一种谋生自保的手段，后世之人对此多有指责，因为这种观点过于功利化，把读书庸俗化。当然也有支持颜之推的论述，例如吉川忠夫在《六朝精神史研究》中，针对颜之推的这一观点说道："尽管他把与农业紧密结合的庄园生活形态作为理想来描述，但是那始终只限于羡望。处在华北社会的他，只是一个'家无积财'，又没有强有力的血缘关系的流亡贵族。首先作为迫切的现实问题，当然是必须寻求生活的手段，这样一来，大概读书也就被他当作'伎''艺'来认识了。"②颜之推阅读功利说的正误利弊，也许仍然是见仁见智的话题。

第四，读书当"施之世务"。《颜氏家训·勉学》曰："学之兴废，随世轻重。汉时贤俊，皆以一经弘圣人之道，上明天时，下该人事，用此致卿相者多矣。末俗已来不复尔，空守章句，但诵师言，施之世务，殆无一可。"③颜之推认为，读书当"施之世务"，而不"空守章句，但诵师言"。最后他再次强调"当博览机要，以济功业"④。这些都是从阅读的功能方面，阐述阅读当以"施之世务"和"济功业"为目的。

---

① 颜之推：《颜氏家训·勉学第八》，见王利器《颜氏家训集解》，北京：中华书局，1993年，157页。
② 吉川忠夫：《六朝精神史研究》，王启发译，南京：江苏人民出版社，2010年，224页。
③ 颜之推：《颜氏家训·勉学第八》，见王利器《颜氏家训集解》，北京：中华书局，1993年，176页。
④ 颜之推：《颜氏家训·勉学第八》，见王利器《颜氏家训集解》，北京：中华书局，1993年，177页。

第四节　读书法

一、诵读法

魏晋南北朝时期,有很多读书人运用诵读法来读书,诸如《吴书》曰:阚泽字德润。好学,居贫,常为人佣书,所写既毕,诵读亦遍。《魏书》曰:贾逵最好《春秋》,课日读一遍。《晋书》曰:殷仲堪能清言,善属文,每云三日不读《道德论》便觉舌本间强。其谈理与韩康伯齐名,士咸爱慕之。《晋书》又曰:王恭抗直,深存节义。读《左传》至奉王命讨不庭,每辍卷而叹。《晋书》曰:刘敏元字道光,北海人也。厉已修学,不以险难改心。好星历阴阳术数,潜心《易》《太玄》,不好读史。常谓同志曰:"诵书当味义根,何为费功于浮辞之文?《易》者,义之源;《太玄》,理之门,能明此者,即吾师也。"《宋书》曰:沈演之家世为将,至演之折节好学,读《老子》百遍,以达义理上知名。《陈书》曰:始兴王叔陵修饰虚名,每入朝,常于车中马上执卷读书,高声长诵,阳阳自若。朝坐斋中,或自执斧斤为沐猴百戏。① 陆倕,"少勤学,善属文。于宅内起两间茅屋,杜绝往来,昼夜读书,如此者数载。所读一遍,必诵于口。尝借人《汉书》,失《五行志》四卷,乃暗写还之,略无遗脱"②。这里记载了陆倕读书时采用了诵读法,边读边诵记。有一次,他借了别人的《汉书》,但是把其中的《五行志》四卷弄丢了,他就凭借自己的

---

① 李昉等:《太平御览》,卷六一六《学部十》,北京:中华书局,1966 年,2767—2768 页。
② 姚思廉:《梁书》,卷二十七《陆倕传》,北京:中华书局,1973 年,401 页。

诵记之功,将其背写下来,才得以完整归还《汉书》。

二、听读法

魏晋南北朝时期,有些人虽不识字,但是仍然可以读书学习,因为他们采用了听读法来获取知识,如三国时蜀汉后期大将王平采用听读法读书。《三国志·王平传》曰:王平,生长戎旅,手不能书,其所识不过十字,而口授作书,皆有意理。使人读《史》《汉》诸纪传,听之,备知其大义,往往论说不失其指。① 王平不识字,让他人读书,自己听之,这就是所谓听读法。后赵明帝石勒,后赵建立者,虽不识字,但是好学,所以常让人为他读书,他听读之。《晋书·石勒载记下》曰勒雅好文学,虽在军旅,常令儒生读史书而听之,每以其意论古帝王善恶,朝贤儒士听者莫不归美焉。尝使人读《汉书》,闻郦食其劝立六国后,大惊曰:"此法当失,何得遂成天下!"至留侯谏,乃曰:"赖有此耳。"其天资英达如此。② 杨大眼,北魏名将,识字不多,常常让人为其读书,自己坐在一旁听读,并且均能记下来。《魏书·杨大眼传》记载:"大眼虽不学,恒遣人读书,坐而听之,悉皆记识。令作露布,皆口授之,而竟不多识字也。有三子,长甑生,次领军,次征南,皆潘氏所生,气干咸有父风。"③ 上述王平、石勒、杨大眼等人,采用听读的方法获取知识,虽然风格不同凡常,但是他们听人诵读书文并记忆入脑,这也是读书学习之法。并且,这种读书方法对于不识字或识字不多的人而言,未尝不是特殊情况下的便易之策。

---

① 陈寿撰,裴松之注:《三国志·蜀书》,卷四十三《王平传》,北京:中华书局,1959年,1050页。
② 房玄龄:《晋书》,卷一百五《石勒载记下》,北京:中华书局,1974年,2741页。
③ 魏收:《魏书》,卷七十三《杨大眼传》,北京:中华书局,1974年,1636页。

三、不求甚解法

《三国志·诸葛亮传》注引《魏略》曰：亮在荆州，以建安初与颍川石广元、徐元直、汝南孟公威等俱游学，三人务于精熟，而亮独观其大略。① 诸葛亮读书独观其大略。从对内容把握的深浅程度而言，相对于"务于精熟"，我们可以将独观大略法归入不求甚解的范畴。"务于精熟"，即今日所言精读；"独观大略"，可以说类似于今日的泛读和略读。

魏晋时"竹林七贤"之一阮咸之子阮瞻，"性清虚寡欲，自得于怀。读书不甚研求，而默识其要，遇理而辩，辞不足而旨有余"。有一次，阮瞻见司徒王戎，王戎问他说："圣人贵名教，老庄明自然，其旨同异？"阮瞻曰："将无同。"戎咨嗟良久，即命辟之。时人谓之"三语掾"。② 首先，我们可以看到，阮瞻读书"不甚研求，而默识其要"，即采用了不求甚解的方法。其次，"将无同"在思想史上，常被引证来说明在魏晋名教与自然之争中发现的第三条道路。同时，我们也可以看到，将无同思想也是他读书默识其要的体现，因而他能高屋建瓴，在名教与自然之争中另辟蹊径，思想新颖为后人称道。

《宋书·陶潜传》称陶渊明"好读书，不求甚解，每有会意，欣然忘食"③。陶渊明读书不求甚解之论，常常被后世议论，褒贬不一。我们将上述诸葛亮的独观大略、阮瞻的"不甚研求，而默识其要"、陶渊明的"不求甚解"放在一起来看，可以发现，他们更强调读书的一种观念而不是具体方法，因为一旦讲具体方法，不求甚解就会落入攻其鄙的

---

① 陈寿撰，裴松之注：《三国志·蜀书》，卷三十五《诸葛亮传》，北京：中华书局，1959年，911页。
② 房玄龄：《晋书》，卷四十九《阮瞻传》，北京：中华书局，1974年，1363页。
③ 沈约：《宋书》，卷九十三《陶潜传》，北京：中华书局，1974年，2286页。

陷阱。我们对其阅读观点进行理解时要根据具体情况灵活变通,这样才能真正理解他们的读书方法之精妙所在。正如元代李冶曾为此正言:"盖不求甚解者,谓得意忘言,不若老生腐儒为章句细碎耳。"①也就是说,读书不要拘泥于细碎的文字,而要在不求甚解中默识其要。

四、其他读书法

董遇"三余"读书法。董遇,三国魏时儒宗。《三国志·王肃传》注引《魏略》曰:"遇字季直,性质讷而好学。兴平中,关中扰乱,与兄季中依将军段煨。采稆负贩,而常挟持经书,投间习读。其兄笑之而遇不改。"②董遇在与其兄外出营生的时候,也常常挟持经书,投间习读,是说他一有空就读书学习,是惜时读书的体现。《魏略》又记载:遇善治《老子》,为《老子》作训注,又善《左氏传》,更为作朱墨别异。人有从学者,遇不肯教,而云"必当先读百遍","读书百遍而义自见"。从学者云:"苦渴无日。"遇言"当以三余"。或问三余之意,遇言"冬者岁之余,夜者日之余,阴雨者时之余也"③。其中"读书百遍而义自见"是一读书法。"三余"读书法,与上述"投间习读"类似,注重阅读时间的管理,惜时读书是其读书法的精髓。

葛洪由浅入深读书法。葛洪,东晋道教学者、著名炼丹家、医药学家,自号抱朴子,著有《抱朴子》《金匮药方》《肘后备急方》和《西京杂记》等。他在阅读方面提出,读书由浅入深、自易及难和博览的思路。《抱朴子·微旨》曰:"凡学道当阶浅以涉深,由易以及难……学

---

① 李冶撰,刘德权点校:《敬斋古今黈》,北京:中华书局,1995年,173页。
② 陈寿撰,裴松之注:《三国志·魏书》,卷十三《董遇传》,北京:中华书局,1959年,420页。
③ 陈寿撰,裴松之注:《三国志·魏书》,卷十三《董遇传》,北京:中华书局,1959年,420页。

近术以辟邪恶,乃可渐阶精微矣。"①读书要广博,要提纲挈领。抱朴子曰:"通人总原本以括流末,操纲领而得一致焉。"②

萧绎区分精读、泛读法。萧绎,南朝梁元帝,自号金楼子,有文才,著有《金楼子》一书。《梁书·元帝本纪》称他:"既长好学,博综群书,下笔成章,出言为论,才辩敏速,冠绝一时。"③他在《金楼子·戒子篇五》中提出,读书要区分精读和泛读,"凡读书必以五经为本,所谓非圣人之书勿读。读之百遍,其义自见。此外众书,自可泛观耳。正史既见得失成败,此经国之所急。五经之外,宜以正史为先。谱牒所以别贵贱明是非,尤宜留意。或复中表亲疏,或复通塞升降,百世衣冠,不可不悉"④。萧绎认为,首先五经是必读书,非圣人之书不要读。其次,要区分精读和泛读。对于必读的五经,要"读之百遍",即精读;对于"此外众书",则可泛读。

颜之推《颜氏家训》中的阅读方法。颜之推在《颜氏家训·勉学》中,劝勉子弟读书要博览,曰"学者贵能博闻也"⑤,又曰读书要"明'六经'之指,涉百家之书"⑥。最后他总结道:"观天下书未遍,不得妄下雌黄。或彼以为非,此以为是;或本同末异;或两文皆欠,不可偏信一隅也。"⑦从中我们可以看到,颜之推郑重其事地告诉读书人要博览群书。其后人颜延之一脉相承,在《庭诰》中也强调读书既要博览又要

---

① 王明:《抱朴子内篇校释》,卷六,北京:中华书局,1986年,123—124页。
② 葛洪:《抱朴子外篇·尚博》,卷三十二,北京:中华书局,1991年,98页。
③ 姚思廉:《梁书》,卷五《元帝本纪》,北京:中华书局,1973年,135页。
④ 萧绎:《金楼子·戒子篇五》,上海:商务印书馆,1939年,31页。
⑤ 颜之推:《颜氏家训·勉学第八》,见王利器《颜氏家训集解》,北京:中华书局,1993年,222页。
⑥ 颜之推:《颜氏家训·勉学第八》,见王利器《颜氏家训集解》,北京:中华书局,1993年,157页。
⑦ 颜之推:《颜氏家训·勉学第八》,见王利器《颜氏家训集解》,北京:中华书局,1993年,235页。

掌握要领，"观书贵要，观要贵博，博而知要，万流可一"①。颜之推在《颜氏家训·勉学》中，还提出读书要交流和与人切磋。他先引用《尚书》语"好问则裕"，再引用《礼》语"独学而无友，则孤陋而寡闻"，最后提出自己的观点。"盖须切磋相起明也。见有闭门读书，师心自是，稠人广坐，谬误差失者多矣。"②他认为，读书不仅要博览，而且要多与人交流读书心得，相互切磋以避免理解有偏见，而不能"闭门读书，师心自是"。

第五节　推荐书目

中华民族历史悠久，积淀下来的文献浩如烟海。对于普通读者而言，他们选择所读之书时往往会感觉茫然不知所措，无法得其门而入。面对这些普遍存在的困惑，先贤们创立了目录和推荐书目的方便法门，为很多人解答了疑惑。清代著名学者王鸣盛曾有言："目录之学，学中第一紧要事。必从此问途，方能得其门而入。"③他又说："凡读书最切要者，目录之学。目录明，方可读书；不明，终是乱读书。"④这段话表明，目录在读书生活中有着极其重要的导读功能和价值，一部好的目录可以为读书人指明方向并开启读书的大门。相对于普通书目，推荐书目更加体现了目录的针对性功能。魏晋南北朝时期的推荐书目，主要有孙权给吕蒙和蒋钦的推荐书目、刘备给其子

---

① 李昉等：《太平御览》，卷六〇八《学部二》，北京：中华书局，1966年，2736页。
② 颜之推：《颜氏家训·勉学第八》，见王利器《颜氏家训集解》，北京：中华书局，1993年，206页。
③ 王鸣盛：《十七史商榷》，上册，上海：商务印书馆，1937年，1页。
④ 王鸣盛：《十七史商榷》，上册，上海：商务印书馆，1937年，53页。

刘禅的推荐书目等。

孙权给吕蒙、蒋钦的推荐书目。吕蒙、蒋钦均是三国孙吴名将，孙权曾劝告二人读书，并根据他们的特点，推荐他们阅读"《孙子》《六韬》《左传》《国语》及三史"[①]。孙权发现吕蒙、蒋钦均有领兵打仗和管辖一方的潜质，所以主要推荐他们阅读兵书如《孙子兵法》《六韬》，史书如《左传》《国语》等，可见其推荐书目是有针对性的。另外，君王向重臣推荐读书书目，既是爱才之表现，也是为了鞭策和勉励朝臣要注重读书和提高自身修养与能力。

刘备给其子刘禅的推荐书目。刘备白帝城托孤后驾崩，诸葛亮受托还成都，举哀行礼毕后，开读遗诏。诏告刘禅曰："可读《汉书》《礼记》，间暇历观诸子及《六韬》《商君书》，益人意智。闻丞相为写《申》《韩》《管子》《六韬》一通已毕，未送，道亡，可自更求闻达。"[②]首先，刘备去世前仍不忘训导其子刘禅。其次，刘备郑重嘱咐其子刘禅要多读书，因为读书可益智。最后，刘备在遗诏中明确推荐其子刘禅读《汉书》《礼记》《六韬》《商君书》《韩非子》《管子》等书。这一书目的主要推荐内容包括史书如《汉书》，儒家礼制如《礼记》，兵书如《六韬》，诸子如《商君书》《韩非子》《管子》等。

[①] 陈寿撰，裴松之注：《三国志·吴书》，卷五十四《吕蒙传》，北京：中华书局，1959年，1275页。

[②] 陈寿撰，裴松之注：《三国志·蜀书》，卷三十二《刘备传》，北京：中华书局，1959年，891页。

主要参考书目

阿尔维托·曼古埃尔.阅读史.吴昌杰译.北京：商务印书馆，2002.

黄惠贤著,白钢主编.中国政治制度通史：第4卷.北京：人民出版社,1996.

白寿彝.中国通史：第5卷.上海：上海人民出版社,2007.

班固.汉书.北京：中华书局,1962.

班固撰,颜师古注.汉书·艺文志.北京：商务印书馆,1955.

卞敏.魏晋玄学.南京：南京大学出版社,2009.

卜宪群等.中国魏晋南北朝教育史.北京：人民出版社,1994.

曹道衡,沈玉成.中古文学史料丛考.北京：中华书局,2003.

曾祥芹,韩雪屏.国外阅读研究.开封：河南教育出版社,1992.

曾祥芹,韩雪屏.阅读学原理.开封：河南教育出版社,1992.

曾祥芹,刘苏义.历代读书诗.北京：中国文联出版社,2001.

曾祥芹.阅读学新论.北京：语文出版社,1999.

曾祥芹等.古代阅读论.郑州：大象出版社,1992.

陈东原.中国教育史.上海：商务印书馆,1936.

陈国符.道藏源流考.北京：中华书局,1963.

陈寿撰,裴松之注.三国志.北京：中华书局,1959.

陈显远.汉中碑石.西安：三秦出版社,1996.

陈寅恪撰,唐振常导读.唐代政治史述论稿.上海:上海古籍出版社,1997.

陈振孙.直斋书录解题.上海:上海古籍出版社,1987.

程端礼撰,姜汉椿校注.程氏家塾读书分年日程.合肥:黄山书社,1992.

程焕文.中国图书文化导论.广州:中山大学出版社,1995.

董诰等.全唐文.北京:中华书局,1983.

杜甫著,龚笃清选注.杜甫诗精选精注.桂林:广西师范大学出版社,1996.

杜国庠.杜国庠文集.北京:人民出版社,1962.

杜佑撰,王文锦等点校.通典校点本.北京:中华书局,1988.

恩格斯,卡尔·马克思.马克思恩格斯选集.北京:人民出版社,1995.

范凤书.中国私家藏书史.郑州:大象出版社,2001.

范晔撰,李贤等注.后汉书.北京:中华书局,1965.

方立天.方立天文集:第1卷.北京:中国人民大学出版社,2006.

房玄龄.晋书.北京:中华书局,1974.

封演撰,张耕注评.封氏闻见记.北京:学苑出版社,2001.

冯天瑜,何晓明等.中华文化史:上册.上海:上海人民出版社,1990.

冯友兰,李泽厚等.魏晋风度二十讲.南京:华夏出版社,2009.

傅璇琮,谢灼华.中国藏书通史:上、下.宁波:宁波出版社,2001.

干宝撰,汪绍楹校注.搜神记.北京:中华书局,1979.

葛洪著,王明校释.抱朴子内篇校释:卷8.北京:中华书局,1985.

郭建著,葛剑雄主编.沧桑分合.长春:长春出版社,2005.

葛兆光.中国思想史:第1卷.上海:复旦大学出版社,1998.

韩雪屏.中国当代阅读理论与阅读教学.成都:四川教育出版社,

1998.

何德章. 中国全史:第 7 卷. 北京:人民出版社,1994.

何堂坤,何绍庚. 中国全史:中国魏晋南北朝科技史. 北京:人民出版社,1994.

贺昌群. 魏晋清谈思想初论. 北京:商务印书馆,1999.

赫伯特·乔治·威尔斯. 世界史纲:生物和人类的简明史. 吴文藻,谢冰心,费孝通等译. 桂林:广西师范大学出版社,2001.

洪材章等. 阅读学. 广州:广东教育出版社,1992.

胡阿祥等. 魏晋南北朝史十五讲. 南京:凤凰出版社,2010.

胡海. 王弼玄学的人文智慧. 北京:人民出版社,2007.

皇甫晓涛,孟桂兰. 文化书写:阅读文化学概论. 北京:中国文史出版社,2014.

黄晖. 论衡校释(附刘盼遂集解). 北京:中华书局,1990.

嵇康撰,武秀成译注. 嵇康诗文选译. 成都:巴蜀书社,1991.

吉川忠夫. 六朝精神史研究. 王启发译. 南京:江苏人民出版社,2010.

纪云华,杨纪国. 中国文化简史. 北京:北京出版社,2004.

蒋维乔. 中国佛教史. 上海:上海古籍出版社,2004.

来新夏等. 中国古代图书事业史. 上海:上海人民出版社,1990.

李百药. 北齐书. 北京:中华书局,1972.

李伯勋. 咏诸葛亮诗歌选. 西安:陕西人民出版社,1987.

李昉. 太平御览. 北京:中华书局,1966.

李富华,何梅. 汉文佛教大藏经研究. 北京:宗教文化出版社,2003.

李妙根. 刘师培论学论政. 上海:复旦大学出版社,1990.

李瑞良. 中国古代图书流通史. 上海:上海人民出版社,2000.

李延寿. 北史. 北京:中华书局,1974.

李延寿. 南史. 北京:中华书局,1975.

李养正. 道教概说. 北京:中华书局,1989.

李泽厚. 中国思想史论. 合肥:安徽文艺出版社,1999.

李治撰,刘德权点校. 敬斋古今黈. 北京:中华书局,1995.

李贽. 初潭集. 北京:中华书局,1974.

梁启超. 饮冰室合集. 北京:中华书局,1989.

梁启超著,汤志钧导读. 中国历史研究法. 上海:上海古籍出版社,1998.

令狐德棻等. 周书. 北京:中华书局,1971.

刘大杰撰,林东海导读. 魏晋思想论. 上海:上海古籍出版社,1998.

刘国钧. 中国古代书籍史话. 北京:中华书局,1962.

刘盼遂,郭预衡. 中国历代散文选:下册. 北京:北京出版社,1980.

刘昫等. 旧唐书. 北京:中华书局,1975.

刘跃进. 古典文学文献学丛稿. 北京:学苑出版社,1999.

鲁迅撰,吴中杰导读. 魏晋风度及其他. 上海:上海古籍出版社,2000.

鲁迅著,郭豫适导读. 中国小说史略. 上海:上海古籍出版社,1998.

逯钦立辑校. 先秦汉魏晋南北朝诗. 北京:中华书局,1988.

罗伯特·达恩顿. 拉莫莱特之吻:有关文化史的思考. 上海:华东师范大学出版社,2011.

罗伯特·达恩顿. 阅读的未来. 北京:中信出版社,2011.

罗贯中. 三国演义. 北京:人民文学出版社,1973.

吕思勉. 两晋南北朝史. 上海:上海古籍出版社,1983.

孟轲著,万丽华、蓝旭译注. 孟子. 北京:中华书局,2006.

莫杰. 广西风物志. 南宁:广西人民出版社,1984.

欧阳修. 新唐书. 北京:中华书局,1975.

潘吉星. 中国造纸技术史稿. 北京:文物出版社,1979.

祁承爜等. 澹生堂藏书约·藏书记要. 上海:上海古典文学出版社,1957.

钱存训. 书于竹帛:中国古代的文字记录. 上海:上海书店出版社,2004.

钱存训. 中国科学技术史:纸和印刷. 北京:科学出版社,上海:上海古籍出版社,1990.

钱穆. 国学概论. 北京:商务印书馆,1997.

钱穆. 中国学术思想史论丛(三). 台北:联经出版事业股份有限公司,1998.

卿希泰. 中国道教史:第1卷. 成都:四川人民出版社,1988.

任继愈. 中国藏书楼. 沈阳:辽宁人民出版社,2001.

任继愈. 中国道教史:上卷. 北京:中国社会科学出版社,2001.

任继愈. 中国佛教史:第1卷. 北京:中国社会科学出版社,1981.

任继愈. 中国佛教史:第2卷. 北京:中国社会科学出版社,1985.

任继愈. 中国佛教史:第3卷. 北京:中国社会科学出版社,1988.

阮冈纳赞. 图书馆学五定律. 北京:书目文献出版社,1988.

沈约. 宋书. 北京:中华书局,1974.

史游撰,颜师古注. 丛书集成初编:急就篇. 上海:商务印书馆,1936.

释道世. 法苑珠林. 上海:上海古籍出版社,1991.

释道宣. 广弘明集. 据涵芬楼四部丛刊影印本.

释慧皎撰,汤用彤校注,汤一玄整理. 高僧传. 北京:中华书局,1992.

释僧祐著,苏晋仁、萧炼子点校. 出三藏记集. 北京:中华书局,1995.

舒大刚.儒藏论坛:第4辑.成都:巴蜀书社,2010.

四库全书.上海:上海古籍出版社,1989.

宋大川,王建军.中国教育制度通史:第2卷.济南:山东教育出版社,2000.

宋原放,李白坚.中国出版史.北京:中国书籍出版社,1991.

苏绍兴.两晋南朝的士族.台北:联经出版事业股份有限公司,1987.

苏易简等.文房四谱(外十二种).上海:上海古籍出版社,1991.

孙希旦.礼记集解:下.北京:中华书局,1989.

汤一介,胡仲平.魏晋玄学研究.武汉:湖北教育出版社,2008.

汤一介.魏晋南北朝时期的道教.西安:陕西师范大学出版社,1988.

汤用彤.汉魏两晋南北朝佛教史.北京:北京大学出版社,1997.

汤用彤.魏晋玄学论稿.上海:上海古籍出版社,2005.

唐长孺.魏晋南北朝史论丛(外一种).石家庄:河北教育出版社,2000.

陶渊明著,曹明纲标点.陶渊明全集(附谢灵运集).上海:上海古籍出版社,1998.

陶渊明著,李华选注.陶渊明诗文选.北京:人民文学出版社,1987.

田余庆.东晋门阀政治.北京:北京大学出版社,1996.

万国鼎.中国历史纪年表.北京:中华书局,1978.

万绳楠.陈寅恪魏晋南北朝史讲演录.合肥:黄山书社,1987.

汪文学.汉晋文化思潮变迁研究.贵阳:贵州人民出版社,2003.

王波.阅读疗法.北京:海洋出版社,2007.

王国维.观堂集林(外二种上).石家庄:河北教育出版社,2001.

王嘉撰,萧绮、齐治平校注.拾遗记.北京:中华书局,1981.

王利器. 颜氏家训集解. 北京:中华书局,1993.

王龙. 阅读文化概论. 长春:吉林大学出版社,2014.

王鸣盛. 十七史商榷:上册. 上海:商务印书馆,1937.

王亚鸽. 魏晋时期庄子阅读史. 北京:光明日报出版社,2014.

王余光,钱行,黄正雨等. 读书四观. 武汉:湖北辞书出版社,1997.

王余光,徐雁. 中国读书大辞典. 南京:南京大学出版社,1993.

王余光. 阅读,与经典同行. 深圳:海天出版社,2013.

王余光. 中国历史文献学. 武汉:武汉大学出版社,1988.

王余光等. 中国阅读文化史论. 北京:北京图书馆出版社,2007.

王云五. 丛书集成初编. 上海:商务印书馆,1939.

王宗昱.《道教义枢》研究. 上海:上海文化出版社,2001.

维特根斯坦. 哲学研究. 陈嘉映译. 上海:上海人民出版社,2005.

魏宏灿. 曹丕集校注. 合肥:安徽大学出版社,2009.

魏收. 魏书. 北京:中华书局,1974.

魏徵等. 隋书. 北京:中华书局,1973.

肖东发. 中国编辑出版史. 沈阳:辽宁教育出版社,1996.

萧统编,李善注. 文选. 上海:上海古籍出版社,1986.

萧子显. 南齐书. 北京:中华书局,1972.

小野玄妙. 佛教经典总论. 杨白衣译. 台北:新文丰出版公司,1983.

徐坚等. 初学记. 北京:中华书局,1962.

徐小蛮,王福康. 中国古代插图史. 上海:上海古籍出版社,2007.

徐雁,王雁均. 中国历史藏书论著读本. 成都:四川大学出版社,1990.

许辉,李天石. 六朝文化概论. 南京:南京出版社,2003.

许慎撰,徐铉校定,王宏源新勘. 说文解字(现代版). 北京:社会科学文献出版社,2005.

严可均. 全梁文：上. 北京：商务印书馆,1999.

严可均. 全上古三代秦汉三国六朝文. 北京：中华书局.1958.

常华. 唐诗密码. 南京：江苏文艺出版社,2009.

扬雄. 法言. 北京：中华书局,1985.

杨明照. 抱朴子外篇校笺：下册. 北京：中华书局,1997.

姚名达撰,严佐之导读. 中国目录学史. 上海：上海古籍出版社,2002.

姚思廉. 陈书. 北京：中华书局,1972.

姚思廉. 梁书. 北京：中华书局,1973.

叶德辉. 书林清话. 北京：中华书局,1957.

余嘉锡. 世说新语笺疏. 北京：中华书局,1983.

俞希鲁. 至顺镇江志. 南京：江苏古籍出版社,1988.

虞世南. 北堂书钞. 北京：中国书店,1989.

庾信撰,倪璠注,许逸民校点. 庾子山集注. 北京：中华书局,1980.

郁沅,张明高. 魏晋南北朝文论选. 北京：人民文学出版社,1996.

袁行霈,严文明,张传玺等. 中华文明史：第2卷. 北京：北京大学出版社,2006.

张岱年,方立克. 中国文化概论. 北京：北京师范大学出版社,1994.

张金吾撰,柳向春整理. 爱日精庐藏书志：上. 上海：上海古籍出版社,2014.

张君房编,李永晟点校. 云笈七签. 北京：中华书局,2003.

向世陵著,张立文主编. 中国学术通史：魏晋南北朝卷. 北京：人民出版社,2004.

张岂之,刘学智等. 中国思想学说史：魏晋南北朝卷. 桂林：广西师范大学出版社,2008.

张载著,章锡琛点校. 张载集. 北京：中华书局,1978.

章学诚.文史通义:第2册.上海:上海书店影印商务印书馆本,1988.

郑樵撰,王树民点校.通志二十略.北京:中华书局,1995.

中国魏晋南北朝史学会.北朝研究:第7辑.北京:科学出版社,2010.

中国魏晋南北朝史学会编.魏晋南北朝史论文集.济南:齐鲁书社,1991.

钟嵘著,周振甫译注.诗品译注.北京:中华书局,1998.

周兵.新文化史:历史学的"文化转向".上海:复旦大学出版社,2012.

周少川.中国出版通史:魏晋南北朝卷.北京:中国书籍出版社,2008.

周一良.魏晋南北朝史论集.北京:北京大学出版社,1997.

周振甫.唐诗宋词元曲全集.合肥:黄山书社,1999.

周振甫.文心雕龙今译(附词语简释).北京:中华书局,1986.

朱大渭.朱大渭说魏晋南北朝.上海:上海科学技术文献出版社,2009.

朱大渭等.魏晋南北朝社会生活史.北京:中国社会科学出版社,1998.

景蜀慧、孔毅著,朱大渭主编.插图本中国古代思想史:魏晋南北朝卷.南宁:广西人民出版社,2006.

朱汉民.玄学与理学的学术思想理路研究.北京:中国社会科学出版社,2012.

朱熹.朱子全书.上海:上海古籍出版社;合肥:安徽教育出版社,2002.

朱熹编,张伯行集解.近思录:1—4册.北京:中华书局,1985.

朱湘泉.孟姜山志:校注版.长沙:湖南人民出版社,2010.

索　引

【人名】

A

- 安阳侯　55

B

- 宝云　42,45,46
- 邴原　140,256

C

- 蔡文姬　252,253
- 曹操　34,82,83,123,140, 150,180,184,186,188,190, 193,196,197,231,234,235, 251,253,256,257
- 曹髦　175,176
- 曹丕　39,41,82,109,112, 133,150,175,179,180,183, 184,186,190,196,197, 199—201,234,251,252,259, 265
- 曹植　124,180,184,186, 188,190,193,196,197,201, 234,235,251
- 陈国符　66
- 陈叔宝　255
- 陈寅恪　152,207
- 陈振孙　150
- 褚洵　74
- 崔光　74,76,136,262

- 崔亮 74,76,87
- 崔逞 109
- 崔元孙 255

D

- 到沇 77
- 到洽 74
- 董遇 139,278

F

- 法显 42,45,46,57,58,90,110,165
- 范怀约 74
- 范汪 77
- 房景伯 74,76,256
- 佛驮跋陀罗 42,45,46
- 傅咸 26

G

- 管辂 143,156,223,227,228

H

- 韩兰英 255
- 贺玚 146,198
- 赫伯特·乔治·威尔斯 28
- 皇甫谧 99,116,243,244,248

J

- 吉川忠夫 171,274
- 纪瞻 77,250
- 姜宇 260
- 蒋少游 74,75
- 鸠摩罗什 42,44－46,52－56

K

- 阚泽 74,75,275
- 康僧铠 45,46,89

L

- 李渤 65,66
- 李养正 66

- 李约瑟　25,26
- 刘聪　254
- 刘娥　254
- 刘芳　40,74,76,148,262
- 刘瓛　141
- 刘缓　77
- 刘世智　258
- 刘孝绰　199,249
- 刘桢　180,201
- 柳世隆　99,116
- 鲁肃　242,243,261
- 陆机　22,102,143,149,182—184,186,188,190,199,200,202,206,220,270—272
- 陆修静　35,61,63—66,91
- 罗伯特·达恩顿　1,2

M

- 马良怀　138
- 米芾　23

N

- 聂承远　45,46,89
- 聂道真　45,89

P

- 裴汉　78

Q

- 钱穆　145,174
- 求那跋摩　46,55,90
- 求那跋陀罗　42,46,90

R

- 阮冈纳赞　114
- 阮丘　71
- 阮孝绪　32,35,39,48,61,88,91,149
- 阮瞻　168,277

S

- 僧肇　55,74,76
- 沈崇傃　74,76
- 沈骞士　74,78,87,88,139,141,143,249,258,263
- 沈婺华　255
- 沈约　14,29,74,87,88,94,

105,127,149,190,198,220,237,257
- 石勒 134,276
- 史蒂文·罗杰·费希尔 2
- 释道安 35,48,51,53,57,90
- 释道慧 56
- 释慧皎 48
- 束皙 94,139,149,270—272
- 司马筠 141,146
- 孙皓 260
- 孙游岳 66

T

- 陶弘景 63,66,91,238
- 陶隆 238
- 陶贞宝 74,76,238
- 屠隆 211
- 拓跋宏 218,240

W

- 王嘉 23
- 王僧孺 74,76,121,153,154
- 王深 74
- 王微 152,202,203
- 王元姬 253
- 王筠 78,103—105,150
- 王仲宣 105,123,124
- 韦爱 257
- 维特根斯坦 114,115
- 魏收 48,107,150,251
- 吴逵 74—76

X

- 郗徽 255
- 郗绍 255
- 萧詧 26
- 萧锋 101
- 萧绎 191,239,279
- 萧颐 101
- 萧子懋 99
- 谢安 190,213,235—237,253,254
- 谢道韫 235,237,253,254
- 谢惠宣 238
- 谢惠连 121,186
- 谢灵运 27,35,97,102,112,116,120,121,186—188,195,230,235,237,250

- 谢奕　235，253
- 徐干　180，199－201
- 徐陵　74，183，191，232
- 徐遵明　136，140

Y

- 颜延之　127，150，203，250，279
- 颜之推　6，28，149，150，216，264，271－274，279，280
- 羊祜　150
- 杨椿　150
- 姚苌　137
- 应玚　180，201
- 俞希鲁　126
- 虞世南　249
- 庾肩吾　74，75
- 庾信　74，123，124，188，191
- 庾震　74，76
- 元务光　256
- 垣崇深　147

Z

- 臧逢世　77
- 张华　23，85－87，94，201，202，220
- 张金吾　114
- 张买奴　140
- 张率　74，75
- 章要儿　255
- 真谛　42，45－47
- 甄宓　252
- 郑默　27，34，35，93
- 郑灼　78
- 祇多蜜　45
- 挚虞　191，202，203，222
- 智严　42，45，46，57，90
- 周瑜　242，261
- 朱璜　71
- 朱士行　45
- 朱异　74，76
- 诸葛亮　123－125，150，262，277，281
- 左芬　253
- 左思　27，77，101，102，116，184，188，190，199，201，202，253

【文献名】

A

- 《爱日精庐藏书志·序》 114

B

- 《白马论》 236
- 《北齐书》 102,109
- 《北史》 103,107,111
- 《博物志》 23,86,87,94,95

C

- 《出三藏记集》 48,90,92
- 《楚帛书图像》 32

D

- 《大智度论》 52
- 《定林寺藏经录》 35
- 《读山海经十三首》 226
- 《读书诗》 121

F

- 《法苑珠林》 53,59

G

- 《高僧传》 48,50,51,53,57,76
- 《古代阅读论》 2
- 《广弘明集》 48
- 《广西风物志》 127
- 《国学概论》 174

H

- 《汉魏两晋南北朝佛教史》 47
- 《皇览》 38,40,41,133,221,235,259

J

- 《鹪鹩赋》 202
- 《晋元帝四部书目》 35,84,92
- 《晋中兴书》 212,263

L

- 《拉莫莱特之吻：有关文化史的思考》 2
- 《历代读书诗》 2
- 《梁国亲皇太子序亲簿》 153
- 《梁书》 88,103,104,111,141,198,219,246,279
- 《灵宝经》 64—66,68
- 《六朝精神史研究》 171,274

N

- 《涅槃经》 46,52

P

- 《婆沙论》 52
- 《破躁经》 227
- 《菩萨善戒经》 52

Q

- 《七志》 32,35,39,48,88,92,115,237
- 《乾隆温州府志》 121
- 《全上古三代秦汉三国六朝文》 150
- 《全唐文》 31

S

- 《三洞经书目录》 35,61,63,91
- 《三洞珠囊》 62,64,91
- 《三国演义》 242
- 《三皇经》 64—66
- 《三十九章经》 70
- 《三体石经》 133,137
- 《上清经》 64—66
- 《神灭论》 198
- 《诗品序》 102,202
- 《十纸说》 23
- 《拾遗记》 23
- 《世界史纲：生物和人类的简明史》 28
- 《书史》 23
- 《宋书》 94,210,249,275
- 《搜神记》 39,109,116,118,183,189,225
- 《隋书·经籍志》 27,31,

36—38, 40, 62, 83, 84, 94, 97, 100, 148, 149, 191, 192, 255

T

- 《太平寰宇记》 126
- 《图书馆学五定律》 114

W

- 《魏晋风度及文章与药及酒之关系》 179, 187, 212

X

- 《新唐书·柳冲传》 15
- 《新文化史》 1
- 《姓氏要状》 153
- 《姓氏英贤》 153
- 《玄都经目》 62, 64, 91

Y

- 《颜氏家训》 28, 150, 157, 272, 273, 279
- 《忆江南旧游二首》 235
- 《咏怀诗八十二首》 194
- 《咏纸》 26
- 《玉海》 41, 133
- 《玉纬七部经书目》 63, 91
- 《元徽四部书目》 237
- 《元嘉八年秘阁四部目录》 35, 92
- 《月灯三昧经》 51
- 《阅读的历史》 2
- 《阅读的未来》 2
- 《云笈七签》 62, 65

Z

- 《昭明文选》 89, 126, 127
- 《肇论疏》 55
- 《纸赋》 26
- 《纸和印刷》 26
- 《至顺镇江志》 126
- 《中古文学史料丛考》 197
- 《中国出版通史》 2
- 《中国佛教史》 44
- 《中国科学技术史》 26
- 《中国历史藏书论著读本》 2
- 《中国私家藏书史》 2, 87
- 《中国魏晋南北朝政治史》

9
- 《中国小说史略》 196
- 《中国造纸技术史稿》 22
- 《中经新簿》 27,35,36,48,84,90,92,93,97,115,118
- 《周易通灵诀》 227
- 《周易通灵要诀》 227
- 《综理众经目录》 35,48,90,92,118

【专有名词】

B

- 不求甚解法 277

C

- 藏书文化 3,4,7,11,80—82,84,86,88,89,91,92,94,95,99,113,114,119
- 藏书制度 81
- 车胤囊萤 216,244,245,248

D

- 读书楼 119,123,124
- 读书台 119,124—127,239
- 读书斋 119—123

F

- 分科教育 132,137,138,142

G

- 割席分坐 241
- 官藏目录 27,90,92,118
- 国子监 131,132,244

J

- 家风 145,151—154,184,236
- 家学 7,129,145—148,150,151,154—158,233,255
- 家训 146,149—151,156,157
- 建安七子 105,123,180,

186,199,201
- 教育自觉 157,158
- 精舍 54,57,91,119,121,142,197

L

- 洛阳纸贵 27,73,76,101,102

M

- 蒙学类书 102,116,149
- 秘书监 27,34,35,40,94,97,141,190,259,263

P

- 谱牒之学 93

Q

- 清谈 7,99,162,167,168,173,177,189,194,204—216,221—223,227—229,248

S

- 士别三日当刮目相看 242
- 私藏目录 88,92
- 诵读法 275
- 孙康映雪 216,243,244,248

T

- 听读法 276

W

- 魏晋玄学 11,17—19,86,113,161—164,167,170,174,175,185,212,221
- 文献传播 20,80,96—100,102,104—110,112,113,116—118
- 文学创作 89,178,179,184—187,190,193,196,200,201
- 五经 20,28,76,78,79,83,101,104,108,111,116,130—132,135—137,139—

142，145—148，157，164，171，216，218，219，240，241，258，261，279

Y

- 阅读功能论　6，264，270，271
- 阅读知音论　6，202，264，268
- 阅读滋味说　6，264，268
- 阅读自觉　157，158，184

Z

- 昭明书室　127
- 竹林七贤　181，186，187，190，197，213，223，224，237，277
- 祖莹藏火　247，248

说 明

本套书部分照片从有关书籍中选取,特向拍摄者致谢。由于客观条件限制,很难一一寻找书中照片的作者,请有关作者与出版社联系,并提供足够的证明材料,以便及时支付稿酬。